唐人街飄香

廚神、美食筆記與海外中餐簡史

楊猛 著

獻給

凱欣

目次

序——尋味倫敦

來英國的第一年，我一度失去了味覺。這個發現令我震驚。就像李安的電影《飲食男女》裡的廚師，我的味蕾莫名其妙退化，對食物的反應遲鈍，香臭鹹淡傻傻分不清。我本來就是乏味之人，現在食不甘味，生命又少了一大樂趣。

實際上，初來乍到英國，我即發現了味覺衰退的跡象：跟中國同樣的烹飪手法，在倫敦的家裡面做出來的中餐卻味同嚼蠟，怎麼也做不出原來的味道。我最拿手的兩道家常菜：番茄炒蛋和紅燒排骨，以前是壓箱底的絕活兒，現在燒出來卻味道寡淡，排骨有股揮之不去的腥騷味。於是我開始拼命多放調料，油、鹽、糖、雞精，一涌招呼，以求味道濃郁，結果適得其反，家人撇著嘴，把碗筷推開，用埋怨的目光瞪著我，表達抗議。

一個家庭的分裂是從飯桌上開始的。在中國的時候，我控制著飯桌上的話語權，在灶台上像個國主，煎炒烹炸、收放自如，威風八面，自以為掌控一切，現在卻發現——

在英國，過去的一切全都歸零。

難道這就是傳說中的水土不服？！一開始我懷疑是英國的灶具不給力：英國人做飯多用烤箱，明火一般用來小火慢燉，灶頭的威力甚小，不溫不火。而中餐要旺火快炒，才有鍋氣，才有靈魂。一個中國家庭一天最熱鬧的時刻，一定是晚上煮飯的時候，鍋碗瓢盆碰撞，鑊鑊乒乓作響，油煙滾滾、熱氣騰騰，宛如火燒赤壁。再沉悶的家庭此刻也有了生氣。用英式灶頭做中餐，中餐的妙處統統無法施展，無法激發中餐所推崇的色、香、味。儘管我配齊了所有中式調料、擁有三口中式炒鍋（出生於美國但在英國拍美食節目成名的大廚譚榮輝說過，英國人均擁有一口以譚大廚命名的中式炒鍋，其實是讓我這樣的中餐高度依賴者拉高了平均值），奈何英式灶頭威力不濟，猶如隔靴搔癢，觸不到G點。好幾次鍋底都快燒漏了，乃至引發了煙霧警報——英國家居環境對高溫熱油烹飪的中餐極其不友好——還是沒能烹出期待的鍋氣。

食材的差異是另一個重要原因。不知為什麼，英國食材拿來做中餐總缺少些力度：大蒜辣味不沖，口感軟綿；辣椒偏甜，味道不香；英國人常吃的是鬆鬆垮垮的印度米，口味平淡，需要澆上咖喱汁才有滋味，遠不如東北大米富有油性、耐嚼；出於動物福利的考量，英國屠宰場殺豬是不放血的，因此超市裡的豬肉總是有股揮之不去的臊味。英國的食材還十分單調，超市永遠是洋蔥、黃瓜、番茄、土豆這老哥幾個當家菜，遠不如中國小縣城早市賣的蔬菜品種豐富。

英國食材也並非一無是處，它的衛生標準很高。我學著大大咧咧的英國人的樣子，從超市買來的蔬菜瓜果不用洗就直接丟進嘴巴，從沒吃壞過肚子。想起在北京的時候，每天回家必做的功課就是把買來的蔬菜瓜果充分浸泡和清洗，最大限度消滅根植內心深處的農藥殘留恐慌，這成了很多中國家庭的日常場景。

過去幾十年，中國人的餐桌變得異常豐富，食材「進化」，「反覆運算」了好多代，什麼稀奇古怪的東西都可以買到、吃到。拜高度競爭的市場所賜，一方面，中國人的味蕾越來越挑剔、越來越難以滿足；另一方面，為了迎合市場，養殖者和商人們投放了過多的農藥和化學產品，以便令果菜結得更大更多更快，令魚肉更鮮、令豬肉更嫩。狂飆突進改變了中國人的飲食結構，也衍生了食品安全問題，激素水果、蘇丹紅、毒奶粉、避孕藥魚，不一而足，令吃飯這事兒變得危險重重。而英國食材就像英國社會一樣，在一個穩定的環境下不疾不徐、安於現狀，一派歲月靜好。

人不順的時候喝涼水都塞牙。來英國五個月後，我又染上了嚴重流感，病得很重。頭痛咳嗽，肌肉酸痛，涕淚橫流，黃綠色的惡痰一口接著一口往外咳。入夜，街道上回蕩著我撕心裂肺的咳嗽聲。我買遍了高街藥店幾乎所有的止咳藥，都不管用。英國產的止咳水充滿了化學味道，跟漱口水一樣難以下嚥。我跑到唐人街買了兩瓶國產枇杷露，才稍微舒服一些。我意識到身體形成了對中國事物的全方位依賴，對英國則是從氣候、食物到藥物的全方位抵制。我把自己關在樓上，跟家人孩子隔離開，足不出戶，感覺像是被流放到了孤島上。這也很符合我在倫敦第一年的感受，孤立無援。

流感症狀持續了一月有餘，跟病毒對抗的過程無比煎熬，身體就像煉獄一樣發生了劇烈的動盪。我看著那個載滿了中國資訊、中國思維、中國氣味的中年人，那個在中國生活了四十多年的自己，被英國病毒一點點攻擊、擊倒、毀屍滅跡。一具陌生的軀體重組而成，面目全非。

接近萬聖節假期的時候，流感症狀慢慢消褪。我和家人一起去泰晤士河畔散心。回家看照片嚇了一跳：我一副大病初癒的樣子，沒精打采，瘦了很多。我屬於偏胖體型，一直喜歡吃，在北京做記者的時候，喜歡吹噓走遍中國嘗遍四海美味，有時候胡吃海塞，毫無節制。我嘗試過節食減重，沒有成功，因為無法割捨碳水和油脂的誘惑。來英國才半年，水土不服加上流感來襲，居然瘦了差不多二十斤。照片上的我和之前判若兩人。大病過後，或許鼻黏膜和味蕾組織受到病毒侵害的緣故吧，我發現味覺急速退化了，對下廚做飯這件事愈發失去了信心。

●

現在我動身去唐人街，那裡是味蕾的避難所。初來倫敦，唐人街是我每周必到的地方，這是我的食堂，溫暖異鄉人靈魂的救濟所。從我家乘坐一七六路巴士經過達威奇高街、丹麥山、國王醫院、西街市場、象堡、跨過泰晤士河，進入倫敦心腹地帶，大笨鐘、議會、白廳，穿過特拉法加廣場上的國家美術館和國家肖像館，就抵達唐人街。

我去唐人街的頻率比英國人去教堂都勤。這趟朝聖之旅在頭一年只要花四十五分鐘，現在則增加到了七十分鐘左右——倫敦變得日益擁擠和嘈雜。最初是牙買加人、印巴人，後來是越南人、香港人，現在則是中國大陸人，湧入這座奇幻之城，也帶來了各地的美食。全英國至少有超過二萬家中餐館及中餐外賣店，足見中餐受歡迎的程度，但是我從來沒有想過，那些食物的背後，都是一些什麼樣的移民做出來的？他們有什麼樣的故事？是否都如我有一顆無處安放的靈魂？

倫敦唐人街位於蘇活區（Soho），圍繞兩條主街構成，算上周邊，總計有十一條街道。集合了大概六十家中餐、一家韓餐、四家美髮美容院、兩家中醫館、六家博彩廳、一家同志酒吧、若干大小超市，以及至少六處色情按摩院。大紅燈籠、石獅子、仿古牌樓等中國元素點綴其間，混搭了陰鬱古舊的英式建築。倫敦的路燈柱子都是黑色的，唯獨這裡的路燈刷成了大紅色，很好辨認，在我看來，這更像是一種非我族類的標示。西方遊客來到這裡，興致勃勃拍攝櫥窗裡光溜溜的烤鴨和顏色鮮豔的燒臘，看大廚手起刀落在案板上熟練地斬雞斬鴨。唐人街就像是好萊塢電影的布景一樣華而不實，充斥著一種陳舊的中國意向，跟我成長熟悉的中國似乎並無關係。

從小新港街（Little Newport Street）路口望去，唐人街的布局好像一片伸展的樹葉。我記得紐約、的唐人街都是偏安都市一隅，但是倫敦的唐人街跟市中心核心區合為一體。十年前的唐人街不如今時熱鬧。二〇〇九年我第一次訪問倫敦，唐人街上主要是香港人開的餐館，跟講粵語的侍者講普通話如同雞同鴨講，我英語又很一般，連比畫帶猜，才成功點了一份魚丸蝦餃。我喜歡那些豔俗的門面、空氣中燒肉肉皮爆裂油脂散發的香氣、以及坐在濕漉漉的後廚門口叼著煙捲專心讀馬經的香港廚子。一切都跟舊時的香港很像，彷彿向鴨寮街和油麻地一帶的市井之氣致敬。倫敦的唐人街開始是依靠香港人開拓成型的，這點跟其他地方的唐人街的華人構成不太一樣。舊金山市的唐人街是作為苦力後代的廣東台山人創建，洛杉磯和雪梨的唐人街則有不少越南華人（後期的難民）參與其中。

現在這裡匯集了天南地北的中國人，五湖四海，口音各異，可以找到幾乎中國每個省分的美食。唐人街上，泗和行和龍鳳行超市人流如織，但是售貨員多了說北京話的大姐，貨架上出現了老乾媽辣醬和辣條。隨著中國新移民的湧入，正宗中餐紛至沓來。唐人街出現了諸如梁山好漢、峨嵋一派、北京四合院之類的內地餐館，看名字就像比武大會。有天我在一家號稱正宗川菜的餐館吃飯，吃到一半，對瀰漫著海鮮麵氣息的擔擔麵產生了懷疑，忍不住把夥計叫到跟前問：「這是川菜師傅做的嗎？」夥計立馬承認：「廚師是福清來的。」——這就對了。香港人、福清人、山東人，正在塑造新的華人移民群體，創造一種嶄新的唐人風味。我習慣到泗和行超市買新鮮的豆芽和長葉蔬菜，到龍鳳行買沒有腥味的豬肘子，吃完人民公社的豬肉大蔥包子之後，體內徹底充盈了一股泥土氣息的中國味道。之後順手取幾份《人民日報海外版》風格的免費中文報紙，乘一七六路巴士回家。

夜幕降臨，車窗外，遊客的笑臉變得模糊。唐人街的大紅燈籠次第點亮，也點亮了我的鄉愁，我懷念北京雖然霧霾嚴重卻還算四季分明的氣候。想起這些年來從家鄉到北京，又從北京到倫敦的旅程，心情極不平靜。我無法適應倫敦生活，我堅持寫作，但是進展緩慢，英語不靈，也沒找工作，一度與世隔絕，現在連飯也不會做了，吃嘛都不香。我陷入了嚴重的自我懷疑，覺得是個廢柴，什麼都不行，什麼都不是。

食物的香氣在空中瀰漫，思鄉之情愈發濃厚了。我無數次在唐人街漫步，並沒有留意這些飄著香氣的中餐館的背後，都有什麼樣的他鄉故事？中國人如何在異國開始了中餐的冒險之旅？我萌生了追尋他們的故事的想法：那些烹製了這些美味的中國人，是否和我一樣，為了一個模糊的目標踏上了義無反顧的旅程，又在新的鋼筋水泥裡迷失了方向？

第一部——跨海而來

1、尋找雜碎

要說英國食物一無是處也不對，至少三明治、英式早餐、罐頭食品，都是英國人發明的，至今很有市場。但是對於追求色香味的中國人來說，英國食物的口味實在糟糕。

從早餐開始，英國人就把自己送上了絞刑架。所謂的英式早餐：炸薯餅沒什麼滋味、燴豆子取自罐頭、香腸煎成兩面焦黑勉強下口、加上黃油煎蘑菇、雞蛋碎、硬巴巴的培根，這個奇妙組合就是熱量炸彈。英國人把這些一股腦兒送進肚子，大腦立馬缺氧，然後再灌上一杯咖啡提神，一上午就這麼混過去了。

午餐，英國人喜歡一片三明治解決戰鬥。倫敦超市出售的三明治，很多選用顆粒粗大、顏色暗淡的黑麵包片，講究些則夾點金槍魚醬或者小蝦，最常見的則是夾雞蛋碎和兩片硬硬的乳酪，抹上點蛋黃醬。二〇〇九年我第一次來倫敦旅行，那會兒英鎊兌人民幣的匯率很高，我痛感英國物價之貴，在外面就去超市買最便宜的三明治。我在日本和香港都品嘗過味道很棒的三明治，英國作為三明治的發源地，對自己的發明一點也不珍惜，能把三明治做得這麼難吃，也是沒誰了。

晚餐，英國人也堅持能不開火就不開火的作風。在中國，罐頭被認為是過時的食物，英國人仍對罐頭食品情有獨鍾，從燴豆子、香腸、番茄醬，一切皆可罐裝，花上十分鐘吃完罐頭，帶著對工業革命的緬懷之情進入夢鄉。完美的一天！

——當一個人帶著偏見，對看到的東西也很挑剔。我負荷著油條包子、魚香肉絲的資訊，很容易就會得出英國是美食沙漠的印象。

來英國差不多十個月後，我回了趟中國。這是一趟療癒之旅，我追尋那些滋養了我的味蕾的美食，大快朵頤。最誇張的是：我買了一大捆小蔥，又熬了雞蛋醬，痛痛快快吃了一星期的小蔥蘸醬。這是我在英國無法享用的美味！其結果是，之後的幾天，我的身體從裡到外都散發著蔥味和醬香複合發酵的味道，家人們避之不及。

熟悉的味道又回來了。我意識到，在英國，味覺系統如大海退潮一般的消失是個訊號——那座歷經四十多年搭建起來的味覺系統，是我成長的味道，我所接受的教育的味道，我在中國生活的味道，那種味道除了食材、調料、空氣、土壤、農藥，還有風土、人情、喜怒哀樂。借用林語堂的話：「愛國不就是對小時候吃過的好東西的一種眷戀？」

所有一切，塑造了我今時今日的味蕾、精神氣質、乃至價值觀，組成了一座支撐了我前半生的味覺大廈。離開中國的時候，這座大廈就開始坍塌了，而現在，新的系統還沒有建立起來。

我檢索和回憶那座味覺大廈裡曾經有過什麼味道？承載了什麼樣的情感故事？

思緒回到了人生最初的時光。那是遙遠的濟南冬日，一間有著高大白楊樹的寄宿幼稚園，幼年的我穿著笨拙的棉衣棉褲，蹬著不合腳的棉鞋，手攥著撿到的老根，漫無目的在蕭瑟的操場上遊蕩。我不懂為什麼父母每周一會把我丟在這間寄宿幼稚園，周末才接我回家？長大後我發現幼稚園和我家的距離其實不遠，而我父母的工作也並不忙，這種困惑更加深了，我一直沒有得到答案。那個在寄宿幼稚園掙扎的男孩，內心早早品嘗到了與父母分離的無助，變得敏感，此生一直缺乏安全感，對一切變動都本能地抗拒。

午間，空氣中飄出濃郁的香氣，我立刻分辨出，那是幼稚園食堂籠屜裡的白菜豬肉餡大包子的味道！香味讓我瞬間忘記了憂愁。坐在小飯桌上等待肉包子的時刻，是少有的我對寄宿生活的快樂記憶。綠色印花的搪瓷小碗、盛著稀薄的粥，擺放在每個小朋友的面前，伴隨著「坐好！不然沒飯吃！」的警告聲，壯碩的女教師胳膊肘下夾著一隻鐵盆款款走來，揭開顏色已經變成黃褐色的籠布，熱氣騰騰的油皮大包子原形畢露，小朋友們變得鴉雀無聲，目光堅定。老師給每個正襟危坐的小朋友丟下一粒包子，午間戰役馬上打響了。肉包子一定趁熱吃，油水滲出麵皮的包子最香，包子皮不澀，一咬一包油，碳水和蛋白質在高溫下產生了神奇的化學反應，促使多巴胺快速分泌，幸福感爆棚，足以彌補情感的缺失——我三歲的時候，就洞悉了食物對靈魂的療癒功能。如果吃得夠快，可以舉手示意大喊「還要！」，而我就是那個喊「還要！」最多的小朋友之一。我喜歡吃肉包子，有時候貪得無厭，記憶中吃吐過好幾回。我的大胃口就是在孤獨中錘煉出來的，旺盛的食欲是對安全感缺失的一種必要補償。

●

我生在文革後期，那會兒的父母們似乎都在忙於革命工作，因而缺乏屬於個人和家庭的自由空間。文革結束，僵硬的計畫體系逐步被更靈活的商品經濟所取代，中國人的生活水準開始改善，重要標誌就是肉蛋魚不再憑票供應，飯桌上的肉類食品增加。對於我的父輩，包子和水餃還是不常吃的稀罕食物，在我的童年時代就相當普遍了。隨著中國的改革開放，生活水準得到了提高。現在回憶起幼年，大包子的濃郁香氣就撲面而來。

肉包子就是我成長的加油站，塑造了我的精神底色，我對肉包子、餡餅、韭菜盒子、肉龍*這一類帶餡的北方食物用情極深，它們葷素搭配合理，營養豐富。形式簡單卻蘊含深刻哲理，體現了物質文明和精神文明的高度契合。肉包子濃縮了那個時代給我的全部印象：熱氣騰騰，簡單而溫暖，充滿了希望和可能。

回國是為了完成一個採訪，我在國內待了三個月，跑了十一個省市，追尋和採訪一群五〇年代的棄兒，他們生於江南一帶，五〇年代末大饑荒時期，被父母遺棄，被各地的家庭收養，如今人到暮年，他們開始尋找自己的親生父母。這又是因為吃引發的悲劇故事。吃，在中國從來不是小事。今天物質極大豐富，幾乎忘記就在不遠的過去，一幕幕人間悲劇如何發生，中國一路走來何等不易。

採訪結束我返回英國。在希斯羅機場，我結識了在倫敦開網約車的瀋陽人張先生，他透過後視鏡觀察看我，在黑暗中沉默地扭著方向盤，偶然聊到吃的時候，他的眼睛亮起來，車內的氣氛熱絡了許多。

張先生回憶起初來英國時也熬過了一段艱難的適應期。那時他在一家香港人開的中餐館幫廚，跟我一樣，陷入了無可救藥的「失味」期。「我出國前甚至連瀋陽都沒離開過。在一個地方生活久了，那種口味已經在血液裡固定了，很難接受新的味道，」他說，

「在英國就是感覺吃不飽，味道完全不對。」

張先生在英國待滿五年拿到永久居留之後，回瀋陽探親時做的一件事，就是把所有在英國吃不到的東西都吃了一遍，「就是想念啊！那是從小到大的味道！」

瀋陽司機的經歷和我如出一轍，看來我的倒楣並非個案。他的話提醒了我，過去幾十年中國劇烈變動，放眼世界歷史都是前無古人，這種巨變構成了我們這代人的日常。單從飲食上說，改革開放以來的城市化和人口流動，帶來城市規模的膨脹和人口集中，很容易就能在一個城市吃到幾乎全部的中國食物。在中國任意一個地方，幾乎都有一條美食街，在這條街上容納大江南北的吃食。不同地區的味道，原本是獨具特色和排他的，現在人為組裝在一起，變得刺激豐富，構成了人們新的味蕾體驗。我來到英國之後才發現，英國按部就班維持著傳統，老婆孩子熱炕頭，炸魚薯條三明治，一副隨遇而安的鬆垮樣子，跟我熟悉的每天都在熱火朝天急速變化的中國反差巨大。英國當然也在變化，但是比起中國的巨變，可以忽略不計。我和張司機都被打上了深刻的時代烙印。我們的

---

* 肉龍：天津周邊的特色麵食。做法是把發麵擀薄製成長片，放上和好的肉餡，然後捲成長條形，盤於籠屜中，蒸熟後切開，用發麵蒸的一條長形捲體。因為餅身捲蓋像一條睡覺的龍，故又稱為「懶龍」。

口味是複合的，中國所獨有，一旦形成就變得頑固，無法接受或者融入陌生的飲食環境。

夜色中，我下車與瀋陽司機揮手作別。倫敦夜空如畫。從家鄉濟南到北京再到倫敦的旅程，充滿奔波的滄桑。生活發生了不可逆的改變，我再也沒有吃到過幼稚園大包子的味道。我一路追尋著夢境，有些東西似乎越來越近，有些東西卻越來越遠了。

●

Rui 是在英國經營房產的華人，一次家庭聚會中，我們聊起了吃。吃，是在英國的華人永遠熱衷談論的話題。

「中餐最早是什麼時候來英國的？最早是什麼樣子？」Rui 突然問道。

這是個好問題。早期的華人，到美國淘金修路，到英國做船員，他們都是重體力勞動者，統統被視作苦力，在英美社會很難得到其他的就業機會，一些船員和礦工退役後，就開始開餐廳和經營洗衣店，因為這兩個營生不需要特別的語言技能，也沒有職業限制。英國最早的中餐並不是出現在真正意義上的餐廳裡，更像是水手食堂，主要服務於中國人社區內部，方便船員自己的生活。外界也並不願意品嘗這些異域食物，更沒有商業化。直到一種叫「雜碎」（Chop Suey）的食物意外走紅，才讓中餐開始進入了西方人的視野。

關於雜碎的起源，很流行的說法是起源於美國的華人勞工，美國人類學家安德森（E. N. Anderson）卻將雜碎追溯到廣東著名的僑鄉台山，是台山移民將這道菜帶到海外，並演變為海外華人的一道菜肴。[001]

這道菜由來自珠三角的台山籍移民使用豬或者雞的內臟，切成細小碎塊，再加上豆芽等菜烹製而成。在肉類短缺的時代，價格便宜的動物內臟滿足了窮人們對於蛋白質的需求，因其品質不佳，亦稱「下水」，屬於典型的勞動人民的吃食。具體到流行在西方世界的「雜碎」就是粵語「炒雜碎」的意思，因為西方人不喜歡吃動物內臟，華人後來使用切碎的豬肉或者雞肉代替，加入豆芽、洋蔥、芹菜、竹筍、荸薺，烹上醬油調味，一起炒製而成。

一八五〇年淘金時代，第一家中餐館在美國開設。[002]一八五一年，英國淘金礦工威廉・肖出版了一本書，叫《金色的夢和醒來的現實》。書中就曾經提到，舊金山市最好的餐館是中國人開的餐館，菜肴大都味道麻辣，有雜碎、爆炒肉丁，云云。[003]

在紐約美國華人博物館，現存最早的雜碎餐館菜單，來自一八七九年波士頓的「宏發樓」中餐館，上頭印有一名穿唐裝的光頭男子，並稱「這是一八七九年最先在波士頓製作雜碎的人」。[004]

到了一八八八年，美國的一個華人記者王清福（Wong Chin Foo）大致介紹了這道炒雜碎的用料。他在《紐約的中國人》一文中說，這道菜是用豬肚、雞肝、雞肫、蘑菇、竹筍、豆芽等混在一起，用香料炒燉而成。[005]

但是如我一樣的新移民，對雜碎卻是聞所未聞。我尋訪了倫敦唐人街上幾乎所有的中餐館，大部分都沒有雜碎供應，新移民更不知雜碎為何物。華埠商會主席鄧柱廷在倫敦經營餐館業超過四十年，他來英國前也從沒有聽說過雜碎，來到英國後才知道有這麼一道專門供應白人食客的「中餐」，而現在的中餐館幾乎不再做了。他開玩笑說，「雜碎就是鬼佬餐，現在沒有了。因為都懂雜碎是騙老外的！」

據說，以粵菜主打的餐館上，菜單上有一道「炒合菜」，這道菜的點單率頗高，做法跟炒雜碎類似，但是已經相去甚遠了。

周末的晚上七點鐘，位於倫敦西南的「名廚」（Magic Wok）中餐外賣店，正是一天中生意最忙的時刻。我推門而入，老闆娘正在低頭跟一個中亞人長相的送餐員核對訂單，這是典型的中餐外賣店的布局，空間看起來比一般土耳其烤肉店更大一些，門口的位置擺著神位和菩薩像，懸掛著中文福字的裝飾，從櫃檯往敞開門的後廚望去，幾名華人女員工正忙著準備菜品。老闆娘是香港移民，來英國很多年了，她抬起頭疑惑地看著我，「雜碎？你要雜碎？」

「是啊，怎麼菜單上沒有？」我問她。

「要的話很簡單，雜碎就是各種菜混在一起炒，加入各種肉，就好了。你需要嗎？」

「我只是路過，順便過來看看。也許以後。」我找了個藉口，溜掉了。

廣東人龍哥在倫敦郊外經營一家中餐館，我風塵僕僕趕去拜訪他。他遲疑了一下說，「雜碎啊？就是把豆芽、蘿蔔、雞肉混在一起，再放點咕嚕汁一起炒。」他搖搖頭，「這道菜菜譜上沒有的，但是如果有客人點，就做給他們。這都是老一輩做的中餐了，那些老外都懂的！」

問起雜碎的起源，龍哥也犯了難，但是他馬上用自己的語言體系解釋說，「就是誤打誤撞了，就像中餐館常見的前菜海苔，中餐裡也是沒有的；香酥鴨在中餐裡也是沒有的，都是中國人來海外才發明的，香港人用藥材把鴨子煲熟，再用油炸，就成了香酥鴨，其實是北京鴨改來的。這就是創新啊！有人喜歡就好了。」

我瞬間明白了，雜碎在西方的興起，體現了中國人獨有的生存智慧：隨機應變，不拘一格。

龍哥的經歷頗為曲折。他出生在廣東江門地區，屬於傳統的「五邑」僑鄉，很多人在美國、荷蘭、加拿大生活，大家的首選都是做餐飲。龍哥年少時學了職業廚師，從此一技傍身闖天下，一直做到瀋陽的香格里拉酒店的行政總廚，一個月三萬薪水，此時他認識了一個在英國開餐館的哈爾濱人，鼓動他到英國做中餐館。當時龍哥在國內生活無憂，在上海買了房，上海妻子給他生了兩個兒子。最終龍哥決定到英國來，吸引他的主要原因就是趁著還年輕看看外面的世界，混不好再回中國也沒關係。

二〇〇六年，三十五歲的他來到英國，在倫敦西南二區的一家主營東北菜的中餐館做起了廚師，他很不習慣異國的生活，一切都不熟悉，不懂英文，融入不了，感覺自己「又聾又啞又瞎」，待遇也不如中國，什麼活都要做。三個月之後，妻子來英國看他，看到他在廚房忙碌的身影，洗碗、倒垃圾，什麼活兒都搶著幹，跟之前五星酒店的行政總廚形象反差強烈，哭了。兩口子決定立馬回國。可是這個時候，他又聽說，在英國待滿四年就可以拿到永居，可以把中國的孩子接來英國讀書。夫妻倆一商量，「為了孩子在英國讀書，就熬四年吧！」

沒想到這一待就是十六年，一直到現在。

起初的日子很難。龍哥為了排遣寂寞，一有空就往唐人街跑，看到熟悉的華人面孔，心才覺得踏實，在中餐館點個牛腩麵都覺得開心。為了多認識朋友，他到華人喜歡去的賭場閒逛，認識了一些早先的香港移民，聊天、交友、吃飯，慢慢有了自己的朋友圈。

這期間，龍哥換了不少東家，在香港人開的餐館裡，順利拿到了工簽，做了四年，取得了英國的永居權。又在倫敦的高檔中餐館做過行政總廚的職務。二〇一二年，他和江門老鄉合夥開起了這家餐館。幾年前，老鄉因為稅款問題退出，二〇一八年，龍哥接手了這家中餐館，更名「幸福星」，經營至今。

最令龍哥自豪的是他的家庭。如願拿到英國永居之後，他馬上把兩個兒子接到英國讀書，當時大兒子在上海讀五年級，小兒子讀一年級，來了之後完全不適應英國環境，英語不好，龍哥那會兒對倫敦也不熟悉，租住的房子位於倫敦東南二區的黑人區，兒子班上99％都是黑人孩子，兒子回家反映「上課聽不懂，同學都在扔紙球」。看到老二模仿著嘻哈明星斜著肩膀走路，龍哥心涼了一半，他想，再這麼下去孩子就完蛋了。趕緊搬家。這次搬到了西南三區的猶太人區，學校好。畢竟，讓龍哥留在英國的唯一動力就是孩子的教育。這期間，二〇〇八年，他生了第三個女兒。龍哥在餐館辛苦打拼，看到孩子一天天成長，頗有成就感。

如今龍哥算是熬出了頭，大兒子畢業於英國帝國理工大學數學系，老二在國王大學學習電腦專業，都是名校。五十歲的龍哥的臉上迸發出自豪。

坐在裝飾典雅的包間裡，他給我斟了一杯茶，感慨地說，「過去以為有錢人的孩子才有資格來英國讀書，現在沒想到廚師職業也可以了。」

這當然拜中餐業所賜。這是他的立身之本。一個廚師不光可以拿到英國永居，而且一個家庭的生活都發生了根本變化。

二〇二〇年，突如其來的疫情讓龍哥的生意深受打擊，最初關門了一個月，甚至這一整年只能經營外賣而無法堂食。二〇二一年的情況也不樂觀，他估算「保本都艱難」。

從大廚轉變為經營者，他對於中餐有了更多的認識，剛來英國，他的心理落差很大，因為中國的餐飲業競爭激烈，出新快。他痛感英國中餐業很落伍，像椒鹽西蘭花、椒鹽豆腐，這些在中國基本淘汰的菜式在英國都能賣出好價錢；在中國，只有活鮮魚顧客才會點，倫敦卻只有冰凍魚，價格也很貴。酸甜汁定義了老外對中餐口味的認知，幾十年未有改變。作為一個老闆，他意識到改革的成本很大，寧願採取保守一些的姿態。

二〇二一年，隨著疫苗推出、疫情緩解，他的生意漸入正軌，他仍然對於中餐業的未來充滿了信心。「老外對於中餐還是認可的，不然哪有唐人街？唐人街的繁榮就是中國人辛辛苦苦打拼建起來的！」

告別了龍哥，幾經尋找，在離我家不遠的一家中餐外賣店的菜單裡，我真的找到了還在供應的雜碎。可惜他們也說不清這道菜的來歷。

在這家名為「東方之星」的中國外賣店裡，福建老闆信誓旦旦地說：「雜碎，它是一種泰國菜。」自從他前些年從香港老闆手裡接手這家中餐外賣店，一切都沒有改變，連菜單也沒有換過，但是他並不清楚雜碎的準確來歷。

我看著菜單，雜碎有鴨肉雜碎、蝦肉雜碎，還有豬肉雜碎，價格都差不多，還有一種「特殊雜碎」，「這個是什麼？」

老闆實話實說，「就是把鴨肉、豬肉、蝦肉，還有叉燒，拼在一起，跟配菜一起炒。」

於是我點了一份蝦肉雜碎。老闆低頭去處理其餘的訂單，偶爾跟我閒聊幾句。我環視這家頂多十餘平方公尺的小店，櫃檯旁邊擺放著招財貓，下面是一盆綠植，兩邊牆上掛著「福」字。櫃檯後貼著營業執照，旁邊的小門通往後廚，裡面傳出鍋鏟碰撞和油煙機轟鳴聲。老闆身後的牆上貼著八駿圖，還有普通中國外賣的幾樣經典照片，香酥鴨、蝦餃、蒸餃。就是這麼不起眼的小店，養活了無數中國移民。對於中國人而言，中餐不僅僅是一種食物，更是一種就業技能。

一會兒的功夫，就有幾撥客人過來取食物，幾個女孩子叫了好幾盒外賣。中餐的優勢就是便宜，很受年輕人歡迎。我問老闆什麼菜品點單率高。

「就是炒飯、炒麵、咕咾肉這幾樣，都是老外愛吃的，酸甜口的東西。」他答。

一會兒的功夫，我的蝦肉雜碎來了。白色餐盒蓋得緊緊的，薄薄的透明塑膠袋拎著，跟老闆道別，快步頂著寒氣回到家裡，溫度尚熱，迫不及待打開，原來是豆芽、胡蘿蔔、洋蔥、白菜，再加上七、八片蝦肉炒製而成。嘗一嘗味道，又酸又甜，味道跟糖醋肉並無區別，顯然是早就配好的酸甜汁，各種菜燴在一起，爆炒、齊活。這就是在倫敦碩果僅存的所謂雜碎了。

●

一八四〇年鴉片戰爭之後，隨著中英貿易的增加，來英國的中國船員逐漸增多。這些船員大部分來自珠江三角洲地區，奠定了英國華人社區濃厚的南粵色彩。一八四九年，英國廢除了《航海法案》，此法案曾規定，一艘英國商船上75%的船員必須是英國籍船員。現在，勤奮而且便宜的華人船員成為船主重要的選擇。一份英國人的記錄寫道：他們不喝酒、吃得少，受到雇主歡迎。

一八六六年，霍爾特兄弟成立了藍煙囪輪船公司（Blue Funnel Line），該公司的船舶將上海和香港的港口與利物浦連接起來。在這條航線上工作的船員是中國人和歐洲人。香港的港口把珠三角的講粵語的中國人口帶上了船，上海的港口則把更多的來自東部沿海的中國船員帶上了去往利物浦的輪船。利物浦第一波中國移民到達的時間正是一八六六年，全都是藍煙囪輪船公司的雇員。這就是歐洲最古老的華人社區的開端。

一八五一年英國人口普查時，只有七十八名華人居住在英格蘭與威爾斯。一八七一年就有了二百零二名華人，而到了一八九一年，已經有了五百八十二名華人住在英格蘭或者威爾斯。他們主要聚集在利物浦和倫敦的萊姆豪斯（Limehouse），全都是是拜船運業所賜。進入二十世紀的頭十年，利物浦華人數量不過四百多人，但是他們的第一代英中混血子女已經開始在當地學校讀書，正式成為利物浦的一分子。006

歐洲最早的華人社區在利物浦逐漸成型。利物浦正如這座城市的人們鍾愛的「燉菜」——一種周圍有什麼就放什麼的雜燴，尤其放了很多非洲和亞洲的調料——一樣包容開放。現在，中國人的「雜碎」加入進來，讓這道燉菜的味道更加醇厚起來。

二〇〇九年我第一次來英國，專門去利物浦拜訪傳奇樂隊披頭四的足跡。利物浦最初靠奴隸貿易起家，亦是工業革命的主要地區。當時給我感覺，利物浦就像列儂（約翰・藍儂）《工人階級英雄》歌中唱的，透露著失落的勞工階級的氣息。

十九世紀初，40%的世界貿易通過利物浦船塢。一八三〇年世界上第一條客運鐵路在利物浦和曼徹斯特之間開通，利物浦的人口得以快速增長，成為英國第二大都市。時過境遷，從二十世紀七〇年代中期開始，利物浦的船塢與傳統製造業急劇衰落。集裝箱的大規模使用讓利物浦的碼頭過時，至八〇年代，利物浦的失業率在英國的大城市中最高。走在利物浦街頭，目之所及，城市剛硬沉默，顯得冷清蕭條。

第一天晚上，我去唐人街吃飯，迷路了，於是向身邊經過的一名英國男子問路，大概那人趕巧去附近，答應帶路。利物浦人的口音受愛爾蘭影響，外人很難聽懂，男人的步伐很快，前方很黑，也沒路燈，我有點心虛，不知道要被帶往哪裡，逐漸落在後頭，男人扭頭發現我沒跟上，還覺得詫異，用手指指前方，獨自先走了。遠遠望去，夜色中幾簇燈光搖曳，那就是唐人街！我已經習慣了中國城市燈火輝煌的夜晚，誰能想到在這曾經的資本主義的航運中心，周遭卻陷入一片黑暗？那晚的印象如此深刻，我帶著興奮和期待在異國尋覓，尋找著光火，不知道路在哪裡，最終去到何方。

二〇二一年夏天我又去了一次利物浦。跟十年前相比，這裡並沒有大的變化。中國人對一路快跑的高節奏變化習以為常，英國社會卻以不變應萬變，不慌不忙如雨中漫步。要去利物浦的唐人街首先得經過一個小廣場，廣場圍牆的壁畫上寫著「利物浦上海姐妹城」以及「落地生根，開枝散葉」等漢字，照例是唐人街標誌性的牌坊。大白天，餐館大門緊閉，門可羅雀。疫情持續了一年的緣故，很多中餐館仍然只經營外賣。我看到一個老年華人蹲在一家餐館門口，拿著一把小鐵鏟，一下一下鏟掉欄杆上剝落的黑漆，準備再粉刷一遍。他只講粵語，聽不太懂普通話。傍晚時分我又回到那裡，唐人街冷清依舊，只有幾家餐館開門，燈光幽暗，老人還在繼續白天的工作，低著頭，一下一下鏟著欄杆上的油漆，暮色裡，金屬摩擦的聲音傳出很遠，無人在意，一切不疾不徐。

幾經尋找，我終於在納爾遜街拐角的新都城大酒樓的外牆上，找到了那塊藍色匾牌——這是英國重要歷史或者名人的相關建築的標記，上寫：「一九五〇年至一九六九年，這裡曾是藍煙囪航運辦公室的所在地」。旁邊還有兩行小字，記錄了藍煙囪創始人阿爾弗雷德·霍爾特（Alfred Holt）的一句話：「讓我的煙囪又高又藍，照顧好我的中國水手」。二〇一三年這塊藍色牌匾揭幕，以紀念曾在利物浦留下重要印記的中國船員。

利物浦至今還保留著中國船員開拓者的足跡。我走進松廄路（Pine Mews）的一個社區，社區中央的綠頂紅柱的中國式涼亭，透露了此處的中國元素。這裡是當年中國船員的宿舍，有些人成家立業也住這裡，後來很多人買下了房子。我遇到一位中年華人女姓，她懂一些中文，很熱情地跟我打招呼，告訴我，現在還有一部分住戶是船員後代，有一些則是後來的移民。在另一個叫 Friendship House 的公寓，裡面居住過退休的中國船員，健在的已經不多了。

一戰開始時英國有六千名中國船員，大約一千五百人在利物浦，船員移民的傳統一直延續到了二戰期間。《泊下的記憶》一書寫道，利物浦有一個老上海船員群體，這一群體的成員都曾經做過船員，並為英國的藍煙囪輪船公司服務，一度有幾千人之多，可以說是歐洲最大的華人團體。他們之中的絕大多數人都娶了英國太太，並生兒育女。

倫敦東部的萊姆豪斯，則是除了利物浦之外的另一處中國船員聚集地。我在一個中午來到這裡尋古。泰晤士河水倒映著周邊的高層建築，河面上有幾隻海鷗在覓食，船塢中央水域還泊著許多小型船隻，環境相當幽靜。水域邊的文字介紹說，當年碼頭船隻雲集十分繁忙，一八六五年，一千五百艘輪船和一萬五千三百六十六條駁船同時進入這個碼頭，船隻多到人們可以從一隻船跳到另一隻船，一直跳到對岸。至一九六〇年代，碼頭逐漸廢棄，如今改造成為一個現代化住宅和休閒區，一些華人喜歡居住的狗島（Isle of Dogs）就在旁邊。我去過幾次萊姆豪斯，發現這裡還有不多的幾家中餐館在經營，透露出昔日作為華人社區的印記。

一個有意思的現象是：很多大城市的東部往往是發展相對落後的區域，聚集了比其他地區更為密集的貧困人口。萊姆豪斯正是如此。考察一下地形就會清楚，這裡是泰晤士河的下游，河流的下游往往在城市的東部，帶來了大量垃圾，成為了低端人口的匯集之地。

到了一八九〇年，當時倫敦已經出現了兩個非常不同的華人社區。第一個社區是來自上海的中國人，他們住在彭尼菲爾德（Pennyfields）、廈門巷（Amoy Place）和波普勒（Poplar）的明街。第二個社區包括來自廣東省和中國南方的人，他們在吉爾街（Gill Street）和萊姆豪斯堤道附近的萊姆豪斯定居。

007

●

華人移民社區默默在西方生根的時候，雜碎並沒有引起西方人的注意，直到和近代中國的一位大人物扯上了關係，「雜碎」才變得不同尋常，並且演變成了中餐的代名詞。

李鴻章一八九六年出訪美國時，中餐館已經在美國存在了差不多半個世紀。但是在民間，卻逐漸演變成了另一種說辭，稱海外中餐館的出現，就是源於李鴻章出訪歐美時帶到海外的一道菜，首次介紹給了西方食客，更美其名曰「李鴻章雜碎」。

梁啟超便在他於一九〇三年訪美後所寫的《新大陸遊記》中提到：「雜碎館自李合肥遊美後始發生。」梁啟超說，一八九六年李鴻章訪問美國，之後出現了海外最早的中餐館「雜碎館」。又說：「合肥在美思中國飲食，屬唐人埠之酒食店進饌數次。西人問其名，華人難於具對，統名之曰雜碎，自此雜碎之名大噪。僅紐約一隅，雜碎館三四百家。」[008]這是關於海外中餐業最早的中文記錄。

梁啟超將李鴻章視為雜碎「推廣大使」，他認為，雜碎之名在李鴻章訪美之後，得到了極大普及，成為了中餐業的代名詞。「中國食品本美，而偶以合肥之名噪之，故舉國嗜此若狂。凡雜碎館之食單，莫不大書『李鴻章雜碎』、『李鴻章麵』、『李鴻章飯』等名。並稱論李鴻章的功德『當惟此為最矣』。」[009]

安德魯·柯伊（Andrew Coe）在《來份雜碎》（*Chop Suey: A Cultural History of*

Chinese Food in the United States）*中，描述了李鴻章一八九六年八月訪問美國的盛況：「歡呼雀躍的美國人在街上擁擠，希望見一見這位重要的中國訪客和他著名的黃馬褂。孩子們用黃色的彩帶裝飾自行車，以引起大使的注意。」美國報紙事無巨細報導著李鴻章的行程，令後人對那段歷史增添了可靠記憶：《紐約新聞報》（*New York Journal*）在李鴻章下榻的華爾道夫飯店安插了記者，記錄隨李鴻章一同從中國來的四名廚師的一舉一動，一名速寫師還畫下了他們工作的模樣，畫出他們的廚房工具，甚至用來把餐點端到餐廳的漆盤也一絲不苟描繪了出來。

《紐約新聞報》星期日特刊上首次出現了「炒雜碎」這一叫法。這篇報導的標題叫「雜肉大廚在華爾道夫飯店為李鴻章做的奇特菜肴」（Queer Dishes Served at the Waldorf by Li Hung Chang's Chicken Cook），文章寫道：

「把等量的芹菜切丁。將一些乾燥香菇與生薑清洗後泡水。以花生油將雞丁炒到快要全熟時，加入其他材料以及微量的水。大家最喜歡添加到這道菜的是切碎的豬肉和乾燥墨魚的切片，還有在潮濕的地上放到發芽的米（豆芽），芽約兩寸長，又嫩又好吃。

---

*《來份雜碎》：另有繁中版《雜碎：美國中餐文化史》，遠足文化出版，二〇一九年。

炒雜碎時，應該加入一些醬油和花生油，讓口感更加滑順。大快朵頤吧！吃了就會與李鴻章一樣長壽喔！」

從這篇報導中可見，炒雜碎就是中餐常見的炒菜的做法，芹菜炒雞肉，或者豆芽炒豬肉，屬於中國人飯桌上常見的葷素搭配類型。

《紐約時報》的記者寫到了李鴻章在赴宴時的舉止：一開始上法國菜，淺嘗輒止，當一名僕人端上中國菜之後，他才大快朵頤起來。「有三樣菜。第一樣是煮雞肉，雞肉切成小方塊狀。第二樣是一碗米飯。第三樣是一碗蔬菜湯。」

《華盛頓郵報》也對神祕的李大人的吃相情有獨鍾，做了如下報導：「用餐時，面前的佳肴他只吃了幾口，葡萄酒更是滴酒不沾。東道主注意到了這一點。片刻過後，雜碎和筷子擺到他面前，他才津津有味地吃了起來。」

從這些報導中可見，美國記者把李鴻章吃過的菜賦予雜碎之名，極有可能，李鴻章登陸美國之前，雜碎已在美國社會出現，美國人並不識得雜碎之外的其他菜肴，因而但凡遇見類似烹飪手法，皆冠以雜碎之名。[010]

而中國研究者周松芳認為，李鴻章訪美，並沒有在紐約吃過雜碎。因為一八九六年九月一日李鴻章訪問紐約當天，手指被車門夾傷，閉門謝客。周松芳並認為，這是中餐館從業人員憑空編排，動機在於利用李鴻章訪美試圖向美國公眾推銷中餐館。那些被李鴻章的名字吸引去品嘗雜碎的美國人，立即忘掉了華人的是非。[011]

這堪稱中餐史最早的一次成功的行銷宣傳，李大人拒絕東道主給他提供的精美食品和香檳，只吃了他的私人廚師特製的餐點，或許只是口味習慣，無形中卻令美國人對中式烹飪產生了好奇。餐廳老闆開始用李鴻章的名字來激發人們對中國菜的興趣。報紙使用相同的策略來出售更多報紙。《紐約日報》利用李鴻章的受歡迎程度在廣告海報中宣稱：

李鴻章從不錯過星期日日誌。

Li Hung Chang Never Misses the Sunday Journal.

您認為雜碎背後的真實故事是什麼？

What do you think is the real story behind chop suey?

對李鴻章的介紹，帶動了美國人第一次開始大量訪問中國餐館，雜碎風潮席捲了紐約和舊金山市等大城市。又過去十年，梁啟超訪美，他品嘗了炒雜碎後顯然並不滿意，寫道：「然其所謂雜碎者，烹飪殊劣，中國人從無就食者」。但想到這道菜竟然成功征服了西方人的胃口，驚訝之餘，梁啟超也相信了雜碎館的起源跟李鴻章的推廣不無關係。

李鴻章訪問英國在先，一八九六年八月出訪美國在後。所以還流傳著「李鴻章雜碎」的英國版本。一個中文網站繪聲繪色描述了李鴻章為了解決吃飯問題而創作「雜碎」的過程：「李鴻章天天吃國外的東西比如牛排沙拉什麼也不習慣啊，那些玩意也不好吃，不可口。日子一長有點想家鄉的菜了，在外國讓人家給自己做家鄉菜也不太好意思說，他就自己想了個辦法，動手做了起來。沒有那麼神祕，其實就是把那些外國的食物用家裡的烹飪法，把那些蔬菜和咖喱或者其他的調味料燉在一起，那個味道香的啊，把那些英國人都弄得流哈喇子*了，他們問李鴻章這是啥菜啊？李鴻章臨時就隨便想了個名『雜碎』，大家一嘗，特別美味，因此名菜『李鴻章雜碎』這道菜就誕生了。」

拋開李鴻章雜碎的美國版和英國版的爭論不提，實際上，早於李鴻章出訪英國前十二年，比雜碎更正宗的中餐就在英國人眼前亮相了。

一八八四年，倫敦在南肯辛頓舉行國際健康展覽會，為期半年。主辦方完整複製了一間包含餐廳和茶室的中餐館，取名「紫氣軒」[012]，還從北京和廣州聘請了九名中國廚師準備食物，但是主廚卻是一個在北京工作了十五年的法國大廚，目的是營造中餐和法餐同屬高等餐飲的效果。展覽很受歡迎，在五月八日至十月三十日期間，有四百萬人參觀，成千上萬倫敦人第一次品嘗到了中國菜的味道。

亞力・強森（Alex Johnson）的著作《創造歷史的菜單》（*Menus that Made History*）**，記錄了這個展會上出現的第一張中文菜單的內容：「頭盤是八大碗，包括：燕窩、魚翅、海參、熊掌、虎筋、魴、爊鹿、蘑菇等八種山珍海味；第二輪是八小碗：鴿子蛋、蟹黃、蓮子、白松露、蝦醬、鴨頭血、野雞、芥菜葉小吃；第三輪則是蛋白質和油脂系列，包含烤雞、烤鴨、烤乳豬、烤鵝或烤羊肉；最後是餐後點心，包括：蒸鬆糕和春菜捲。」

官方指南對中餐館介紹說：「餐館的入場費，包括晚餐的費用，大概六、七便士……其中有著名的燕窩湯，還有白鯊翅，晚餐包括紹興酒，它是溫熱的，還有貢茶。」「按照中國人的理論，一個人去餐館應該感到開朗、善於交際、快樂；另一方面，

---

* 哈喇子：東北方言，指涎水，口水。

**《創造歷史的菜單》：另有繁中版《看菜單，點歷史：記錄世界的75場盛宴》，行人文化實驗室，二〇一九年。

他去茶室反思，或沉迷於冷靜而認真的談話。因此，兩個房間的裝飾反映了這些想法。飯廳很歡快，充滿了光彩，而茶室則比較陰暗。」[013]

促成第一家中餐館亮相英國的人大有來頭：赫德爵士（Sir Robert Hart），字鷺賓，係英國外交官出身，後期則成為清朝政府官員。赫德生於北愛爾蘭，學業出眾，一八五三年畢業於貝爾法斯特女王大學。一八五四年十九歲時來到中國，他先在中國領事服務處擔任翻譯，之後調往廣州，擔任管理該市的盟軍專員的祕書，後來擔任當地海關檢查員。一八六三年 被清政府任命為皇家海關總署的監察長，任職近半個世紀。

赫德的主要職責是為中國政府收取關稅，同時負責將新式海關制度推廣到帝國各處的海、河港口及內陸關口，將海關的運作制度化。在任內，赫德創建了稅收、統計、浚港、檢疫等一整套嚴格的海關管理制度，新建了沿海港口的燈塔、氣象站，還創建了中國的現代郵政系統。為北京政府開闢了一個穩定有保障、並逐漸增長的稅收來源。更為不易的是，晚清貪腐嚴重，從一八六一年到一九〇八年，赫德治下的海關近乎杜絕了腐敗，成為當時中國政府的唯一一塊淨土，甚至被認為是「世界行政管理史上的奇蹟之一」。綜合起來看，赫德的幾項管理制度是相互關聯的：高薪激勵機制，讓關員們「不想貪」；先進的會計制度和審計監督制度，讓關員們「不能貪」；嚴明懲戒制度，讓關員們「不敢貪」。這三者互為補充，不可分離。[014]

一八六二年（同治元年），在赫德與恭親王的倡議下，中國第一所新式學校「京師同文館」成立，並在廣州設分部。同文館旨在培養中國未來的外交及其他人才，學生學習外語、外國文化以及科學，經費來自海關稅收，負責人也由總稅務司推薦。同文館後來併入京師大學堂，也就是今天的北京大學。

赫德對中國文化理解深刻，受到中國政府的重視，他所著的《中國問題論集》中寫道：「中國人是一個有才智、有教養的種族，冷靜、勤勞，有自己的文明，無論語言、思想和感情各方面都是中國式的，這個種族，在經過數千年唯我獨尊與閉關自守之後，已經迫於形勢和外來者的巨大優勢，同世界其餘各國發生了條約關係，但是他們認為那是一種恥辱，他們知道從這種關係中得不到好處，所以正在指望有朝一日自己能夠十足地強大起來，重新恢復昔日的生活，排除同外國的交往、一切外來的干涉和入侵，這個民族已經酣睡了很久，但現在他已經甦醒，他的每一個成員身上都激蕩著一種情感，中國人是中國的，把外國人趕出去！」

「中國將會有很長時期的掙扎，還會做錯很多的事情和遭受極大的災難，但或遲或早，這個國家將會以健康的、強大的、經驗老到的姿態呈現於世界。」[015]

羅伯特・赫德被認為是十九世紀中國與西方外交關係史上的關鍵人物，他通過領導中國海關在中國的經濟發展中發揮了重要作用。《赫德的情人》作者趙柏田認為，赫德曾讓古老中國站在現代化的門檻上。

但從更普遍的中國視角來看，赫德在中國的那段時間，列強統治瓜分了中國，中國為實現現代化而苦苦掙扎，赫德見證了四次外國對中國的入侵，赫德被看成是一個對中國人頤指氣使的帝國主義代理人。

英國倫敦大學皇家霍洛威學院的蔡維屏博士認為，更多的歷史學家和對中國現代史感興趣的人開始看到赫德對中國的貢獻，而不僅僅是將他視為外國惡魔。

016

李鴻章和赫德，某種角度上具有一定的共性。李鴻章比赫德大十二歲，一八二三年生於合肥，二十四歲通過科舉進入官場，在鎮壓太平天國運動中成就了他的事業，到一八六〇年代，他作為清朝最高官員之一被安置在北京。那會兒，赫德正在廣州工作。中國大門已經被迫打開，李鴻章開始和那些瓜分中國的西方列強打交道，他欽佩西方先進的科學、技術和軍事成就，積極參與了十九世紀下半葉席捲中國的「洋務運動」。在這個過程中，他親自監督了現代軍隊的創建，建造了新的工廠和鐵路，甚至還派出了第一批中國青年出國留學。

從正面角度來看，李鴻章跟赫德都被認為是希冀改善國力使中國現代化的人物；從美食角度來看，他們也有過一次令人嗟歎的交集。赫德一八八四年把紫氣軒餐廳帶到倫敦，對於中餐在英國的推廣點了第一把火。倫敦的小報嘲笑這些異域風情的中國食物，但它在公眾中引起了轟動，中餐第一次被英國社會認識。但這只是曇花一現。真正被普通西方人接觸到的，還是正在悄然興起的李鴻章炒雜碎。那間搭建在肯辛頓的超現實的中餐館和李鴻章雜碎在歷史的長河中發生了一次奇妙的時空碰撞，然後煙消雲散。

一八九六年三月二十八日到十月三日，歷時半年多，大清宰相李鴻章經過四大洲橫渡三大洋，水路行程九萬多哩，到訪俄國、德國、荷蘭、比利時、法國、英國、美國、加拿大等八個國家，他所到訪的，都是當時主宰世界秩序的列強。他的旅行引起了媒體的轟動，世界各地的報紙都對「東方俾斯麥」進行了報導。從英國官員到真正的德國總理俾斯麥本人，都對他的外交戰略留下了深刻印象。一個意想不到的副產物是，雜碎也因為李鴻章的出訪而大放異彩，永留青史。

李鴻章為什麼選擇在一八九六年的春天，遠渡重洋出訪歐美列強？彼時，不公平的《排華法案》剛剛公布，再往前，北洋水師敗給日本，令國家受辱，聲望受損。李鴻章代表了一個走向衰敗的沒落帝國，萬邦來朝的想像幻滅，一個疲憊的老人周遊世界，對於嶄新的世界秩序充滿了仰視和敬畏。他的團隊耗費鉅資購買了打字機、肥皂、牛肉提取物等西洋雜貨——並且，作為交換，將雜碎引入到西方人的餐桌上。

那趟引起轟動的「雜碎外交」之後，一九〇〇年十月十一日，李鴻章回到北京，開始了他一生中最後、也是最艱巨的一輪外交談判。經過近一年的拉鋸戰，他於次年九月簽署了《辛丑條約》，做出了前所未有的讓步，包括向十一個國家的巨額賠款，被認為是中國近代史上賠款數目最龐大、主權喪失最嚴重的條約。僅僅兩個月後，他就去世了。

後來李鴻章成了中國被殖民和潰敗的替罪羊，他的公眾形象越來越單向，直到被後世銘記為叛徒。一九五八年大躍進期間，李鴻章的出生地合肥的一個公社特意拆毀了他的墳墓，為工廠讓路。墓的建構牢固非凡，外殼是鋼骨水泥澆成，掘墓者始採用以炸藥無濟於事，後來在幾十步外穿地道，測定尺寸位置，由墓中心棺材底部挖上去，才將墳墓打開。陪葬物被一搶而空，據說農民們挖掘出李鴻章的屍骨，拖到拖拉機後面，直到骨頭散落在整個村子裡。

隨著「改革開放」的到來，中國的歷史學家和社會學家才開始修正李鴻章在中國的遺產。李鴻章的名聲開始得到修復，人們開始談論他作為改革者和政治家的工作，而不再僅僅把他當成一個叛徒。李鴻章在老家合肥的故居被翻修成紀念館，他被褻瀆的墓地也得到了重建。

無論李鴻章對西方文明、科學、技術和軍事力量多麼感興趣，他仍然是一個完全忠於君主的典型的士大夫，他與西方建立關係的主要動機是為中國爭取更多時間來增強實力。但十九世紀後期撕裂中國的國內外壓力太大，無論他的意圖多麼好，他都無法解決。從這個意義上說，他的人生是一場悲劇。就像梁啟超所說的那樣，李鴻章是時代所定義的英雄，而不是一個定義時代的英雄。[017]

李鴻章的那趟出訪被西方社會視為揭開古老神祕的中國面紗的一個契機，但是當西方人借助報紙目睹一個龍鍾的老人小心翼翼夾著筷子品嘗雜碎的畫面，未免會產生竊笑，乃至失望倍增，中國不是那個強大的中央帝國，而是一個落後生產力的代表，在西方工業革命突飛猛進的對比之下，這幅畫面被定格在一個落後語境之中，影響了西方文化和西方社會對於中國人及中國文化的判斷。

《費城問詢報》（*Philadelphia Inquirer*）上的新聞尖銳指出，關於李鴻章雜碎這則故事，說明「雜碎的起源就是一個天大的東方笑話」。即使到了今天，這道菜仍被人描述為「一種飲食文化對另一種飲食文化最大的嘲諷」。[018]

不管怎麼說，「雜碎」之名得到了西方社會的普遍熟悉，演變成整體中國菜的象徵，影響深遠。到了一八九八年出版的《紐約的唐人街》一書，雜碎館的形象高大起來。一九〇三年，紐約出現了一百多家雜碎館。[019]

諾貝爾文學獎得主辛克萊・路易斯（Sinclair Lewis）的一九一四年小說《我們的沃倫先生》（*Our Mr Wrenn*）和一九二二年小說《巴比特》（*Babbitt*），就提到美國中式餐館的雜碎。一九二九年，畫家愛德華・霍普（Edward Hopper）完成了《雜碎（中餐館）》（*Chop Suey*）一畫：兩個女性安靜地共進午餐，旁邊霓虹燈招牌上的「Chop Suey」字樣十分醒目。說明在上世紀初期，以「雜碎」為代表的中餐，進入到了西方人的日常生活。

「李鴻章雜碎」的出名，其背後別有深意。這是一幅具有諷刺意義的畫面。種種光怪陸離的描述，充滿了阿Q式的臆想。最初，「李鴻章雜碎」或多或少擔當了一種文化使者的重任，中國菜似乎在另一個戰場為極弱的大清國掙回了些許顏面。這樣的故事只是證明帝國死而不僵，佐證著另一種文化自信，掩飾了當年落後的大清國在世界舞台上亮相的不適和自卑。中國人對於「李鴻章雜碎」的特殊情結，糅合了多少這樣的失落與希望？中央王國的子民被迫拋向世界，帝國斜陽清冷，一碗溫暖雜碎，就像波濤洶湧的大海上的一盞指明燈，撫慰了多少流落天涯的遺民之心。

2、從黃潮到黃禍

海外中餐業興起的背後，是華人勞動力的聚集和增長。哥倫比亞大學歷史學教授艾明如（Mae Ngai）在《華人問題：淘金熱與國際政治》（*The Chinese Question: The Gold Rushes and Global Politics*）*中說，早期華人社區們面臨著邊緣化、暴力和被自詡為「白人國家」的排擠。所謂「華人問題」歸結起來就是：華人對白人和英美國家構成種族威脅嗎？華人應該被禁止進入這些國家嗎？[020]

早在一八九〇年，美國出版的描寫美國貧民的著作《另一半是如何生活的》（*How the Other Half Lives*）中，作者雅各・A・里斯（Jacob A. Riis）曾斷言：華人和歐洲移

---

*《華人問題：淘金熱與國際政治》：另有繁中版《從苦力貿易到排華：淘金熱潮華人移工的奮鬥與全球政治》，時報出版，二〇二三年。

民不同，每個華人都將是「我們中間無家可歸的陌生人」。

這一論斷的依據是什麼？里斯的觀點：華人「在任何意義上都不是人口中令人滿意的組成部分」，「他們在這裡沒有任何用處」——則透露出赤裸裸的種族偏見。跟同一時期在西方世界發生的情形一樣，華人社區的鞏固在英國白人社會引起了猜忌和抵制。

進入二十世紀的頭十年，是英國華人社區快速發展的十年。一九〇六年，《利物浦信使報》一篇文章說利物浦當時有超過三萬中國人，然而利物浦警察局長說只有一百個永久華人居民，三百個臨時華人居民。但是媒體配合反華者，叫嚷來了成千上萬的華人，渲染華人汙穢敗壞，不光搶走了英國人的工作，還搶走了白種女人。

其實這些華人能有什麼威脅呢？他們無非是一些厭倦了漂泊的船員。除了一部分人有技術專長，大部分人只是被視作苦力。早期華工大多都是孤身一人闖世界，很少有中國女性同行，許多定居下來的中國船員和同為勞工階層的白人女性結婚，其中又以愛爾蘭女性居多。那時，貧窮的愛爾蘭人也受到廣泛歧視，換言之，華人和愛爾蘭人同是天涯淪落人。

很多中國船員在就業市場上也受到排斥，只能在洗衣業駐足。因為當時洗衣業以女性為主，不需要懂英語，技能相對簡單，華人男性進入到洗衣業遭受的阻力小一些。隨著華人洗衣店的增多，普遍受到了來自當地人及工會越來越強的敵意，一些價格低廉的華人洗衣店甚至遭到本地人攻擊。在眾多極端個案中，一九一一年，卡地夫（Cardiff）全市三十家華人洗衣店一夜之間被摧毀。同一時間，類似暴力事件發生在美國及世界其他地方。

於是中國船員們決定發揮一項特殊技能——中餐。它看起來不會和當地人爭奪就業市場，還能通過美食加強彼此的瞭解。從簡陋的船員食堂「破圈」走入飲食市場，真正意義的中餐館開始在英國粉墨登場了。

●

唐人街風水輪流轉，城頭變幻大王旗。在四散飄逸的香氣中，英國第一家中餐館已經湮沒在歷史塵煙中。圍繞誰才是英國第一家中餐館的記述，出現了一個有交叉路徑的祕密花園，眾說紛紜。

巴克利・普萊斯（Barclay Price）在《中國人在英國》（*The Chinese in Britain: A*

History of Visitors and Settlers）一書說，一九〇六年，倫敦出現了第一家以非華人為顧客的中餐館。但是他沒有提供詳細名字。

英國明愛學院（Ming-Ai Institute）曾經發起「英國華人職業傳承史調查」（British Chinese Workforce Heritage），該報告的「餐飲業」一節作者羅莎・庫洛斯卡（Rosa Kurowska）寫道：「一九〇八年，第一家官方記載的中國餐館在倫敦皮卡迪利廣場（Piccadilly Circus）的溫室街（Glasshouse Street）4之6號開張，並巧妙地命名為『中國餐廳』。」

倫敦大都會檔案館的一張老照片的說明這樣記述：「一九〇八年，倫敦蘇活區出現了一家名為『美心』（Maxim's）的中餐館。由Chung Koon開設。『被認為是在英國開設的第一家主流中餐館』。」

一九三二年的《昆士蘭人》（*The Queenslander*）的一篇文章寫道：「皮卡迪利廣場的中國餐廳即使不是第一家，也是在他們附近最早開業的一家。由Chang Choy先生於一九〇九年創辦，至今已持續二十二年。位於倫敦最中心的位置，由溫室街4號的樓層組成。每層樓都採用中國風格裝飾，其中中國燈籠占主導地位。食物很棒，就像每家中餐館一樣，如果一個人知道點什麼，就不會失望。」[022]

這些歷史記述缺乏中文資訊，內容又很接近。通過分析這些表述不一的資訊，我得出如下判斷：第一家中餐館開張的年分，是一九〇六年或一九〇八年抑或一九〇九年的其中一個年分；位於皮卡迪利廣場的「中國餐廳」和位於蘇活區的「美心」，被公認是最早開業的兩家中餐館，但不確定究竟誰是第一家；Chung Koon 或者 Chang Choy，很可能是同一人名的不同譯法。如是，則兩家中餐館皆為同一人擁有。

倫敦大都會博物館的資訊被視為相對權威，稱一九〇八年開業的「美心」被認為是第一家主流中餐館，考慮到其使用了限定語「被認為」，也就是說官方並不確定。換句話說，「美心」主要為「主流」白人社會認可，意味著這家中餐館或許還供應西式餐點，並不局限於中餐。另外，還有可能「美心」是第一家在英國正規註冊的中餐館，所以能夠被英國檔案記錄下來。

我按照照片上的資訊和位置，找到「美心」的舊址，位於唐人街的華都街（Wardour Street）和爵祿街（Gerrard Street）交匯處，如今這個位置已經成為了一家百家樂賭場。

英國的歷史資料稱，「美心」的老闆 Chung Koon 據信生於一八七二年，卒於一九二八年，年輕時曾在往來中英的航船上擔任廚師，退役後定居英國並娶了本地人妻子。在「美心」取得成功後，Chung Koon 很快又在皮卡迪利廣場的溫室街開設了另一家名為「華夏」（The Cathay）的中餐館。

資訊在這裡產生了交集。「Cathay」最早就是英語世界對中國人的稱呼。顯然，這就是被認為早於「美心」開業的位於溫室街的「中國餐廳」的英語名字，進一步佐證了兩個餐廳都是由 Chung Koon 一人開設的。

華人社區資訊普遍指向：溫室街4之6號開張的中國餐館才是第一家，時間也是在一九〇八年，跟「美心」在同一年。現在問題來了，老闆 Chung Koon 究竟先開了哪家餐廳？

我也尋訪到了溫室街4之6號，現在這裡是一家正在裝修的商城，周圍被安全網罩著，看不出什麼歷史遺痕。英國人做工慢，好幾年了還是不知廬山真面目。查看地理位置，它和「美心」的直線距離不會超過五百公尺。

繼續爬梳資料，發現英國華人美食作家羅孝建回憶二〇年代在英國的生活時說，周末媽媽會帶他和哥哥去探花樓喝英式下午茶，並且說，這是歐洲最早的一家中餐館。後來探花樓改叫「Cathay」。[023]

我如獲至寶，大有剝繭抽絲破案的快感。羅孝建是國民政府時期住英國的外交官，後來經營中餐學校和中餐館，在英國有很大知名度。他的回憶可信度很高。他的記錄表明，「探花樓」是英國第一家中餐館，其後更名為 Cathay。

可以這樣理解：Chung Koon 先開了「探花樓」，「探花樓」這個名字只是流傳在華人社區，不被白人社會熟悉，直到後來，Chung Koon 開了「美心」之後，將探花樓再以英文命名為 Cathay，才被英國主流社會理解，所以誤認為是開設在「美心」之後。

我檢索到更多的資訊，佐證了這種推斷。

周松芳在《嶺南饕餮》記錄，祁懷高在講述中國駐英大使鄭天錫的文章中，引用臺灣《傳記文學》載文回憶：當時，倫敦西區最熱鬧繁華的中心有一家探花樓飯店，這是僑胞在當地開設的第一家中國飯店。

二〇一九年六月，英國華人《基督教號角報》的專題〈在英華人簡史與華人社區的形成〉寫道，張權是藍煙囪公司的船上廚師，最初開設小餐食肆，獲利後與兄弟一起於倫敦皮卡迪利廣場開設「探花樓」，經營八十多年後，於一九九〇年底結業。而第一間註冊的華人餐館可追溯至一九〇八年，到了一九五一年還不過只有三十六間。

——這條資訊已經比較全面。這個「張權」，應該就是先後開了「探花樓」和「美心」的老闆，英國人根據其發音記錄為「Chung Koon」，「張權」是廣東人，粵語發音近似於 Chung koon。

作為開了英國中餐業先河的華人，Chung koon 並不廣為人知。周松芳是研究嶺南美食的一名歷史作家，在他的著作《飲食西遊記》中，對於 ChungKoon 這個人物提供了很多資料，比如：

鄒韜奮一九三三年訪英，在一篇遊記中寫道，「東倫敦華僑裡面有一位名叫張朝的，在倫敦開了三十年的菜館，現在算是東倫敦華僑的『那摩溫』*的領袖」。[024]

黃鴻釗和潘興明所著《英國簡史》則提到，「倫敦城最早的華人飲食店在一八八六年就開業，業主是當年曾受雇於英國藍煙囪船務公司的兩名廚師張權、張壽兄弟。他們開的三家餐館名為狀元樓、杏花樓、探花樓。」[025]

——「張朝」和「張權」應該是同一人的同一名字，都接近粵語發音 Chung koon，被不同人錯記了。

黃鴻釗等人的記錄還把「張權」兄弟經營餐館的時間從一九〇八年提前到了一八八六年。再看《基督教號角報》的專題報導，則有了呼應：「張權最初開設小餐食肆，獲利後與兄弟一起於倫敦皮卡迪利廣場開設探花樓」。由此可知，在探花樓開業前，張權已經開了一些類似水手食堂小吃部的營生，時間可能早至一八八六年，積累了經驗和資金之後，才一鳴驚人，陸續擁有了「探花樓」和「美心」，前者面向華人食客，後者則主打西人生意。

通過當時歐洲華人社區的一些記錄文字，進一步說明了這張氏兄弟的生意在當時十分出名。這裡出現了法國中餐館「巴黎萬花樓」的名字。《青年梁宗岱》一文稱，巴黎萬花樓一九一九年出現，東主張楠（南），弟弟張材在倫敦經營大飯店。周松華據此認為，巴黎萬花樓和倫敦探花樓關係密切。[026]

張材，應該就是之前的「張權」或「張朝」。張南或者張楠，顯然就是哥哥（此前亦被稱為「張壽」）。應該都是時人聽音記名之歧誤。通過比對各種資料，我傾向於認為：哥哥張南在法國開萬花樓，弟弟張材在倫敦開探花樓。

周松芳引述佚名的《萬花樓》認為，巴黎萬花樓和英國中餐館的標杆探花樓，都是一家人所開。「萬花樓經理張南，原籍廣東寶安，二十年前被英輪船雇傭為水手，為水手做飯，攜其弟張才（材）至英京，開一中國餐館，規模甚小，今倫敦只探花樓、翠花樓，皆張氏兄弟手創。」[027]

張氏兄弟雖然水手出身，但是有了積蓄之後，投身餐飲，也關注中國形勢。據說張

＊那摩溫：英語「Number One」的音譯，原指工頭，以此引申為「第一號」。

南在法國僑界十分活躍。弟弟也不遑論。一九二一年八月十六日，留英學生與華僑在倫敦探花樓中國飯店召開留英工商學聯合國民大會，提出了呼籲太平洋諸國尊重中國主權，撤銷在華特權與不平等條約的宣言。[028]

這張氏兄弟的命運也是一波三折。

周松芳引用《青年梁宗岱》記錄說，一九二七年，張南把萬花樓生意轉售給湖南人姜浚寰，姜浚寰據說是一戰華工出身。好好的餐廳為什麼轉讓？《東省經濟月刊》文章約略提及：「南自入獄，弟（張）才（材）聞耗，從倫敦趕至，往探，獄吏不許入。」[029]

原來，張南在巴黎遭遇了官司。萬花樓關張了。關張的理由，則諱莫如深。佚名所作《萬花樓》稱：「聞南犯兩重刑事罪，在檢查期中，不得與人接見，才頓足大哭而罷。」[030]

災禍接踵而至，兩年以後，張材在倫敦開的另一家杏花樓也遭遇變故。郭子雄（華五）說，一九二九年的冬季，聽說杏花樓老闆被人告發販賣鴉片煙及作其他不正當營業，員警廳強迫他關門，但是房金一項損失便有一萬八千鎊，云云。[031]

張材的遭遇甚至引起了中國政府的介入。當時不僅震動僑界，連國民黨中央僑委都甚是關切，向英方去函「旅英僑商張才（材），被英內務部無理封閉所開杏花樓，並限日出境」交涉，最終，英國政府撤銷遞解回國命令，准其自由離英。落款日期，民國十九年（一九三〇年）一月二十日。032

兄弟兩人的酒店在兩年內接連遭遇挫折，是否真如傳言所說，在經營酒店的同時，也在從事一些灰色生意？今人不得而知，只能留下很多想像空間。

好在探花樓依然矗立倫敦。郭子雄說，探花樓很成功，下層跳舞，上層給學生們吃飯，由於杏花樓的關張，探花樓風頭更盛，一時成為社交中心。中國明星胡蝶來英國也在這裡與大眾見面。後來老闆又在華都街開了新探花樓，可見生意越做越大，甚至影響力有超越老探花樓的趨勢。033

這些早期的中餐館什麼樣子？經營什麼中餐？大廚譚榮輝認為：「他們很樸素和實用，因為業主很窮。他們供應雜碎、一些咖喱菜，甚至薯條。」毫無疑問，最初的中餐館仍然是借助「雜碎」之名造勢的，並隨之推出了一批經過改良的適應英國人口味的「假中餐」。「美心」最受歡迎的菜是一種叫做「Jarjow」的糖醋汁豬肉，至今這道菜仍然被英國人視為正宗的中餐代表，但是在中國卻並不為人知（口味和製作並不同於鍋包肉或者糖醋里脊）。「美心」等中餐館的出現，預示著華人社區的商業擴張，這些中餐館將開啟中餐業的星辰大海時代。

張氏兄弟在歐洲的影響始於二〇年代英倫的餐飲業，至一九六五年歐洲張氏宗親福利會成立，經半個多世紀開花結果。但是張材本人的故事並不為人知，很難找到到更多Chung Koon（張材）個人後來的故事，遭遇變故打擊之後，他去了哪裡？人生歸宿如何？

我檢索到一張拍攝於那個時期的萊姆豪斯的黑白照片：某個街頭，幾名中國人西裝革履，穿戴整齊。但又似乎無所事事，紮堆站在臨街的店鋪門口，或者竊竊私語，或者百無聊賴。無一例外，眼神樸實清澈，對異鄉生活充滿了興奮與好奇。Chung Koon（張材）應該和照片上的那些華人一樣，厭倦了海上的漂泊，在異國安頓下來，用中國烹飪術安撫思鄉的靈魂，從而掀起了一股改變了華人社區命運的商業「黃潮」。

●

四月的一天，我去接女兒放學，路過一座掛著藍色圓牌的房子，這意味著某個英國名人曾經住在此處。走近仔細一瞧，竟然是和中國非常有淵源的傅滿洲（Fu Manchu）

系列的作者薩克斯・羅默（Sax Rohmer）的舊居。

一九一一年，萊姆豪斯開始被稱為唐人街。這一年人口統計，有一千三百一十九名華人在英國定居，還有四千五百九十五名中國船員在商船服役。中餐業此後逐漸成為華人的主要謀生職業。美心中餐館開業兩年後，一九一二年一月一日，中國民國宣告成立。一九一三年的《泰晤士報》稱，在東倫敦有三十家中餐館。[034] 一九一四年《英國國籍法》修改，使得外國人更容易居住，華人家庭開始紛至遝來，這些因素都刺激了中餐館的發展。一九一二年至一九二〇年為華僑留英最發達時期，當時人數約一萬左右，許多中餐館開了起來。[035]

中國移民在二十世紀初的成長給英國本地人帶來了極大焦慮，媒體積極投身到一場種族陰謀論中。薩克斯・羅默則在其中推波助瀾，「功不可沒」。

這裡面又有一段插曲。比莉・卡爾頓（Billie Carleton）是一戰期間英國音樂劇的演員。她十五歲開始職業舞台生涯，十八歲時在倫敦西區扮演角色。一九一七年出演了熱門音樂劇《男孩》（*The boy*），並於一九一八年在《海洋自由》（*The Freedom of the Seas*）中擔任主角。二十二歲時，她被發現死亡，顯然是吸毒過量。

經過調查發現，一個叫艾達（Ada Song Ping You）的蘇格蘭女人，其丈夫是個中國男人（Song Ping You），卡爾頓從艾達那裡學會了使用鴉片。卡爾頓死後，蘇格蘭女人因準備吸食鴉片並將其供應給卡爾頓而被判入獄五個月。

卡爾頓的死因疑點重重，作者馬雷克．科恩（Marek Kohn）認為，卡爾頓並非死於古柯鹼（可卡因），而是死於用來治療古柯鹼宿醉的合法鎮靜劑。但是，一名美麗的白人女孩因吸毒過量死亡，再加上一名中國男子的參與，造成了二十世紀第一起重大毒品醜聞。

新聞界掀起了一股不尋常的狂熱，晚報尖叫道「被黃種人催眠的白人女孩」，並補充說，「每個英國人和英國女人都有義務瞭解年輕白人女孩墮落的真相」。

華人社區擁有一點關於賭博和吸食鴉片的小祕密，這本是人性弱點，無關種族。但是那個時代的西方社會，將吸毒和跨種族間的性關係聯繫起來，並且暗示具有某種致命的恐怖後果。

《畫報新聞》（*The Pictorial News*）刊登了一系列關於倫敦東區、萊姆豪斯以及他們所描述的正在蔓延的「黃禍」的文章。小說家甚至電影製作人都津津樂道並誇大唐人區的危險和不道德行為，爭相搭上了這股醜化華人和唐人街的潮流之船。萊姆豪斯被描述成骯髒、奇怪、邪惡、神祕、殘忍，儘管萊姆豪斯的華人社區是個安靜守法的社區，但是從此聲名狼藉。

湯瑪斯・伯克（Thomas Burke）寫了一些關於萊姆豪斯唐人街的「骯髒和病態」的短篇小說和報紙文章。他的一個故事〈中國佬和孩子〉（The Chink and the Child），來自一個名為《萊姆豪斯的夜晚》（*Limehouse Nights*）的系列，被種族主義者大衛・格里菲斯（D. W. Griffith）製作成一部成功的電影，名為《殘花淚》（*Broken Blossoms*），並由莉蓮・吉許（Lillian Gish）主演。

旅行作家和記者莫頓（H. V. Morton）在一九二六年的《倫敦之夜》（*The Nights of London*）一書中這樣描述萊姆豪斯：「萊姆豪斯的骯髒是東方的那種奇怪的骯髒，似乎隱藏著邪惡的光彩。在那些封閉的房屋狹窄的街道上，有一種不為人知的氣息，每一個似乎都在擁抱自己可怕的小祕密……你可能打開一扇骯髒的門，發現自己置身於一個甜美的宮殿，那裡有奇怪的東西發生在煙霧中……寂靜籠罩著你，幾乎讓你相信，在它的背後，是一直處於發現邊緣的東西；某種邪惡或美麗的神祕，或恐怖和殘酷的神祕。」

最殘酷的投機者毫無疑問就是前記者薩克斯・羅默，他利用自己對萊姆豪斯的可疑知識撰寫了令人難以置信的傅滿洲系列小說，並大獲成功。故事講述了一個墮落的中國人，他的邪惡帝國建立在萊姆豪斯的貧民窟裡。

羅默寫道：「想像一個人，高大、瘦削、如貓科動物、高聳的肩膀、像莎士比亞一樣的眉毛和像撒旦一樣的臉」，「一個剃得很乾淨的額頭，以及貓綠色的長長的磁性眼睛。將整個東方種族的所有殘酷狡猾投入到身上」——傅滿洲的這幅如夜行妖魅般的經典肖像，其中不乏李鴻章品嘗雜碎的身影，現在落後和邪惡交織於一體，成為西方人對中國人的刻板印象的來源。

一九一三年《傅滿洲的謎團》（*The Mystery of Dr. Fu Manchu*）一書首次出版，並通過戲劇、電影和廣播廣為人知，成為當年英國中產階級熱門的話題。傅滿洲瘦高、留著長鬍鬚，精通各種西方知識，狡詐兇殘，經常在唐人街策畫組織針對自由世界的攻擊。這本煽情小說點燃了針對華人的種族偏見。

傅滿洲是西方人對黃禍恐懼的代表，集中代表了西方社會對於華人數量劇增的擔憂。「黃禍」一詞發端於成吉思汗大軍對歐洲的掃蕩，後來轉化為對整體黃種人群的普遍憂慮。當黃種人群呈現了數量上的優勢，這種憂慮就轉化為整體的恐懼。

二十世紀初的時候，導遊們帶遊客到唐人街組織快閃參觀，把唐人街形容成為鴉片館、窯子，賭場匯集的罪惡之地，令其惡名遠播。這種令人不快的刻板印象一直長期存在於西方影視作品和出版物中，這樣的流行文化一直影響到了近代，深刻影響了輿論和大眾的觀感。

在一種刻板描述中，中餐也成了神祕的異域風情。最早的中餐樣式，從器具到烹飪、從食材到加工，都截然不同於西式餐飲，令傳統的英國社會驚歎不已。西方社會一直沒有改變對於中國人、及中國文化（包括中餐）的一種視為「他者」的觀察視角，隱隱地視中餐——東方文化——為一種具有邪淫性質的美食，就像誘惑白雪公主的紅蘋果，美味但是墮落，更多地代表了一種腐朽落後的文化形態和生活方式，塑造並且定格了後期中國人的東亞病夫的形象。

而對於海外華人來說，中餐業愈加成為身分的認同，它最初只是一種生活方式，逐漸在海外衍生成為職業技能，現在則加入身分的自我認知。從來沒有一種餐飲像中餐烙上了如此複雜的族群印記。它與眾不同，是一套格格不入的語言體系，來源於生活卻具有了身分抗爭的意味。

●

哥倫比亞大學歷史學教授艾明如認為，反苦力主義是西方國家和帝國身分的基礎，面對暴力、騷擾和制度化的不平等，華人在自己的社區內尋找出路。他們成立了「會館」（協會）和「堂」（祕密社團），在被主流社會邊緣化時，建立了與家鄉的網路，在被剝奪公民權和投票權時，他們尋求影響當地政治的其他途徑。[036]許多方面表明，華人社區本身就是變革的推動者。

海外華人群體在陌生的西方世界守護著傳統，遭遇系統性的歧視與偏見，等待他們的有收穫，也有風暴。此時，伴隨著新興的中華民國政府的成立，更多的中國人走出國門，去接受風暴的洗禮。

二〇一七年七月中旬，我去倫敦攝政大學參加一個關於一戰華工的講座。這是個不為人熟知的歷史角落，主講人約翰・德・路西（John de Lucy）展示了數十張攝於一戰期間的照片，這些照片由他的外祖父W・J・霍金斯（W.J. Hawkings）拍攝。霍金斯是一名商人，一九〇八年來到中國。一九一六年英軍在威海招募華工赴歐洲參戰，霍金斯擔任了華工營的中尉，他以一部相機記錄下華工部隊從成立到奔赴戰場、最後歸國的過程。路西在四十年前繼承了這些照片，當時這些照片放在一個玻璃箱子裡。他並沒有意識到照片的價值，直到幾年前他聽說了一戰華工的故事，利用退休後的時間，重新掃描保存下的一百二十多張華工照片，並讓它們重見天日。

一戰開始階段，英法聯軍對入侵法國的德軍發動索姆河戰役，傷亡慘重，急缺人力，英國和法國跟剛成立不過五年的中華民國政府簽訂合同，分別招募了約十萬和四萬華工。一九一六年，首批來自山東與河北的勞工從海上先到達英國的利物浦，八月穿越英吉利海峽來到法國前線。華工主要參與修挖戰壕、搬運軍火、修築道路、清理戰場諸如此類的工作，他們長期生活在軍事環境中，由英國人管理，穿制服，領軍俸，雖然不直接參戰，但是同樣遵守軍紀，形同不扛槍的軍人。

霍金斯拍攝的照片展示了新生的共和國人民的風采。一張照片上，表情嚴肅的華工正在合約上摁手印。這些以農民和貧窮人為主的華工，就像那些前輩船員一樣，為了改善生活奔赴一場冒險。一個華工的哥哥寄出的家書寫道，自從弟弟「四月初一上船」之後，家中領到了「安家銀月工銀毫無差誤」，他告訴弟弟「身體無恙，在外不必掛念」。想必是後顧無憂了，記錄在相紙上的華工大都神態坦然，流露著迎接新生活的興奮之情。

照片記錄了華工營的日常生活。春節，一名華工男扮女裝扮成丑角，和另一名華工表演小品，博觀眾一笑；春天，舉行膠東特色的放風箏比賽；一名體型彪悍的大漢輕鬆舉起石擔，另一個漢子在單杠上展示發達肌肉。山東大漢被認為吃苦耐勞，具有很高的忠誠度。霍金斯的威海人僕從「吉米」（Jimmy），看上去敦實質樸，不苟言笑。

照片上可以發現，華工營配有醫療、廚房、洗浴設施。從華工的精神狀態和生活細節可知，華工得到了相對人道的戰時待遇。一名華工去世了，數名華工抬著的棺材上，覆蓋著一面英國國旗。葬禮也是中西結合的，墳頭樹立起了十字架，不過刻著中國字，朝向故鄉。

華工在戰場上的死亡人數，有兩千到兩萬等不同的說法，至今都沒有明確的統計結果。有些人死於德軍的轟炸，有些人則是因為疾病和氣候。一九一七年二月二十四日，一艘運送九百名華工的法國船艦被德國潛艇的魚雷擊中，五百四十三名中國人喪生。這直接導致了中國政府於一九一七年八月十四日對德宣戰。一九一八年一戰尾聲，英國開始送華工送國。一九二〇年九月，最後一批英國招募的華工抵達青島，而法國招募的華工晚兩年才回國。有記錄顯示，有相當一部分華工留在法國，構成法國最早的華人社區。

英國參加了兩次世界大戰，且都是戰勝國，每逢勝利日都會大張旗鼓慶祝。每年十一月十一日，倫敦會舉行盛大遊行，英國人穿著各個時期的軍服，佩戴象徵勇氣和勝利的紅罌粟，走上街頭歡慶。但是，在公開記錄中鮮有提及華工的貢獻，十四萬華工的往事被風吹散。英國現存的四萬三千座一戰紀念碑中，沒有一座是為華工建立。最近十年，這些塵封的往事得到發掘，英國華人社會也推動這段歷史的紀念。在倫敦南岸中心上演了由華人藝術家創作的話劇《新世界》，描寫華工漂洋過海在炮火紛飛中的生活，同時探討了華人身分認同這一永恆母題。

我感興趣的是，在推翻了一個積弱的王朝之後，新生的中華民國似乎急於向世界展示它樸實的人民，中國人貢獻的不僅有雜碎、鴉片館和洗衣房，還有責任與犧牲。民國出版的日記影印本《歐戰工作回憶錄》，其作者是當年隨英軍華工營擔任翻譯的上海人顧杏卿。顧杏卿認為，近代以來，「東亞病夫」的屈辱形象一直讓中國人耿耿於懷，華工赴歐洲參戰，直接導致了中國向德國宣戰，中國的戰勝國地位得到國際承認，意義重大。這成為當時高漲的中國民族主義情緒的先聲。

在講座現場，聽說我老家也在山東，路西問我：「威海有個紀念一戰華工的博物館，你去過嗎？」威海一戰華工紀念館的入口設計成一個巨大的十字架造型，據說其寓意是華工將要踏上的是一條不歸路。事實上，一戰爆發時，兩千年帝王統治剛被革命推翻不過兩年，一戰華工的大規模出海，固然血淚交織，也激蕩著百廢待興、一改落後世界觀、力求加入國際社會的強烈意願，構成了近代中國極具活力的一個側影——這將極大地改善華人在世界的形象。

一戰後，倫敦的中餐業得到了極大的發展。退役的中國船員，加上一戰退役的華工，紛紛加入到了中餐館創業隊伍之中。一九一九年，張氏族人組織了有限公司，把有實力的中餐館統一在旗下，被視為中餐連鎖店的先聲。同年，維護中國企業主利益的中山互助工作組成立。到了一九二一年，英國人口普查，定居在英國的華人已經達到了二千四百一十九人。在西方人傅滿洲式的冷眼中，一批中餐館在倫敦亮相了。

然而樹欲靜而風不止。就在此時，英國華人社區出現了一個戲劇性的人物，在英國歷史上留下了特殊的印記。他的故事很好地配合了對於華人社區的偏狹描述，再度令華人社會蒙羞。

我是在參加唐人街街區遊的時候，偶然聽中國站的馬蕭女士談及，萊姆豪斯唐人街曾經出過一個叱吒風雲的華人毒梟，攪動了英國社會，「他開過餐廳，給明星提供毒品被抓，一九二二年上過法庭，英文很好，有很多支持者，很有魅力」。這引起了我的興趣。關於華人的記載總是顯得過少，華人通常被描述為一個安靜、跟主流社會有隔絕傾向的族群。這樣一個特立獨行的邪惡角色的出現，顯得意味深長。

此人的資訊至今殘缺不全，英國人稱呼其 Brilliant Chang，真名也許叫 Chan Nan，一八八六年出生於廣州的一個富商之家，因此他有能力負擔昂貴的旅費，於一九一三年以學生身分來到英國。

他來到英國並沒有讀書的記錄，而是在伯明罕落腳，開了一家餐館。一九一七年的一次毒品案中，他引起了警方的注意，但是沒有被抓。一九一六年以前，毒品仍然可以在英國合法銷售和使用，之後為法律明令禁止。隨後 Brilliant Chang 搬到了倫敦，幫助叔叔管理位於攝政街107號的餐館——如今這個位置是一家大型的服裝連鎖商店。在倫敦的日子，他通常被稱為比利（Billy）。比利的叔叔是誰？如今缺乏詳細的資料可供查詢。當時正值倫敦興建中餐館的第一波熱潮，可以確定，他的叔叔很可能亦是早期華人船員，上岸後開了這家餐館，但是不知道是否和距離並不遙遠的張氏兄弟的餐館業有沒有交集？

至今不清楚比利何時具有了餐館老闆和毒販的雙重身分，他英語很好，人聰明，傳說精通毒品知識。有種說法是，比利被牙買加裔樂手介紹到了一家著名夜店，成了明星和社交名媛的熟人。比利也開始為他那利潤豐厚的毒品生意找到穩定的銷售管道。他穿著時髦，溫文爾雅，充滿異國情調的形象成為英國爵士時代的一個注腳。

所謂英國爵士時代，是特指上世紀二〇年代，英國社會相對繁榮穩定，社會生活輕鬆，誕生了一批追求灑脫的爵士精神的文藝作品，二〇年代也被評論家成為爵士時代。而比利在這種寬鬆的社會氛圍中脫穎而出，成為社交場合的一劑潤滑劑。

另一些研究也說，比利介入毒品買賣的部分原因是性。作為單身的東方男子，他不容易在英國找到合適的伴侶。那會兒只有極少數中國人住在英國，且多數是男性。種族的因素也使得作為外來者的華人很難獲得白人女性的青睞。在早期《泰晤士報》的報導中，曾說比利使用手中的毒品來誘惑英國女性和他發生性關係。

一九二二年的《畫報新聞》報導說：比利向女孩「分發了中國美食以及吸毒惡習。他要求以實物支付毒品」。白人女孩用「禮貌與種族的驕傲」，拒絕了這個有著「薄嘴唇和黃牙」的殘忍傢伙。字裡行間透著種族輕視。

但是也有人被比利舉止輕鬆的異國情調所吸引。佛蕾達．肯普頓（Freda Kempton）是一名活躍在倫敦夜場的舞者，有一次去比利的餐館吃飯，期間侍者走過來遞給她一張紙條，上面寫著，比利仰慕她的氣質，希望與她共進晚餐。使用這種方法，很多女孩成了比利的長期顧客，有些則成了他的情人。

在跟比利約會後不久，一九二二年三月六日，佛蕾達．肯普頓被發現因服用過量古柯鹼死亡。因為平時經常在夜總會跳舞到凌晨，透支嚴重，她依靠藥物來維持體能。縱情歡愉構成了當年倫敦的一幅浮世繪。一戰中英國人經歷了死亡的威脅和窮困的生活，戰後的倫敦洋溢著及時行樂的氛圍，企圖對過去的艱難歲月進行補償。倫敦的娛樂業蓬勃發展，夜總會和爵士樂十分流行，被稱作英國的爵士樂時代，而毒品成為在夜場中助興的工具，幫助人們忘掉不快的現實，也成就了比利的隱祕事業。

佛蕾達・肯普頓因過量吸食古柯鹼死於倫敦公寓的事件引起軒然大波，她的友人蘿絲・海因伯格（Rose Heinberg）向警方提供證詞稱，有人曾轉告死者，一名叫比利的中國男人想和她見面，他的餐館位於攝政街。海因伯格描述比利向肯普頓提供了毒品，也曾見過肯普頓持有三大袋古柯鹼，超過任何吸毒者日常所需劑量，疑似在為比利販毒。肯普頓所租公寓的房東女兒作證稱，死者曾表示自己正被一個中國男人「包養」（kept）。

對於死者的香消玉殞，比利的說法是：「佛蕾達是我的一個朋友，但我對古柯鹼一無所知，這對我來說全是一個謎。」由於證據不足，比利未被起訴。但警方及英國大眾媒體堅信他罪惡滔天，販毒並毒誘禍害年輕白人女子，此案結束後持續對他進行追蹤搜查。

警方被這起命案背後的因素吸引。雖然比利沒有被指控和女舞者的死有關。但是輿論關注到了一個白人女孩和中國男子、吸毒及種族間性行為的複雜關聯。單純的白人女孩正被邪惡的東方男人控制為奴隸的邪惡論調開始流行。

比利被盯上了。警方反覆突擊檢查他的餐館，發現有些工作人員的確在賣毒品，但是比利很狡猾，每次都逃脫了。不堪其擾的他賣掉了攝政街的餐館，又開設了一家俱樂部，於一九二三年搬到萊姆豪斯，也就是最初的唐人街。這個地方原本就臭名昭著，自維多利亞時期就是鴉片交易的重點區域。

比利在這裡開了一家上海餐廳，至今可以找到他寫在餐廳信箋上的流暢英文。一九二四年，比利就住在萊姆豪斯堤道（Limehouse Causeway）13號一棟三層樓的中間樓層，臥室用奢華的藍色和銀色裝飾，配有龍的圖案。員警有一次突襲此處，在他床上發現了兩名在夜總會唱歌的女孩。

警方的長期關注已經注定他難逃風險。直到有一天，一個叫佩恩的女孩成為壓倒比利的最後一根稻草。佩恩以在夜場演唱謀生，是一個吸毒成癮者。一九二四年二月二十三日，員警在酒館搜查到佩恩隨身攜帶了一包古柯鹼，身上也有使用皮下注射器的明顯痕跡。根據佩恩的交代，警方當晚對比利的家進行了搜查，在櫃子裡發現了一袋古柯鹼，比利因此被指控擁有和供應古柯鹼被捕。

偵辦案件的員警說，「這名男子只有當白人女孩把自己奉獻給他時，才會出售毒品。他用真正的東方工藝和狡猾來維持交易。」

法官則說：「你和你們這樣的人正在腐蝕這個國家的女性。」

在僅能找到的幾張照片上，其中一張是記者在庭審時拍攝的照片。比利穿著時髦的毛領大衣，油頭後梳，露出寬闊的腦門，左手夾煙，臉上帶著一絲柔弱的笑，露出一口黃牙。在他周圍環伺著幾個白人，其中一個戴著禮帽的男人正望著他。

佩恩因藏有古柯鹼被判處三個月苦役，比利於一九二四年四月十日被判處十四個月監禁，並驅逐出境。

佩恩案件是比利在英國被定罪的唯一罪行，但是卻無法阻止英國大眾媒體將比利描述為倫敦的毒品之王，儘管缺乏足夠的根據。英媒認為比利可能控制了當時倫敦40%的古柯鹼交易，毒品俚語「Chang」亦源自於他。《泰晤士報》一篇受到歡迎的報導說，他招募不知情的女孩擔任代理人，讓她們用內衣從巴黎偷運毒品到倫敦，並組織銷售。美國媒體形容比利是「萊姆豪斯蜘蛛」，稱他控制著一個犯罪網。

比利的行為很有可能只限於他和那些倫敦的年輕女性之間，並且也沒有證據證明他操縱了一個國際販毒網路。在他被定罪的幾年後，英國的涉毒定罪數量有所下降，但並非因為比利的消失，而是由於英國全面禁毒之後，警方採取的活動有所增加的緣故。

比利案件之後，關於「黃色男人催眠白人女孩」的怪論十分暢銷。現實中華人社區喜歡賭博和吸食鴉片，是因為單調的異國生活需要額外的刺激。這些本來已經很惹人注目，現在一名美麗的白人女孩因藥物過量而死亡，加上一名中國男子的參與，造成了二十世紀第一起大型毒品醜聞。白人女孩與中國人的種族關係產生了不道德的聯想。

一九二五年，薩克斯．羅默的新小說出版，其中有一個名為Burma Chang的中國惡棍，據說就是基於比利／Brilliant Chang的故事。儘管從當時的證據與量刑看比利的「毒王」頭銜並不算名副其實，但在「黃禍」論盛行的時代，他選擇與罪惡為伍，親手將自己釘在了恥辱柱上，令他變成了真人版「傅滿洲」，此生再難分辨。

比利於一九二五年監禁期滿之後被驅逐出英國，他乘坐計程車直接從監獄來到倫敦東南部的芬喬奇街站，乘火車前往皇家阿爾伯特碼頭，從那裡出海，永遠離開了英國。

此後在大眾媒體上仍然有一些他的故事，但是缺少佐證。一九二六年，美國媒體報導他在法國尼斯開了一家俱樂部。一九二七年，他被描述為歐洲的毒品皇帝。一九二八年，又傳說他被仇家追殺逃去了香港，法國員警在香港找到他時，發現他因過度吸毒而失明。也有說法稱，狡猾的比利利用假像躲過了員警的搜捕。

我找到一張照片，似乎比利正在香港接受員警的調查，手裡持著寫有他中文名字的紙牌，上面的繁體字似乎是「陳報鑾」，中文世界裡關於此人的故事仍舊一片空白。在比利活躍的年代，中國也在經歷巨大動盪。大批中國人出海闖蕩，造就了最早的一波移民潮。比利即是移民的先驅，也為後來者敲響了警鐘。

比利的人生後期是未知的，至今他的名字還被英國人津津樂道，BBC的電視劇《浴血黑幫》第五季，出現了這個轟動一時的華人毒梟的形象。一個中國人以如此獨特的方式在英國留下印記，加深了黃色人種的威脅論。毒梟和中餐開拓者這兩種角色奇妙地出現在同一人身上，就像是彼時西方世界對於中國人的形象，集神祕和邪惡於一體。

比利／Brilliant Chang和傅滿洲一樣，都代表著西方人眼中的「他者」，即是利益上的他者，更是文明的他者。他的腐朽名聲一部分來自事實，一部分則來自當年西方社會對於他者的「異視」。那些令人印象深刻的偏見並未飄散，而是長時間潛伏在意識深處。

就在比利消失後的幾年，英國華人數量增加了，其中許多是中國船員。[037] 位於希臘街（Greek Street）6號的上海商店（Shanghai Emporium）開始向餐館和食客供應中國食材，經營者叫鄭紹經（S.k.Cheng），他同時經營著隔壁的上海樓餐廳。中餐越來越地道了。[038]一九三〇年代大約有五千名中國人生活在唐人街一帶，[039]英國一九三六年華僑則有八千多人。三〇年代的明星餐館是Ley On開的「雜碎」（Chop Suey），老闆Ley On是演員，一八九〇年出生於廣州，在好萊塢電影中扮演了很多中國人角色，三〇年代主要定居在倫敦，並且開了這家廣受歡迎的中餐館。

一九三二年七月二十一日《昆士蘭人》的一篇題為「倫敦中餐館」的文章描述到，從皮卡迪利廣場出發，半小時的步行路程就可以把西區所有中餐館都吃個遍：從皮卡迪利廣場，沿著沙夫茨伯里大街（Shaftesbury Avenue）一直走到華都街，在那裡會看到兩邊的餐館，左邊的更老、更壯觀。

從一九一八（應為一九〇八）年開業的「美心」打頭，從這裡來到河岸街（Strand），會在白金漢街（Buckingham Street）的拐角處找到最近開的「雜碎」（Chop Suey），它的特別之處是提供一半中餐一半日餐，廚師當面為食客製作食物。老闆是演員Ley On，餐館由位於米德街（Meard Street）拐角處的兩層樓組成，兩條通道均設有入口。在這裡可以買到各種中國食品，甚至魚翅，就連陶器、象牙筷子、中國鉛筆和中國留聲機唱片都在出售。沿著狹窄的米德街穿過佛里斯街（Frith Street）進入希臘街，從

Canton 餐廳出來，對面就差不多到了上海樓餐廳。它和中國餐館都是最早一批開的中餐館，文人喜歡在這裡吃喝，沿著穿過舊牌樓的狹窄小路向右轉，我們來到另一家廣州餐廳，它位於查令十字路的一樓。它和愛丁堡的另一家廣州餐館，都由 Mr. Wong Gee 經營。進入丹麥街，現在幾乎完全被中國人和日本人占領了。[040]

儘管如此，英國衛報的美食作家傑伊・雷納（Jay Rayner）認為，「這只是開始」，在三〇年代，中國菜仍然是一種古玩。更大、更高檔的中餐館要等到十多年後才出現。一九四〇年，全英的中餐館約三十幾家，進入五〇年代後，中餐館以每年新開一百五十家的速度遞增，至六〇年代末，全英大大小小中餐館已經達到三千家上下[041]——一個屬於中餐的新時代即將開啟。

3、再見利物浦

利物浦華人中心。大廳裡，一群英國老人正在練太極操，動作並不嫻熟，大家圖的只是個樂子。看到我的東方面孔，一位老太太從隊伍裡走過來打招呼，用抑揚頓挫的利物浦口音說道：「幾年前，我去過北京和上海，那是一次很棒的旅行。」

老人取出一張照片：她和另外一些英國人在北京正擺出姿勢打太極拳。「這是在天安門廣場拍的。」很明顯她搞混了地方，照片上的背景實際是北京某家酒店的門前小廣場。

寒暄間，她介紹自己叫裘蒂（Judy Kinnin），七十六歲了。裘蒂女士又取出另一張泛黃的老照片，這是一張家庭合影：一位端莊美麗的白人女士、一位眉毛粗重的中國男士，中間一個小姑娘。「女孩是我，這是我媽媽，這是我爸爸。我的爸爸是中國船員。」她說。

我怔了一下：眼前這個對中國充滿好奇的老人，就是曾經在利物浦生活過的中國船員的後人。利物浦是歐洲第一個中國人移民社區，在二戰期間達到一個高峰。一九三九年，英國政府需要數以千計的商船船員來運送大量的食物、武器彈藥、燃料，甚至裝甲車。一九四〇年，包括藍煙囪和殼牌這些大公司總計招募了約二萬名中國船員。招募中國船員的原因很多，英國船員被徵召入伍，缺乏穩定的商船船員；藍煙囪有長期徵用中國船員的傳統，中國船員一如既往勤勞、忠誠，而且價格低廉。

羅孝建在《中國海員大西洋漂流記》中記述，二戰期間服務於協約國船隻的中國船員約一萬五千至一萬八千人左右。中國船員和英國船員的待遇差很多。英國船員除了工資，還得到戰時津貼，從五英鎊漲到了十英鎊；而中國人的工資由船東決定，不穩定且多變。[042]

隨著戰事的加劇，死亡來臨，一些中國船員在炮火中喪生。羅孝建回憶，中國船員死亡人數達10%，其中至少5%的犧牲是直接由戰爭導致。中央電視台的專題片《中國海員的傳奇經歷》中則提供了更詳細的資料：一九四三年三月，在二戰期間的英國商船上，中國船員的傷亡人數為：死亡八百三十一名，失蹤二百五十四人，還有二百六十八人被俘，合計一千三百五十三人。據統計，被德國U型潛艇擊沉的各國商船上，中國死亡船員有具體名單的為一千二百五十六人。他們死亡時平均年齡是三十五歲，因當時檔案管理落後，還有很多陣亡的中國船員沒被寫在名單中。043

在死亡威脅下，一些左翼人士開始領導中國船員爭取權利，中國船員的不滿逐漸演變成了抗議。中國船員工會通過組織罷工，爭取到了和英國船員一樣的每月十英鎊的戰爭風險金。此後，罷工、跟員警對抗，暴力衝突仍在繼續。因為不滿談判結果，在利物浦有五百名中國船員拒絕上船工作；在加爾各答，中國船員也拒絕上船，為此船東用印度船員替換了二千名中國船員。中國船員爭取平等的抗議，使得他們跟英國政府和船東之間的關係遭到了永久性破壞。044

戰爭結束之後，這些中國人的利用價值結束了，報復開始了。戰後英國失業率和通脹嚴重，中國船員和當地船員面臨著競爭。航運公司急於擺脫中國工人，削減工資，收回戰爭風險金，令中國船員無法生存，自動滾回老家。英國內政部估計利物浦約有二千名退役的中國船員。一些船員在利物浦開洗衣店、開餐館，有的甚至經營英國傳統的炸魚薯條店，其中又有大約三百名中國船員和當地白人女性結婚育子，那些白人女性處境也不太好，大部分是愛爾蘭裔人，信仰天主教而且處於社會最底層，由於宗教原因不可能得到一份體面的婚姻。這些年輕的愛爾蘭裔女性將與中國男人結婚視為一件值得渴望的事情。中國男人不喝酒，工作努力而且顧家，雖然可能是個賭徒，但是仍然會照顧自己的孩子。[045]裘蒂就是這些中英家庭的一個結晶。在裘蒂的出生證明上，爸爸的名字登記為Chang Au Chiang，是一名船舶裝配工。除此之外，裘蒂對中國爸爸完全沒有印象。中國爸爸在一九四六年的一天突然消失，她悵然所失地說：「有人看到他和一些中國船員被裝進一輛車子，拉去碼頭停靠的船上，船開走了。」

一份解密的檔案讓後人窺見了這一歷史事件的真相：一九四五年十月十九日，當時執政的英國工黨政府的內政部決定採取驅逐行動，這份代號為「HO/213/926」的祕密檔案的標題是：「強制遣返不受歡迎的中國船員」，政府允許和英國女性組建了家庭的中國船員留下，准許留下的人數被嚴格限制在三百人左右，而更多的中國船員被警方扣押，送上開往中國的船，前後不超過四十八小時。

周末，我走進熙熙攘攘的利物浦生活博物館，一張展覽文字上寫著：一九四二年的罷工讓利物浦的上海船員被視為麻煩製造者，內政部遂採取措施減少中國船員在利物浦的數量。有些是自願的，有些是被騙上船的，有超過二百名船員是在夜間搜捕中被迫離開的。「在政府的強制執行下，至少一百五十個家庭被活活拆散，四百五十個孩子一夜之間失去了父親。」

根據《衛報》的資料，一九四五年底，一百二十八人被遣返；至一九四六年三月二十三日，已遣返了八百人。最大的一次行動是一九四六年七月十五日，移民官向內政部提交的一份報告宣布：「我們花了整整兩天的時間對大約一百五十個家庭進行了密集搜查。」到這年夏天，計有一千三百六十二名「低薪和其他不受歡迎的」中國船員被驅逐出境。那些有家室的中國男人們來不及向妻女通報，就被抓捕和驅逐出境，無數中英家庭一夜之間被拆散。

《海之龍：利物浦和她的中國海員》一書作者認為，強制驅逐加上被迫簽署「自願離開」協議的中國船員，數量約在一千九百九十三人。[046]

中央電視台的一個專題片則提供了更驚人的資料：從一九四五年十月到一九四六年七月，一共遣返了四千九百三十一人，並分析了大規模驅逐中國船員的原因：二戰後大量英國士兵從海外返回利物浦，英國政府急需要徵用中國船員擁有的住房去安置英國士兵。[047]

七十七歲的彼得（Peter Foo）走入利物浦百祥塔華人社區中心（Chinese Pagoda community centre）。他身材魁梧，步履略微蹣跚。彼得的父親也是中國船員，一九四六年被驅逐出境時，彼得只有兩歲。彼得從隨身攜帶的包裡取出父母的結婚證明和結婚照，照片上的中國父親衣著體面，戴眼鏡，人很儒雅。彼得一直保留著父親的中國姓氏 Foo。

他說：「我的父親來自海南。」一旁的裘蒂說：「我的爸爸來自上海！」語氣篤定。因為船隻大多數由上海出發，所以很多人認為他們的爸爸都是上海人。這當然是一種猜測。因為有出生證明和結婚證明，彼得還知道父親的一些資訊，而裘蒂只是模糊地知道父親由上海來到利物浦。除此以外，他們對各自的父親都所知甚少。

「我從來不知道我爸爸是個什麼樣的人。」彼得說，「那會兒我們都太小了！」裘蒂說，父親消失的時候，她只有十五個月大。「我一點也不瞭解爸爸。我只是知道，爸爸和媽媽沒有結婚，爸爸消失的那一天，衣服還留在家裡，媽媽和一群中國人在打麻將，不知道怎麼回事，以為男人出海了，一個月之後，才覺得不對頭，也不知道發生了什麼。她再也沒有見過爸爸。」

裘蒂兩歲時拍的照片背面，媽媽寫下了對中國男人的思念：給我最親愛的，你離開我們十個月了，我們的女兒都長大了。

「媽媽寫完準備寄給父親，但是不知道寄到哪裡。媽媽到死都不知道爸爸去了哪裡。一直到很多年後，聽到一些傳言，說爸爸的船被炸彈炸了。爸爸被炸死了。」

一旁傾聽的彼得插話道：「不可能，我沒有聽過這種事，一九四六年二戰已經結束了，不可能發生炸彈炸船的事情。」

他說，一九四六年正逢中國內戰，所以很多從利物浦遣返的船隻無法停靠中國口岸，一些船員就被隨機扔在了香港、新加坡等地，後來就不知道這些中國船員的下落了。

解密的內政部「HO/213/926」文件寫道：驅逐目標是有犯罪劣跡——抽煙片和賭博——的中國船員，認為給利物浦治安帶來了隱患——這是一個不公平的分析，實際的強制遣返是隨機和不受控制的。「政府利用一兩個犯罪的少數人來汙蔑整個中國人社區。」彼得忿忿不平地說。

彼得說：「不管什麼情況，也不應該驅逐那些有了老婆和孩子的中國船員。」

這些孩子從小認定是不負責任的中國爸爸拋棄了家人，這成為難以癒合的心理創傷。由於這個緣故，他們在成長中幾乎都有過遭受歧視的經歷。

彼得說：「我不喜歡這座城市、不喜歡這個國家，因為他們歧視中國人！上萬名中國船員，打完仗就剩下一千人，中國船員為英國貢獻出了生命，但是像垃圾一樣被丟掉了！」

「我希望這個國家（英國）向我們道歉！」彼得鄭重地說。

彼得早年曾是一名童星，一九五八年跟知名影星英格麗．褒曼（Ingrid Bergman）合作拍過電影《六福客棧》（*The Inn of the Sixth Happiness*）。這部電影在威爾斯和倫敦拍攝，是一九五九年英國票房第二受歡迎的電影。電影取自真人真事，描寫了英國傳教士艾偉德（Gladys Aylward）在中國抗日戰爭期間營救上百名中國孩子的故事。

影片中，英格麗．褒曼飾演艾偉德，導演專門去利物浦找了一些中國船員的後代充當片中的中國兒童，十四歲的彼得被選中，飾演其中一名中國少年。裘蒂也曾被選去試鏡，被篩掉了，「他們說我眼睛太大了，所以沒讓我拍。」——依據西方人的種族偏見，中國人都應該是小眯縫眼才對路。

這個經歷並不能帶給彼得成就感，失去父親的傷口在作痛。電影拍攝前一年，媽媽又嫁給了另一個海南船員，搬去了美國紐約，把和前任中國丈夫生的三個兒子留在了英國。最小的彼得起初跟外婆生活在威爾斯，外婆去世，他回利物浦跟哥哥生活。這種成長經歷造就了他有些憤世嫉俗的性格。彼得二十多歲結婚，去一名中國船員開的餐館吃飯，這人是父親朋友，告訴彼得，父親還活著，當年被遣送去了新加坡，他願意幫助父子重新聯繫。但是彼得心中隱藏著對父親的怨恨，拒絕了和生父恢復聯繫的建議，「他已經離開我們了。我不想見到他了。」

幾年之後彼得收到一封從新加坡寄來的信。信是從未謀面的中國爸爸寄來的。「我是你的父親，你有兩個妹妹、一個弟弟。」原來父親在新加坡組建了新家庭。直到政府的檔案解密，彼得才知道事件真相，他後悔沒能和父親見上一面，而父親已於一九七六年過世。

裘蒂的成長也充滿動盪。「我媽媽是從曼徹斯特搬來利物浦的。我也不知道她怎麼認識爸爸，爸爸離開後，媽媽就出現了一些精神問題，我從小跟外婆一起長大。後來媽媽又嫁了一個中國人，生了妹妹。」裘蒂一度以為這個中國人就是生父，一次父母吵架，裘蒂勸「爸爸別朝媽媽大喊」，男人回應「我不是你爸爸」，裘蒂才知道生父另有其人。

驅逐行動涉及的無辜者很多，仍有一些中國船員留了下來。裘蒂保留的一張照片顯示，很多具有中國人特徵的混血兒聚在一起玩耍。中國船員的後人們保持著認同，抱團取暖。這些中英混血兒在人生暮年再度取得聯繫。彼得和裘蒂相差一歲，但是生日相同，幾乎每次都是一起出面，向外界講述傷心往事。

裘蒂說：「這個事情永遠在我心裡。我想知道爸爸到底有沒有回到中國？在中國或者別的地方還有沒有親人？這是我一直想知道的。」

利物浦的許多孩子因此失去了父親。從來不知道他們的父親是被殺，被驅逐出境還是只是逃離了國家。有些孩子從來沒有意識到他們擁有一半中國人的血統，他們的母親不想向他們解釋。一些家庭仍然對事實一無所知，這主要是由於祕密行為在事件中蒙上了一層面紗。有些孩子，即使他們知道父親是中國人，也感到羞愧不願意挺身而出。這一切都是很久以前發生的，現在有些孩子已經死去，如果所有陷入英國歷史黑暗篇章的孩子們都保持沉默，無疑這十分符合英國政府的利益。

一些孩子由於瞭解英國政府駭人聽聞的行為的真相，很難接受這個事實。當他們閱讀到這些解密的證據，就不再對英國所擁護的道德觀念充滿信心。今天的英國政府仍然無法、或不會回答被迫驅逐的中國船員後代所提出的問題，如今這些孩子大概七十歲以上的年紀了，他們需要答案。這些風燭殘年的船員後代們別無選擇，「請願」要求政府為他們的遭遇道歉。

彼得說，曾經有一批印度軍人，替英國打完仗之後被趕回老家。事情曝光後，英國政府按照每人每月五英鎊做了賠償。但是中國船員後人向政府索賠很有難度，因為沒有辦法證明他們的父親都是被政府在祕密行動中所驅逐的，「我們首先需要的是英國政府的道歉。道歉之後，就有了證據。」

二〇一五年七月，利物浦市議會通過了一項動議，承認一九四六年大規模驅逐中國船員，並呼籲內政部為這些不公正行為道歉。彼得寫了很多信給很多英國議員陳情，二〇一五年在網上向當時的德蕾莎．梅伊（Theresa May）首相發起請願，要求內政部道歉，但是沒有回應。很多政客表示關切，但是一旦卸任，事情就沒了下文。

「他們不會特意給中國人說話，」彼得說，「中國官員從底層做起，用一生的時間去做事。因此中國人做事可以有長遠的目標。英國議員只做四年，所以他們不會真正關心我們這些人。」

二〇二一年三月，工黨國會議員金．詹森（Kim Johnson）在國會問詢中，向首相鮑里斯．強生（Boris Johnson）提出這一問題，首相強生拒絕說明政府是否會考慮發表官方道歉，而是含糊其辭地說：「我們當然非常感謝全國各地華人社區做出的驚人貢獻。」

在我到訪利物浦之前，七月，金．詹森議員來到百祥塔華人社區中心與中國船員的後代見面。她發言說，利物浦的數百個華人家庭，於一九四六年被英國政府強制遣返而強行分離，「這是英國政府有史以來最赤裸裸的種族主義事件之一，是我們歷史上可恥的汙點，但幾乎沒有人記得。」「官方應該承認這些罪行，這些家庭應該為遭受分離的痛苦得到正式道歉。」

我和彼得離開百祥塔華人社區中心，走到利物浦海邊。熙熙攘攘的濱海大道上，嵌著一塊紀念牌，紀錄了中國船員和他們的家庭所遭受的不公正待遇。碑文上中間的漢字是：「和平」。這是中國船員的利物浦孩子們樹立的。彼得自己也設計了一座中國花園，希望未來在利物浦的街區呈現，以紀念被驅逐的中國船員。一對英國夫婦遊客走到碑前，專注地看著上面的文字介紹，得知彼得就是中國船員的後代，連連搖頭，「難以置信！英國居然發生過這麼醜陋的事情。」雙方沉默以對。

●

我告別了彼得，傍晚時分，利物浦華燈初上，我獨自走進唐人街附近的一家中餐館。

我點了一道麻辣豆腐，一道魚香肉絲，一碗米飯。侍者很有禮貌地跟我搭話，她會說一些磕磕巴巴的普通話，我感到滿意，至少她沒有講難懂的利物浦方言。一會兒工夫，菜上齊了，我慢慢品嘗著麻辣豆腐，立刻分辨出這是一道適應英國人口味的「假中餐」，「辣度」大大減弱了，「麻」則幾乎吃不出。放眼望去，周圍幾乎全是白人面孔，而侍者全都是華人面孔。防疫政策剛剛放鬆，人們就迫不及待走出家門，把這間餐廳差不多坐滿了。中餐已經很好地融入了當地生活，就像那道著名的利物浦燉菜一樣，加入了大量的南亞作料，現在中餐加入進來。

在利物浦聖約翰購物中心（St.John's Market）地下一層，有一個美食廣場。曾經，留在這座城市的一批老上海船員，每周一上午十點左右都在這裡碰頭喝茶，風雨無阻，用上海話談天說地。沒有人注意到，歐洲第一個華人社區的悲歡離合，那些往事就這樣漸漸消失在利物浦碼頭的霧靄中。

歲月無情，老人們已經都無可尋覓了；只有中國食物的香氣，緩緩飄蕩。中餐業作為退役船員所發展的事業，在利物浦、在倫敦永久地保留了下來。

二戰結束後，社會傷痛在修復。中餐業繼續穩步前進。萊姆豪斯在戰爭期間被炸毀，淪為東倫敦的貧民區。許多中國人開始從東區搬到蘇活區，通過購買廉價房產表現出精明的商業頭腦。一部分中國船員後來回國，留下的一部分人想要尋找租金低廉的地方居住，也開始涉足餐飲業，他們還有另一個現成的客戶群：在遠東對中國菜產生興趣的前英國士兵。從遠東參戰回國的英國士兵提供了一個很好的商機，他們在亞洲生活多年，熟悉了亞洲口味，於是一些華人從萊姆豪斯搬到蘇活區開始經營中國餐廳。

在美食作家羅孝建的筆下，當時戰後他認為最好的三家中餐館，依次是：香港餐廳（Hong Kong），羅孝建最愛他家的蒸魚；其次是華都街上 Ley On 開的雜碎館；第三是 Fava（法娃），一家中西合璧的餐館，老闆是福州人，娶了一個白俄太太，吸引人的招數，是讓他們的混血女兒瑪麗迎來送往。[048]

民國期間，倫敦的中餐館皆為廣東特色，即便是上海樓和南京樓這樣的餐廳，實際上也是廣東人開的。一九四六年，一名記者韓鐘佩被特派到倫敦，她對上海樓情有獨鍾：「我最喜愛的一家館子是上海樓，上海樓開在希臘街，由一位中英混血的小姐主持。這館子原是一位中國人所開，他娶了一位英國太太，兒女成群，臨終時把這一生經營托了大小姐經管，大小姐也不負所托，經營得蒸蒸日上。我想我之所以喜愛上海樓，第一因為它環境清幽，但最大的原因，是因為它有兩色菜是地道中國做法，一個是香腸，一個是豆腐。」[049]

英國頒布《1948 年英國國籍法案》。修例後，很多英國殖民地的人士湧到英國本土以謀求更好的生計——在一九四八年到一九七一年，有大約五十萬加勒比海人移居英國，他們又被稱為「疾風世代」（Windrush Generation）。同一時期，在英國的遠東殖民地香港亦有一批華人渴望躲避亂世移居英國，形成了戰後第一波移民潮，[050]很多人亦投入了餐飲業。

幾代中國移民千辛萬苦在海外謀生，遭受誤解、傷害、屈辱，妻離子散，乃至付出生命代價，仍然前仆後繼。水手來，水手走。後來者投身到前人打造的商業機器之中。

一個舊時代遠去。幾年後，伴隨著中國內戰結束，新中國成立，隨後東西方進入冷戰，陷入了長達半個世紀的隔絕，再見時已是半個世紀之後，隔了萬水千山。中國人社區在西方世界轉入了漫長的潛伏期，淪為不為人注意的邊緣角色。他們默默操持著中餐館，在油煙中寄託無盡鄉愁。中餐及中國人，仍然是那個被打上了烙印的他者，一個永遠的局外人，伴隨著英國社會審視的目光，長久無法改變。

第二部——

錦繡餘燼

4、亂世飄泊

食物是很好的工具，串聯起成長的記憶。我很慶幸家人通過食物把愛傳遞給了我，讓我在風起雲湧的大時代沒有迷失自己。

我的外婆和外公是裁縫，解放初期從上海來到濟南工作生活，直至去世。我對上海人的認識都來自他倆，除了終生難改的上海方言，還有外婆過年過節時花費很多精力製作的肉粽、酒釀、湯圓、紅燒肉、肉麵筋、蛋餃這些上海味道。這些食物傳遞給我的，是外公與外婆對故鄉的思念、做人的本分、對家人的照顧。

我父親是青島人，少小離家，到濟南謀生，為了填飽肚子考入了山東省歌舞團做舞蹈演員，綽號「楊龍套」。他時常回憶年輕時吃不飽肚子的往事。有一年梅蘭芳來山東劇院演出，送給他的舞蹈老師一把糖果，這在當年可是奢侈品，師傅回到宿舍挨個把學員從睡夢中叫醒，一人分一塊糖，「這是梅先生給的糖」。父親每提及此，總是感慨生活不易。父親喜歡談論吃的故事，他的一個女同事，當年上山下鄉缺油水，一頓吃下二十個雞蛋；還有一個男同事跟人打賭，吃完了拌著大糞乾的一碗麵。相比饑餓的折磨，即便麵湯裡飄著大糞亦視若無物了。

父親後來轉行成為一名文物修復專家，成家立業。他是細心、有很多心事的人，工作上有很多目標，受制於單位人事關係，時常落落寡歡。他對家鄉大海情有獨鍾，喜歡海鮮和小酌，夏天每天一瓶啤酒，冬天則來一小盅白酒，雷打不動，配上他最拿手的芥末菠菜或者涼拌白菜絲、炸花生米、松花蛋、水煮蚶蜊，就可以消磨一整個晚上。他吃飯很慢，總是飯桌上最後留下的那個人。我永遠記住了黃昏時他一個人坐在飯桌上的背影。那一刻，他沉浸在食物的享受之中，也許回憶起了家鄉和童年，排解掉了白天的所有不快。他是負責任的父親，為家庭努力工作，五十九歲的年紀患胃癌去世，我猜想可能是他年輕時吃東西太不注意的緣故。

我曾經覺得父親過於嚴厲，跟他無話可說，父子關係一度很僵。他去世後，我慢慢理解他這一代人多麼不容易。如果時光倒流，我會去擁抱飯桌上那個孤單的背影。

我媽媽倒像個實用主義者，她滿足於讓哥哥和我吃飽吃好，每天忙個不停。她負責一日三餐，餵大了我們，怎麼感激都不為過。她從外婆那裡繼承了上海食物的做法，也學會了山東吃食的做法，但是兩者都不太地道。她知足常樂，善於處理人際關係，心態就要比我們父子好很多。

外公和外婆，還有父親都故去了。想起他們，總是伴隨著那些記憶中的味道：肉粽子、酒釀、芥末菠菜。這些簡單的食物，是家的味道。家的味道，可以支撐一個人走很遠的路。

●

英國。一九五〇年一月六日發生了一件大事：英國政府宣布承認中國共產黨領導的新政權，而與逃亡到臺灣的國民黨政府斷絕外交關係。西方陣營中，英國是首個承認共產黨中國的歐洲國家。對於務實的英國人而言，沒有永遠的朋友，只有永遠的利益。

因為英國在臺灣和香港問題上的立場無法令北京政府滿意，新中國政權並沒有急於和英國建立全面外交關係，只是在一九五一年派出一個駐英國外交代辦，雙方的這種準外交模式一直持續到一九七九年才建立正式外交關係。這中間的近三十年，世界動盪不安，朝鮮戰爭一九五〇年六月爆發，此後東西方進入長達四十年的冷戰，直至一九八九年東歐社會主義陣營及蘇聯解體；在中國，則進入持續的政治動盪時期，直至一九七六年毛澤東逝世、文革結束，中國從千瘡百孔中迎來了改革開放，進入新時代。

這段歷史同樣改寫了兩個在英中國人的命運。英國政府承認新中國政權之後，中華民國大使館工作人員滯留英國，不知道何去何從，是時候考慮如何在異國謀生的問題了。前外交官羅孝建在英國開始倒賣中國工藝品、甚至寫起了中餐食譜，並因此成為英國餐飲界的傳奇人物；同樣，來英國讀書的上海少年周英華，因為時局混亂，也滯留在了英國，此後跟留在中國的京劇大師父親周信芳再也沒有見面。周英華後來告別了不如意的藝術生涯，轉而投身餐飲業，開創了英國中餐業第一個高檔品牌：「周先生」（Mr. Chow）。

作為兩個有代表性的「廚神」，羅孝建和周英華投身中餐業，改變了海外中餐業低檔廉價的刻板印象。所以英國《衛報》的美食作家傑伊・雷納認為，英國人對於中餐的熱愛應該歸功於毛主席。一九四九年以前，英國的中餐館很大程度上是一種功利主義的存在，旨在滿足十八世紀和十九世紀在利物浦碼頭和倫敦萊姆豪斯附近長大的華人小社區的基本需求。突破發生在一九五〇年，英國承認了毛澤東領導的共產黨政權，這個決定讓國民黨大使館的工作人員陷入了困境，他們無法返回中國，但是也需要新的工作，投身餐飲業成為一種積極選擇，並且將有別於船員雜碎的中餐隆重推介給了英國市場。

早期華人移民的文化較低，處於社會邊緣，不得已從事技術性、勞動密集型的餐飲業謀生。除了礦工和船員這些勞工階層，那個年代飄洋出國的人基本上屬於非富即貴的家庭，周英華和羅孝建都是這種家庭背景。為了糊口而投身中餐館的船員們，已經在中餐市場站穩了腳跟，雜碎作為中餐的代名詞在西方世界深入人心。現在羅孝建和周英華成為這支隊伍的新成員，並注入活力，改善了中餐業低端廉價的刻板印象。不過，無論來自民國的舊人，抑或支持新政權的華僑，在異國他鄉始終面臨身分認同的問題。他們懷著對故國的思念，成為精神上的流亡者。現在他們在中餐事業裡找到了新寄託，準備用美食在異國星空塗抹下金碧輝煌的顏色。

●

羅維前的家位於倫敦市區的一條小巷，布局宛若北京胡同。她的小公寓面積不大，底層改建成一處融合了廚房、會客廳和工作室的場所，小樓中樓用作臥室。我去的時候，羅維前剛從法國度假回到倫敦。她是倫敦政經學院教授，主持一個透過中國當代電影解析中醫的研究課題，這種中西混搭的研究方法很對她的路子。她是混血兒，會說中文，年輕時就對中醫、武術等東方事物感興趣。說起故去的父親羅孝建，她強調了羅家的貴族背景，語氣裡懷有對歷史傳奇的敬意。羅孝建去世於一九九五年八月十一日，英國《獨立報》的訃聞說，「Kenneth Lo（羅孝建的英文名）成為英國首屆一指的中餐專家是偶然的，但是在普及和改善中餐消費方面發揮了巨大作用，他舉止溫和、謙遜，是一個幹勁十足、博學多才的人，可以在任何領域取得成功。」羅維前是羅孝建的三女兒，隨著她的娓娓道來，羅孝建的傳奇人生緩緩展開。

一九一三年，羅孝建生於福州的一個官宦之家，這個家庭和近代中國歷史深度勾連。

羅孝建的父親羅忠誠，英國劍橋大學畢業，曾出任中國駐倫敦總領事。祖父則是晚清重臣羅豐祿，是船政學堂第一屆學生，一八七七年作為第一批留學生赴英留學，後作為李鴻章外交助手，參與了晚清一系列重大外交活動，在一八九六年那趟著名的雜碎外交中，羅豐祿也是李大人隨行人員之一。羅豐祿曾任英國、義大利、比利時公使，在接到出任俄國公使的任命後，尚未赴任就因病去世，享年五十三歲。

外祖父魏瀚，是中國近代著名造船專家，一八八〇年十二月奉命赴德國建造定遠艦，一八八二年回國後參與建造了中國第一艘巡海快船開濟號，後又主持中國第一艘鋼甲艦龍威（即平遠號鋼甲巡洋艦）的建造。

羅孝建出生在這樣一個瞭解西方的中國傳統官宦家族。他家境優渥，童年時，他最喜歡的故事是《西遊記》和《三國演義》。他的管家兼廚師是一位喜歡講故事的人，能夠為最沉悶的生活帶來歡樂，手舞足蹈講述孫猴子的故事，用想像中的功夫為古典英雄注入活力。闖入大千世界的英雄猴子的畫面，深深印刻在羅孝建的童年記憶裡。

一九一九年，六歲的羅孝建和哥哥羅孝超，跟隨父親來到英國履任，當時父親羅忠誠是中國駐倫敦總領事。一位英國醫生不習慣兄弟倆的中文名字，因而用 Charles 和 Kenneth 稱呼他們。兄弟倆的小學教育在倫敦完成，因而習得純正的英語。此後羅孝建逐漸發掘人生的兩大愛好，一是美食，二是網球。

一九二六年兄弟倆回到福州英華中學讀書，之後考入燕京大學外文系。羅孝建繼續在燕京大學獲得物理學學士學位，他的網球才幹得以繼續發展，成為華北地區的網球冠軍，甚至還代表中國隊參加台維斯盃比賽。

抗日戰爭期間，戰火逼近，很多同學做出了選擇，有的奔赴延安。羅孝建也對未來進行了思考，他發現自己的家庭背景和經歷塑造了中西兼具的品性，特別是祖父、外祖父和西方打交道的經歷，對於他的世界觀的塑造起了重大影響。《西遊記》的孫大聖在向他招手。他意識到，「很明顯，孔孟之道不會帶我們走太遠，他們提供了道德基礎，但如果我們要在現代世界有所作為，必須追隨那些闖入西方的英雄的腳步。」[051]

一九三六年燕京大學畢業後，二十三歲的羅孝建再赴英國於劍橋大學攻讀碩士學位。在他的這段記憶中，仍舊是風花雪月的生活——追逐女孩和打網球。他想找一個白人女子結婚成家。也許羅孝建的選擇對於正在抵抗日本侵略的祖國而言是一種逃避，但是他的外交才能展現出來，他成為國民政府的外交專家，並且發揮才幹，在另一個場合幫助了自己的祖國。二戰期間，他成為ＢＢＣ有史以來第一位中國播音員，每周用普通話播報一次新聞摘要和評論，賺取一點菲薄的報酬。一九四二年至一九四六年，羅孝建在利物浦領事館擔任勞資關係官員，作為國民政府的代表，解決中國船員和西印度船員的分歧，以及中國船員和雇主之間的糾紛。

二戰期間，利物浦有一萬多華人船員，很多中國船員服務於盟軍商船上，和雇主船東發生了多次勞資糾紛，羅孝建是主要的中方調停人。期間，他聽說了一個中國船員潘濂獨自在海上漂流一百三十三天，靠吃鯊魚、海鳥維生，最終獲救的故事；戰後，羅孝建以英文撰寫《中國海員大西洋漂流記》，褒揚了這位傳奇英雄。潘濂於是成為享譽西方世界的人物，羅孝建的這本書也在中國舊書網上炒到了四百元！

羅孝建於一九四六年一月至一九四七年十一月在英國曼徹斯特擔任副領事，不久隨著中華人民共和國宣告成立，英國與國民黨政府斷絕關係，他的外交生涯戛然而止，失業了。羅孝建從英國人對中國文化的癡迷中發現了商機，他開始銷售中國賀卡和中國工藝品，但是幾年後因為資金周轉緊張，業務再度陷入了危機，頻臨破產，還是遠在美國大學工作的哥哥羅孝超，幫他支付了他鍾愛的網球俱樂部的會員費。

錦衣玉食的生活一去不返，羅孝建進退維谷。他曾經於一九五四年在英國電視台介紹過中國美食，在這一年他和英國農民的女兒安妮·布朗結婚，當時東西方的跨國婚姻還很少見。羅維前後來發現了她的英國外婆和姨媽的信，她們勸安妮，「不要這樣做，為孩子著想，不要嫁給那個中國男人，為孩子著想」。羅孝建和安妮在阻力中組合在一起，這段婚姻為他們帶來了四個從不循規蹈矩的混血孩子。

此時一個二手書商找上門來，希望他寫一本介紹中餐的書籍。五〇年代美食評論開始在英國出現，對於餐飲業的發展逐漸擁有了話語權和影響力，但是中餐領域的美食評介還是空白。羅孝建拿了對方預支的五十元稿費，但是遲遲沒有動筆。對方一再催促下，他開始準備填補這個空白，醞釀寫一本讓西方人讀得懂的中餐入門書。他開始審視英國的中餐業，震驚地發現，由於戰後物資緊張，有些中餐館還在使用稀釋的馬麥醬來充當醬油的替代品，並且還提供帶有雜碎的薯條。那些鮮衣美食的生活在腦海裡復活了，福州家鄉的美食在冒著熱氣向他招手。他開始了一場美食探險，原以為只是業餘玩票，就像一日遊那樣隨性而為、淺嘗輒止，沒想到卻開始了跨越人生的長征。

●

此時，年輕的周英華也在英國掙扎，只不過更加無助。一九五二年他踏上英國土地時只有十三歲，感覺掉進了一個黑洞。父親是京劇大師周信芳的這層光環，以及上海愜意的公子哥生活，全部被黑洞吞沒了。周英華向我回憶初到英國時的情景：當時感覺自己「被連根拔起了」。

二〇二一年夏天，美國西部時間早上九點，八十四歲的周英華在美國洛杉磯家醒來，臉上還帶著「起床氣」，他性格直率，穿著一件黑色T恤，沒戴標誌性的圓框眼鏡，面皮鬆弛，說話底氣十足。他自言自語，「習慣了講英語，國語不太好。」

我從小跟著上海的外公、外婆長大，能聽懂一些上海話，告訴他，「其實你可以講上海話。」

周英華一聽來了精神，改用上海話說：「『阿拉』*的上海話可是老上海話，現在已經聽不到了。」

周英華對上海的童年回憶，定格在一個普通的生活場景：離家前的最後一周，父親周信芳拉著他的手，帶他到劇場參觀。如今的周英華早已忘了那一周的相處，父親究竟都講了什麼，但是京劇大師周信芳的舞台藝術是令人仰止的高山，代表了中國藝術的審美高峰，舞台是周信芳的生命，寡言的父親以自己的方式和兒子作別。這一幕深刻影響了周英華在事業上的追求——自信、乃至偏執。

周信芳出生在江蘇農村，由於父親喜歡唱戲，影響了周信芳的選擇。當他決定下海成為一名職業演員，他和父親被家族逐出了祖居的村莊。在崇尚讀書和做官的中國社會，唱戲是不體面的事情，演員也被稱為下九流，供人娛樂，毫無尊嚴，往往成為黑社會賺錢的工具，以及權貴階級的玩物。

周信芳一意孤行，靠著勤奮和天資在舞台上迅速崛起。這時發生了一件意想不到的事情，處於青春期的周信芳「倒倉」了——因為變聲，他的嗓音失去了洪亮和柔美，變得沙啞乾枯——這經常預示著京劇生涯的結束。周信芳不願意接受命運的羞辱，他利用嗓音特點，改唱老生，發展出具有滄桑感的唱腔，別具一格。

京劇是起源於安徽市井的地方戲，徽班進京演出，受到皇家推崇，改稱京戲而成為國粹。京劇既誕生於民間，便是無拘無束，天馬行空；也由於沒有教科書，都由師傅口耳相傳，發展出一套嚴格的表演體系、舞台規範和審美哲學。周信芳是那些最具創新意識的大師之一，他不僅僅是聲音的創新者，他的舞台動作、表演，對舞台藝術的理解和表現力，都形成了獨到的美學，因此以其藝名「麒麟童」而把他的表演命名為「麒派」。

在周信芳成功的背後，有一個兼具勇氣與智慧的女性裘麗琳。麗琳的母親有一半蘇格蘭血統，家境不錯，她在少女時代就被周信芳的舞台藝術傾倒，一股決心衝破了阻攔和周信芳私定終身，在當時轟動一時。周信芳癡心舞台藝術，但是在理財上卻是「小白」，麗琳則成為周信芳舞台事業的支持核心，扮演類似經紀人和管家的雙重角色，幫助周信芳的劇團在上海灘擺脫黑社會的控制，擁有獨立運作的經濟權力，使得周信芳在藝術生涯高峰階段積累了不菲的財富。周信芳與裘麗琳生育了六個子女，周英華是最小

* 阿拉：在吳語寧波話和上海市區話中第一人稱代詞「我們」和「我的」的意思。媒體亦常以阿拉一詞來指代寧波人或者上海人。

的兒子。四〇年代，他們一家的生活相當富裕，居住在上海法租界的一棟洋房裡。

在周家三女兒周采芹的記憶裡，父親周信芳是一個非常注重家庭生活的人，喜歡孩子。他們兄妹六人都得到很好的照顧和教育，成年後在不同領域也繳出亮眼成績。父親喜歡工作，總是埋頭工作，彷彿活在自己的世界裡，甚至在公共場合也會心不在焉，只有母親才能把他喚醒回來；他看起來溫柔又帶孩子氣，但是如果違背了原則，他也會怒火沖天，嚇得孩子們大氣也不敢出。他對日常生活的需求很簡單，和大多數中國人不同的是，他對飲食可是一點也不講究，他總是狼吞虎嚥吃下兩碗米飯，喜歡吃東坡肉，最不愛吃蔬菜，但是身體卻非常健康，也從來不生病。[052]

周信芳從未正式上過學，雖然他自學了語文，但是不會算帳，分不清鈔票。每天下午，揣上媽媽給的零錢到福州路逛書攤，閱讀廣泛，最喜歡唐吉訶德，那個與風車作戰的理想主義者令他津津樂道。[053]

一九四九年五月的一天，周信芳懷著忐忑的心情目睹共產黨軍隊接管了大上海。幾個月之後，毛澤東宣布全國得到解放，中華人民共和國成立，一個新時代到來。和中國其他對國民黨失望透頂、渴望變革的文化界人士一樣，周信芳對新政權充滿期待。而一些不信任新社會制度的人們則對眼前的變化產生懷疑，選擇出走。作家張愛玲參加了一次上海文化界的會議之後，去了香港，後來定居美國，再也沒有回到大陸——很多時候，經歷過亂世的人們，往往對於時代的走向有敏銳的直覺，也很難解釋，為什麼就在這個時候，裘麗琳決定把孩子送到海外讀書。

也許是血緣的因素，麗琳相信子女應該具有海外的求學歷練，抑或只是對今後會發生無法預知的事情而感到不安，總之，麗琳開始積極為子女留學籌畫準備。除了大兒子喜歡演戲，決定留在父親周信芳身邊，她把大女兒送去美國讀書，二女兒去了香港，現在她準備把三女兒采芹和最小的兒子英華送到英國。

在周家拍攝於一九四九年元旦前夕的一張全家福照片上，一家人站在聖誕樹下，照片上的家人沒有笑容，似乎已經預感到這個大家庭很快就會解體，而這是最後一張全家福。不久，子女們四散世界各地，只有年邁的父母留在空房子裡。在周英華的記憶裡，父親那間心愛的書房充滿了溫馨和安逸，可是誰能想到，有朝一日光禿禿的四壁將會成為囚禁他自己的牢房？

在周采芹打點行裝準備去香港上學時，她來到父親的書房，父親正一個人靜靜地坐著。告別是中國式的，很簡短，沒有擁抱，而且大部分時間都是沉默。父親給采芹一本用毛筆字手抄的《文天祥》劇本作為離別贈禮，這是抗戰時期周信芳一齣被禁演的戲。

在采芹眼中，父親身上集合了世間人所能具有的一切優點，也代表了中國戲劇最優秀的精華。多年以後，父親和祖國在采芹的心中融為了一體，非常遙遠，但是更加浪漫。最後，父親簡單而溫和地對她說了一句，「妳要永遠記住，妳是一個中國人。」這是他當面對采芹說的最後一句話，以後采芹再也沒有見過父親。[054]

采芹先於英華來到了香港，在潮濕的英國殖民地開始學習英文，她繼承了父親對於舞台的熱愛和天賦，正熱切等待著皇家戲劇學院的入學考試。一九四五年日本投降以後，香港人口下跌至只有五十萬，但隨後國共內戰以及中華人民共和國建國前後，各地難民逃至香港，香港人口急增至二百二十萬。這批新增人口中，已經有一部分經由香港來到了英國，英國的華人人口也隨之顯著增加。[055]

在香港，采芹感受到社會上隨處可見的種族隔離。公共汽車上，英國孩子和保姆都以鄙視的眼光斜眼看她。本來媽媽希望她隨大姐去美國讀書，但是采芹喜歡戲劇，拿到了英國倫敦皇家戲劇學院的錄取通知書。在等待啟程的時候，她兼職找了一份工作，當接待員。英國老闆準備提拔她，得知她要去英國讀戲劇，開玩笑說，說不定哪天我能在霓虹燈廣告上看到妳的名字。七年以後，他在倫敦威爾斯親王劇院（Prince of Wales Theatre）後台來看采芹，采芹的名字正在霓虹燈上閃閃發光。[056]

很快，媽媽帶弟弟英華來到香港，準備讓英華和采芹一起到英國讀書。對這個體弱多病的小兒子，周信芳想必不放心，特意在兒子離家前安排時間與他相處，每天帶他去劇院，看自己的排練和表演。十三歲的英華和十七歲的采芹不知道，他們會永遠告別長樂路788號那幢三層樓的法式洋房，永遠告別父親周信芳。

香港。啟程的日子近了，臨別那天，采芹醒來，看到媽媽坐在梳妝鏡前如有所思，撫摸著一枚送給采芹的鑽戒，似乎默默地和解放前的奢華生活告別，和那種子女成群的大家庭生活告別。采芹無意當中捕捉到了媽媽的內心世界，她看到鏡子裡的媽媽突然變成了一個疲倦憂鬱的老婦人，眼淚流了下來。

057

一九五二年十月，一個美好的清晨，客輪航駛一個月之後，慢慢駛進了南安普頓港。下船之後，姐弟兩人分手了。英華讀的是倫敦郊外的一所寄宿學校，很快就被學校接走，從親熱溫暖、倍受呵護的家庭一下子掉進陌生的英國式教育和紀律中，這對還不會講英語的十三歲男孩是一段痛苦的經歷。采芹則被安排到維特島一家寄宿學校，等待皇家戲劇學院的面試，而在這裡她結交了第一個黑人朋友。

周英華回憶初來英國，倫敦籠罩在無邊的濃霧中。一九五二年冬季，霧霾籠罩倫敦，嚴重的空氣汙染，在接下來的數月內造成至少一萬二千人死亡。糟糕的天氣和食物貫穿了他最初的記憶，他對英國食物感到失望，「在學校吃的主要是土豆（馬鈴薯），一根羊腿要幾個人分著吃。」在英國幾乎找不到像樣的中餐館，當年整個英國只有一萬多名華人，一百家中餐館而已。「那個時候英國根本沒有中餐館。沒有東西吃，只有吃苦。」他搖搖頭說。

采芹回憶說，一九五三年一月她去倫敦參加戲劇學院的面試，看到人們衣衫襤褸，市景破敗蕭條，倫敦各處還帶著二次大戰的傷痕。當時其他同學以為來了一位東方公主，因為英國年輕人很少有機會接觸洗衣店以外的中國人。當時英國只在倫敦和利物浦有幾家退休的船員開設的洗衣店，在倫敦市中心蘇活區有幾家中餐館。中餐大為普及還是後來的事。[058]

周采芹記得在一家名為南中國的中餐館吃了炒雜碎。老闆陳太太在魯珀特街開了這家中餐館，常請她和英華去吃飯。采芹很不習慣吃雜碎，認為那是另一個階層的食物，她說，「那些華人只會講廣東話而不會英語，大家很抱團，長年在這片陌生的土地上苦苦掙扎」，「我們之間並沒有多少共同之處。」[059]

不光是食物，過去建構在上海大家庭的情感之上的一切東西都失去了，年幼的英華完全沒法理解，他的內心遭到了破壞，跟上海的英華已經不再是同一個人。「所有的一切都失去了，完全是一個陌生的地方，陌生的語言，陌生的人群，陌生的味道。我連味道都失去了。我失去了一切，比孤兒更糟糕。突然間，我的內心出現了空虛。」他的眼神出現了長久的迷惘。

若干年後，周英華仍然認為這個經歷是非常悲劇性的，他說：「一個人只有兩個選擇，變得更好，或者變得更加糟糕。」

周英華沒有時間去消化排山倒海的情緒，他在寄宿學校讀了六個月，有了新名字 Michael Chow，他慶幸遇到了很好的老師，教他英語和歷史。但他承認自己不是用功的孩子，從未通過考試，「後來工作也沒有超過兩個月的。」他笑著說。

一九五二年到一九五六年，他逃進電影世界麻痺自己，緩解跟家人分別的痛苦。一九五六年他首次在《暴力遊樂場》（*Violent Playground*）客串角色。後來，他參與拍攝了十五部電影，幾乎都是無足輕重的角色，包括在著名的傅滿洲電影中充當龍套，至今他還為在英國的待遇耿耿於懷。實際上，周英華和周采芹依靠父輩的資源，仍然比起大多數英國華人具有某些顯而易見的先天優勢。

一九五六年，周英華進入聖馬丁藝術學院學習攝影，一九五七年進入哈默史密斯建築學院學習了一年建築，至今他還記得和臺灣來的好友一起習畫的場景。父親在舞台上的光彩影響了他，周英華想和父親一樣在藝術界揚名立萬；然而，當他站在聚光燈下，卻發現英國的藝術圈對待這個東方小子毫不在乎，他無法推開那堵牆。

而周采芹遇到的第一個麻煩，就是身分的認同。當時中國共產黨政府還沒有設立大使館，在英國社會代表中國的實際上還是國民黨政府。令她忿忿不平的是，因為身為中國人而被拒絕租公寓，偏見無處不在，有一次一個英國人甚至當面問她：「妳的乳房是真的嗎？」[060]

其次糟糕的是飲食體驗，采芹說：「對於英國飯菜，不管我怎麼往好處想也不敢恭維。雖然有高級飯店，但是一個國家的烹調水準是要用廣大老百姓的標準來衡量的，那種又甜又爛再加上牛奶的布丁讓我難以下嚥。」

在飲食上，英國批評中國人喜食狗肉，後來采芹學會了反唇相譏以保護自己，「英國人還吃兔子，法國人吃馬肉。那只不過都是食肉動物在吃肉罷了。」[061]

生活的碰壁令采芹決心融入英國生活，婚姻也許是躲避艱苦生活的避風港，她很快和一個英國的中國人生子，但是婚後生活充滿爭吵，於是她決定重新到學校學習，做個演員。采芹於一九五七年首次登台，在杜利巷劇院演出，開始了新的人生規畫，而弟弟英華則掉進了一個鴻溝——先是絕望，然後是藝術。他在聖馬丁學習並繼續繪畫十年，現在已經離開了美術學校，開始在倫敦掙扎著做一個畫家。一九五八年采芹參演了《六福客棧》，飾演英格麗．褒曼的義女。在白人的世界，東方人的面孔注定只是一個花瓶。采芹想起了父親的話：「記得自己是中國人。」然而令她無比後悔的是，為了生存，她不得不接受一些刻板角色的演出，在演藝生涯中，曾經演過五次傅滿洲的女兒。在薩克斯的傅滿洲小說中，傅滿洲有一個和俄羅斯女人生的混血女兒花露水，她在大多數時候是父親傅滿洲的得力助手，私下也一直密謀取而代之並接管傅滿洲的犯罪帝國。周采芹以後為此覺得不安，可是當年能給亞洲面孔的角色少得可憐，她別無選擇。

●

周采芹和周英華在苦苦尋找機會，此時，羅孝建的第一本美食書《中國烹飪法》於一九五五年出版，隨即在英國知識界和出版界引起轟動，好評如潮。我手頭有這本書的第二版，全書分為十五章，扉頁獻詞上，羅孝建用自嘲的口吻寫道：「獻給我的妻子，從她那裡我學到了許多廚房知識，特別是後期的清洗。」

羅孝建斷言：「在中國文化的迷宮中，中餐是傳播力最強的，消費者不需要具備除了使用筷子之外的複雜技能，甚至連這也不需要。」

羅孝建寫道，過去幾十年，中餐館紛紛出現，中餐風靡了各國首都和大城市，究其原因，一是中餐的魅力在於品質和數量並重。二是相對於西方烹飪，中國烹飪是非常自由的。例如對時間的把握和配料的精準度上，中餐烹飪只是給出建議，很少給出細節和進行精細的測度，當一個廚師想要向上發展時，一般要練就更高水準、更完美的調味能力，通過對比味道或出其不意的配比使用，發揮其自然香味，而非只是在製作手法上下功夫。

在第二章〈中國烹飪的特徵、要素和原則〉中，羅孝建認為，中餐最顯著的烹飪特色有兩個：一是高溫下短時間內翻炒，所謂「爆炒」占了很大比重；第二，講究火候，而不是倚重醬汁。中國烹飪有醬油、味精等獨特的調味品，一般把原料分割成易於入口的小塊，即便是整塊入饌，也必須酥爛利於筷子分割。中餐有一個普遍使用、並與西方不同的烹飪原理，是把肉類和蔬菜混到一起烹飪，讓二者吸收彼此的美味。

羅孝建總結了中餐烹飪的十二個原則：所有的烤炙或者煎炸食物要嫩中有酥（也適用蔬菜）；保持菜肴中各種用料本身的獨有味道；通過精良的烹飪，合理搭配、精心選擇並準備配料，烹出獨特或稀有口味，如魚翅燕窩或各種菌類的味道；燉菜中的陳年酒香；所有湯都要口感純正、香味濃郁；魚肉要鮮甜，蔬菜要甘甜；魚肉、禽肉和畜肉要肉質酥脆、氣味芳香；通過對比來強調或加強某種味道；通過配料的相反性質來平衡菜肴；使用某些調料來突出風味，例如用泡酸菜來炒肉絲，或者用豆豉炒或者蒸魚；追求色澤的亮麗豐富，燉菜要呈現棕色或紅色，蔬菜要翠綠或奶白，魚要嫩白；通過薑、蒜、洋蔥和酒等巧妙遮蓋住各種本來不是很好的味道。

羅孝建還介紹了九十九道中國名菜品的做法，並在最後的第十五章，還對當時倫敦的十四家主要中餐館進行了點評。[062]

羅孝建的這本書具有啟蒙意味，第一次將中餐文化系統地引介給英國社會，提升了英國社會對於中餐的興趣。羅孝建是一個在東西方語境中遊刃有餘的人物，他用通俗易懂的英語向西方讀者介紹了中餐美學，顯示中餐普及推廣的時代已經來臨。

五〇年代是英國的戰後恢復期，失業率低，生活水準提高，嬰兒潮到來，人們對未來充滿信心，對中餐樂於嘗試，英國社會開始認識和接受中餐作為一個獨立的餐飲品種，而羅孝建的書正好生逢其時，大受歡迎。

五〇年代的唐人街中餐館開始供應叉燒、海鮮和蠔油蔬菜，還供應餡餅、薯條和黃油麵包、以及大量英國化的粵菜，這一趨勢在很大程度上一直延續到今天。一九五七年或者一九五八年，中餐館還推出西式三道菜餐點，以適應英國人的點餐習慣。

英國第一家中餐館的老闆張材（Chung Koon）的兒子約翰（John）後來繼承了父業，於一九五八年在貝斯沃特（Bayswater）的金鐘道（Queensway）開設「蓮花樓」（Lotus House），同樣受歡迎，以至於無法內用的顧客會央求可否把食物帶回家——於是，英國第一家中餐外賣就這樣誕生了。

不過也有華人認為，英國首家中餐外賣店是位於萊姆豪斯的「好朋友」（Local Friends）。事實再一次消失在時間的迷霧中。

英國《衛報》的美食作家傑伊・雷納對五〇年代的中餐館評價不高，他認為，一九五〇年代在倫敦興起的代表中餐館，包括Asiatic、Good Friends、Shangri-La和Good Earth，後來又出現Gallery和Rendezvous連鎖店，它們都只供應粵菜，「老實說，食物很糟糕。」究其原因，缺乏趁手的東方食材是一個重要原因。華人美食作家熊德達回憶說，「他們當時唯一的中國食材是豆芽，甚至沒有真正的醬油，直到一九五〇年代末期，香港商場在倫敦開業，才有了一些。」

在五〇年代，中餐不可避免朝著更加生活化和商業化的路子發展。在大英圖書館為口述歷史項目錄製的錄音中，華人超市「榮業行」（Wing Yip Superstore）的老闆葉煥榮指出了早期中餐館成功的幾個原因：他們不僅適應了英國人的口味，而且在酒吧關門後仍然營業到深夜，對顧客很好，非常實惠。

五〇年代的美國三重奏組合 The Gaylords 曾經唱過一首叫做《炒麵》（*Chow Mein*）的歌，歌詞是這樣的：

我整夜悲傷哭泣
我整日痛苦哀悼
因為那個中國餐廳搬走了
我的生活完全被顛覆
如果我繼續這樣生活
一切都將是徒勞
如果沒有炒麵的話
這算是什麼生活啊

這首歌形象地反映中餐滲透到西方世界的日常生活之中。

但是在英國，中餐業仍然只是一個點綴，一件古董。直到六〇年代到來，隨著大量香港移民的湧入，中餐業才得到極大的普及。到了一九六一年，為了保持行業的良好聲譽，並從香港招聘更多的餐館工人，中餐館業終於成立中國餐館老闆協會。對於中國餐館來說，正在醞釀一個閃閃發光的時刻。而周英華，也將締造自己的餐飲王國。

5、中西合璧

在英國，采芹和英華跟上海父母的聯繫變得更加困難。斷斷續續得到的消息稱，父親在中國得到了黨和政府的信賴。周信芳於一九五五年當上了上海京劇院院長，大部分過去的私營劇團改組成為國營劇團，固定工資取代了明星制和分紅。像梅蘭芳和周信芳這樣的大師，被委任為劇團領導後，拿到跟國家領導人差不多的工資。京劇演員的社會地位提高了，成了黨的文藝戰士，不再是從前的「下九流」和「戲子」，而被稱為「人民藝術家」。一九五六年，官方主辦了周信芳從藝五十周年慶祝活動，周恩來總理寫信祝賀。周恩來對上海的文化界名流非常瞭解，許諾黨會更加保護文藝的發展。至此，周信芳的疑慮完全打消了，於一九五九年加入中國共產黨；他感受到強烈的責任感，熱情投身黨領導下的文藝事業中。

父親周信芳加入中國共產黨的這一年十一月，采芹在威爾斯親王劇院演出《蘇絲黃的世界》（*The World of Suzie Wong*），並獲得了成功。采芹被譽為「身高一米五的炸彈」。這是一個英國青年和中國妓女的老套愛情故事，被看做是最後一部遠東情調的舞台劇，東西方已經陷入漫長隔絕——幾年之後，她拿到了英國國籍，完成與英國人同化的過程，中國離她越來越遠了。

采芹在英國的生活開始有了起色，她買了房子，還投資出租房生意，甚至倫敦動物園一頭新出生的小豹子也以她的名字命名。除了婚姻不太順利，其他一切尚好。第一段婚姻中生的兒子在她離婚後歸中國前夫撫養，現在她跟一個野心勃勃的白人藝術家的第二段婚姻關係，也陷入了危機。

一九六一年媽媽來到英國，這是母女的最後一次見面，但是采芹當時並不知道。英華已經在異國掙扎了八年，成了二十一歲的青年。他從小患有哮喘病，因而得到母親的特別疼愛，他一直無法理解，為什麼在他那麼小的時候，母親就這麼狠心讓他來英國。在機場接母親回倫敦的汽車上，多年的辛酸湧上心頭，周英華爆發了，他捂臉哭泣，責問母親，「為什麼妳把我們這麼小送出來？」

大姐、二姐也從美國飛來英國相聚。媽媽告知，國家現在的情況和早期那種樂觀的、人人都想為建設新中國出力的情形不一樣了。領導階層的矛盾衝突被連續不斷的自然災害和政治鬥爭所激化。官僚作風的錯誤及接二連三的水旱災害，使得第二個五年計畫及大躍進以失敗而告終。食物短缺，中蘇交惡。在這種環境下，五年以後，中國爆發了文化大革命。

裘麗琳好不容易爭取到出國探視子女的機會，但她不願意談論太多國內的局勢，只是在無意中流露出內心的焦慮。她說死後不想火葬，而想土葬，可是共產黨的政策認為土葬是封建做法。媽媽的懼怕不幸都被證實了，死後到底還是被火化了。當時他們根本沒有其他選擇。

相聚是短暫的。不久媽媽就要回國了。媽媽最後留在采芹眼裡的形象是她的後背，她走向機場的入口，頭髮盤了一個髻，胖胖的，圓圓的肩膀。就在這一刻，媽媽永遠從采芹的生活中走出去了。[063] 此後，采芹和英華再也沒有見過母親和父親——一場席捲全體中國人的風暴即將來臨。

而在英國，一場由年輕人主導、搖擺的六〇年代的革命也拉開了序幕，戰後緊縮政策貫穿了整個五〇年代之後，英國慢慢復甦，一九六〇年英國廢除了男子國民服役，五〇年代嬰兒潮一代已經成人，他們比父母享有更大的自由與更少的責任，他們渴望改變社會，渴望性，渴望一切新鮮玩意兒。倫敦作為這場文藝革命的中心，大量藝術人才匯集於此，強調現代性和享樂主義的音樂、時尚蓬勃發展，性解放和反戰思想盛行，從戰後的陰沉骯髒變得明亮閃耀。在倫敦，這段時間被稱作「搖擺的六〇年代時期」（Swiging london），文化轉變意味著倫敦人更願意嘗試新鮮東西。

一九六一年，英國已有三萬名華人。「中國餐館業主協會」（Association of Chinese Restauranteurs）成立以規範行業，標誌中餐業在英國強盛起來。

一九六二年之前，英聯邦和英帝國的公民可以不受限制進入英國，整個一九六〇年代，華人移民潮持續不斷，主要是來自香港的男性農業工人。由於土地改革，也因為英國與香港的舊殖民聯繫，男人們搬到英國尋求更好的生活，並在蘇活區和貝斯沃特地區定居。那時，航運業和中國洗衣店業急劇下降，新移民們在不斷增長的餐飲業找到了工作，構成了中餐業的主力。他們寄錢給家人，一旦攢夠錢就開自己的餐館，把家人帶過來。華人社區的構成很複雜，有些是躲避戰亂的難民，有的是華工和船員後代，他們身在英國，卻充滿了漂泊的無奈，仍然對中國家鄉懷有強烈的歸屬感，相信英國只是暫住之地，早晚有一天會克服困難返回故里。

一九六二年底，采芹的第二段婚姻又結束了。她開始了餐廳演唱生涯，並且成為亞洲面孔專業戶。英國人對華人的認識更加固化和臉孔化。為了生計，采芹曾經五次扮演辱華角色傳滿洲的女兒。

一九六三年，中國大使館的廚師 Kuo tei Lu（Kuo-te-Lu）叛逃了，消息在華人社區迅速傳播，傳說他厭倦了每天的政治學習會議，又受到幾家中餐館老闆的蠱惑，決定在資本主義大本營開一家屬於自己的飯館，他成功申請了避難，在位於倫敦西北部威爾斯登（Willesden）開了一家名為 Guo Yuan 的中餐館。Guo Yuan 在英國中餐歷史上發揮了重要作用，它是第一家提供北京菜的中餐館，北京烤鴨在這裡首次和英國人見面。烤鴨的香氣，吸引了皇室瑪格麗特公主前來用餐。儘管如今英國大多數中餐館都供應北京烤鴨，一些老饕們仍然在懷念著這家第一個為英國人提供烤鴨的館子。Guo Yuan 的舊址已經成為一家義大利餐廳，門前人來人往，並不知道它曾經的輝煌。

這一年，首個中國新年慶祝活動在爵祿街舉辦，唐人街成為深受倫敦人歡迎的目的地，倫敦的華人區開始於蘇活區紮根，大多數華人都已離開船員居住的萊姆豪斯。

六〇年代末，張查理（Charlie Cheung）在三文魚巷開設了「好朋友」（Local Friends），很受歡迎。同一時期，宮保雞丁、麻婆豆腐、香酥鴨、甚至幸運餅乾開始大行其道。

周英華已經很久沒有父親周信芳的消息了，而此時的周信芳已經陷入一場風暴。一九六四年，周信芳創作並上演了京劇《海瑞上書》，海瑞是勇於挑戰皇帝、敢於進言的清官，這齣新編歷史劇暗合了對社會的批評思想。周信芳因為這齣戲遭到批判，命運開始急轉直下。

此時的周英華則是把熱情投入到「搖擺倫敦」的藝術熱浪中。周英華回憶過往，口氣裡充滿自豪，形容自己會折騰，是倫敦「藝術圈裡的一〇八將之一」。那個時期的照片上，他梳著六〇年代披頭四式樣的濃密長髮，蓄著一撮小鬍子，穿著緊身絲綢禮服和高跟皮鞋，他對市場和宣傳有著敏銳的直覺，他回憶說，「倫敦是一個有文藝氣質的地方，你的裝扮舉止越古怪，別人越以為你很牛。如果有創造力，加上古怪，你就更容易成功。」

一九六五年，他為 Smith Hawes 美髮店設計了全白的室內設計，這個帶有夢幻色彩的舞台，反映了他從父親的藝術世界和中國虛無美學所受到的影響：夢幻、無常。他提出了「比白更白」的設計理念，這些看起來前衛的言行吸引了公眾注意。二十六歲的他成為冉冉升起的設計明星。

一九六六年八月二十六日，周采芹乘飛機去紐約，看到倫敦報紙上斗大標題寫著，「采芹的父親被整肅而死」。雖然事後證實是胡說八道，但是父親的處境發生逆轉，已經成為事實。

一九六八年周英華在國際聯盟畫廊辦了畫展，作品卻因沒能積極宣傳而賣不出去，他意識到市場力量已經表明，它不接受中國藝術家。至今他仍然耿耿於懷，把一切歸咎於種族主義。

「歧視從來沒有消失，今天也是如此。」坐在美國家中沙發上的周英華罵了一句粗口，「我做的所有工作，都是為了種族主義作鬥爭。我的父親就是不公平的犧牲品，他在舊上海被當成戲子，解放後又受到政治衝擊。而我在異國也是為機會掙扎奮鬥。反對不公平，一直是我在做的事情。這是我的ＤＮＡ。」

儘管在藝術上沒能成功，周英華在經商和理財上卻是個天才。借助中餐熱，他要做一個夢幻般的中餐館，名字都想好了，就叫「周先生」，英語的Chow，在俚語也是吃的意思。他是一個不服輸的人，在藝術界遭遇的冷遇令他忿忿不平，渴望每一個進入餐館的人都尊稱他一聲「周先生」。周英華這樣描述自己後來創建周先生餐廳（Mr.

Chow）的動機。

一九六八年二月十四日情人節這一天，是「周先生」開業的第一天。周英華歡欣鼓舞地回憶起當天的盛況，「滾石、披頭四，都來了。這一天載入了歷史。」

那年他二十九歲，商業才能已經顯現出來。「搖擺倫敦」已經來到了尾聲，中餐受到前所未有的歡迎。「周先生」的出現，正逢其時。

當時文藝圈有一位叫羅伯特．弗雷澤（Robert Fraser）的領袖，經營畫廊，跟文藝圈很多人關係都很好，與披頭四和滾石樂隊的成員關係密切。他是銀行家的兒子，畢業於伊頓公學，他開辦的畫廊成為英國現代藝術的焦點，他通過展覽推廣了許多重要的英國和美國藝術家的作品。弗雷澤成為六〇年代的潮流引領者；保羅．麥卡特尼（Paul McCartney）形容他是「倫敦六〇年代最有影響力的人物之一」。他的公寓成為當時藝術家聚會的場所。有一天晚上，周英華在朋友家看到了羅伯特，告訴他想借一些藝術品掛在自己餐館的牆上，羅伯特說，「為什麼要這麼做？你為什麼不請一些藝術家為你畫一些作品？」

周英華問，「比如誰？」

羅伯特說，「就像坐在你面前的吉姆．戴恩（Jim Dine）。」

吉姆．戴恩立即為周英華做了一個盤子，表示「你可以給我提供一些免費食物，作為交換，我給你一些藝術品。」他製作了一部名為「巴特西之心」的作品，現在還擺放在餐廳裡。

在那之後，周英華開始致力於收藏頂尖藝術家的作品。接下來的六個月，他得到了大衛．霍克尼（David Hockney）、理查．史密斯（Richard Smith）、霍華德．霍奇金（Howard Hodgkin）等人的作品；作為交換，他為他們提供可口的中餐。「周先生」和藝術家開始建立密切的關係，這也成為它的一個特色。

我在一個周末的晚上造訪位於騎士橋的「周先生」，它位於著名的哈洛德百貨（Harrods）旁的街上，老式的旋轉門，裡面的格局帶著六〇年代的審美趣味。牆上掛著周英華的畫像，亂蓬蓬的頭髮，標誌性的圓形眼鏡，兩撇小鬍子，是個精力無窮的頑童形象。作為上世紀成名的人物，他至今活躍在社交界和商界。餐廳的空間並不寬綽，過道的一面牆上，是周英華最早收購的五幅巴特西之心。吉姆戴恩使用粉紅色綢緞製作的紅心表達了各式各樣的主題和情感。

餐館地下還有一層，一側牆上，掛著羅伯特．弗雷澤的三幅畫像。羅伯特於一九八六年一月因愛滋病去世，同年，皇家藝術學院佩斯畫廊舉辦了「羅伯特．弗雷澤肖像」展覽，紀念這位搖擺的六〇年代的藝術領袖。這三幅畫顯然來自這次展覽。周英華以此紀念這位開啟了「周先生」的藝術靈感的引路人。

「周先生」的裝潢沒有用大紅燈籠、雕龍畫鳳這些中式元素，而是充滿了新潮又典雅的現代設計，屏風、馬賽克地板、銀盤子和刀叉似乎都來自六〇年代，帶有濃厚的懷舊氣息，他從開業就堅持不用中國侍者，而是義大利侍者，就跟英國餐館用法國侍者以彰顯高級的意思一樣。周英華專門到香港選好了中國各地風味食譜，把油燜大蝦等中國名菜介紹到英國，還請了麵點師傅現場表演拉麵。從口味上，「周先生」跟我所熟悉的中餐館保持了明顯的距離：我們點了套餐，價格不菲，一位要近百英鎊。前菜炸蝦球個大飽滿，澆上了熱乎乎的蛋黃醬，這種搭配令人驚喜；老式中餐館常見的油炸滸苔在盤子上鋪了淺淺一層，上面有兩粒滾滿了芝麻的蟹肉球；燒牛肉很嫩，造型類似叉燒，酸甜汁比起其他中餐館柔和了許多；爆炒龍蝦的用料很新鮮，勾了澱粉芡汁，清爽、不像老式中餐館那麼黏稠。總體上，「周先生」的口味比較柔和，沒有特別刺激的味道，風格介於粵菜和北京菜之間，你可以說它是中餐，但又不太像。我的同行者認為它「跟倫敦其他的中餐館似乎都不太一樣」。而與眾不同，恰恰是周英華畢生所追求的。

周英華在骨子裡是個有強烈表演欲的人，從一開始，周英華就決定把中餐做成一件概念性的藝術品，餐館的設計彷彿劇場，燈光從桌底打上去，透過桌布，讓餐桌籠罩在柔和的燈光中，餐桌於是具有了舞台的效果，彼此看得很清楚，坐在餐桌前的男男女女，人人都有了一種做主角的幻覺。餐桌鋪著潔白的桌布，服務生綁著潔白的圍裙，優雅地穿梭，上菜時非常注重樣式。自然它的價格都不便宜，對中餐來說明顯太貴了。但這正是周英華想要製造的高檔形象。

周英華並不知道，「周先生」創立一個月之後，上海家裡發生了巨大變故。一九六八年三月二十四日，周信芳被捕入獄。幾天後，三月二十七日，六十三歲的裘麗琳因為癌症死了。他相信，如果不是動盪的局勢和父親的意外，母親不應該這麼早過世。

中國進入了緊張不安的時代的前夜。中國發生的事情不能不引起他們的注意，中國一切的藝術訓練都被視為封建傳統的延續，可是父親恰恰是經過嚴格的訓練才有此藝術成就。包括周信芳在內的大批社會菁英和知識分子遭到清洗。一九六七年五月香港的極左分子發生暴動，八月二十日中國外交部向英國政府提出照會，要求港英當局取消對三家香港左派報紙的出版禁令，釋放十九名被關押的駐港記者；八月二十二日下午，英國駐北京代辦處被紅衛兵放火燒毀，駐華參贊柯利達被紅衛兵毆打，並強迫其給毛澤東主席像下跪。《人民日報》報導：「首都紅衛兵和革命群眾一萬多人昨晚湧到英國駐華代辦處舉行聲勢浩大的示威，在門前舉行了聲討英帝反華罪行大會，並激於義憤，對英國駐華代辦處採取了強烈的行動。」

「周先生」開張一年後，周采芹在《柳營春色》中扮演了甜姐露西。周英華在一九六九年結束了一段短暫的婚姻，一九七二年他和模特兒周天娜結婚，一年後兒子出生。而周采芹的事業不溫不火，一九七二年，她在電視劇《鬥爭對象》中出演遭到迫害的中國國家主席劉少奇的妻子王光美。一九七四年，周英華決定把餐館開到美國洛杉磯；周采芹則被摧毀了——英國遭遇經濟大衰退，她的投資失敗，吞了大量的安眠藥，被搶救回來。

周英華在洛杉磯的「周先生」給了姐姐采芹一份工作，但是當采芹來到洛杉磯之後，姐弟關係並不和睦。周英華是老闆，十分嚴厲，像個嚴厲的家長，一個男權主義者碰上一個女權主義者，後果十分嚴重。在餐館工作六個月之後，周采芹大病一場。這一年，一九七五年三月八日，裘麗琳的長子周菊傲寫信報告了父親的死訊，隨著父親的故去，周采芹和周英華姐弟與中國的最後一絲聯繫也中斷了。

064

美國比起英國更前衛、更有爆炸力。周英華從搖滾年代來到了龐克時代，一九七九年，第三家「周先生」來到了東海岸。紐約的「周先生」見證了七〇年代末、八〇年代初美國藝術界的盛況，成了藝術家聚會的俱樂部。

「當『周先生』來到紐約時，餐廳電話一直在響，不得已只能拔掉電話線。尚—米榭・巴斯奇亞（Jean-Michel Basquiat）過來給了我一幅畫。朱利安・許納貝（Julian Schnabel）來到餐廳想見我。」周英華回憶說。從那一刻起，『周先生』就成了所有藝術家的時尚自助餐廳。普普藝術家凱斯・哈林（Keith Haring）用一百二十瓶水晶香檳舉辦了生日派對，之後，悲慘的愛滋病流行打破了鬧哄哄的世界。凱斯・哈林、包括和周英華離婚的周天娜，後來也死於愛滋病。

「我很幸運能在正確的地方，正確的時間，與所有這些藝術家在一起。我從倫敦搬到洛杉磯再到紐約，我為他們提供了油彩和一切。當然，一旦他們看到誰在其中，他們就是在與所有人競爭。安迪・沃荷（Andy Warhol）非常調皮，用辣椒醬做了一個瀑布，漂白了別人的作品。這是一種恐怖主義。」周英華說。

周英華總結說，我做這些事情所具有的能量，都來自我的父親。「在中國，周信芳就像莎士比亞，但西方對此一無所知。」

評論家們會說，人們去「周先生」根本不是為了吃飯，周英華的第三任妻子艾娃（Eva）對此不能苟同。她告訴《美食》雜誌說，他們的菜肴是北京菜的真實反映，而且，他們的主廚和廚師都是從香港和北京聘請的。菜品的主要口感似乎是「甜膩」和「甜脆」，但是對於那些只點可靠的菜肴，比如餛飩與鹹辣口味的對蝦的食客們來說，他們還是可以享受到愉快的一餐。

如果有人說說這裡的菜價實在高得過分，周英華會笑著點頭表示同意。極高的價格也是戰略的一部分。「人們會說，太貴了！我卻說，太棒了！」他說，「昂貴很重要。非常重要。」

首先，定高價是他對自己家鄉菜的一種宣示，「中國菜過去一直被當做便宜貨，」周英華說，「我改變了這一點。但是花了我將近半個世紀的時間。」

「周先生」的菜量也特別少。周英華說這是故意的。他一直希望「周先生」的菜量和芝樂坊餐廳（Cheesecake Factory）之類連鎖店的大盤子、大碗形成鮮明對比，在那樣的地方，「沙拉能讓你吃上兩個鐘頭」。高昂的價格也讓他為餐廳創造出上流場所的氣派，那正是他想要的。直到今天，在「周先生」入座時，侍者還會推著香檳車走過你的桌邊。「香檳是奢侈品，」他解釋說，「有奢侈品就有幻想。有幻想就有性。」

這聽上去有點像作秀？「這一切都是戲劇效果，」周英華說，「像打造一齣戲劇那樣去塑造它，這很重要。一切都是為了別讓觀眾無聊。」

但是伴隨成功而來的還有挑剔。二〇〇六年《紐約時報》上就曾經刊登過一篇尖刻的餐評，給「周先生」打了零星，作者是法蘭克・布魯尼（Frank Bruni）。他這樣描寫位於翠貝卡的第四家分店的一份羊腿肉：「如果我知道它是在冰箱裡放了快十年才拿出來，然後又在微波爐裡加熱了差不多有一天，我會震驚的。它嘗起來遠沒有那麼柔嫩美味。」一般情況下，這樣的評論足夠毀掉一家餐廳，但是洛杉磯和紐約的「周先生」仍然紅火，吸引著各界名流和其他在一九六八年、一九七四年和一九七八年還沒出生的賓客們。[065]

二〇二一年十月，我採訪周英華的時候，他翻看著一張財務報表，告訴我，剛剛過去的周末，美國幾家餐館的營收一天就達到二十萬美元。雖然受到疫情的影響，這仍然是很不錯的成績。

「周先生」的菜單做到了數十年沒有更換。周英華很自豪說，「中餐有三種，一種是中國的餐飲，一種是美國中餐為代表的海外中餐，第三種就是 MR. CHOW 的中餐，MR. CHOW 的中餐是最好的中餐。」

我覺得有點誇大了，問：「你說你的中餐是最好的中餐，它和現在中國的中餐有哪些不同？」

「怎麼說呢？我的中餐是那種最傳統的中餐，」他語焉不詳地解釋，「它是已經消失的那種。」

自始至終，周英華的語氣裡表露出做出京劇大師的兒子、獨具眼光的藝術家、以及見證了半個世紀消費潮流並且深度參與者的自信與不由分說的狂傲。

六〇年代是中西分野更加明顯的時刻。中國持續動盪，西方在發生化學反應，各種思潮活躍。在一個越加多元化的空間，中餐得到了解放，香港來的移民最終成為英國中餐業的支柱，他們決定在英國發展下去，而那個在舊時代就被迫出走的一代中國人，漸漸熄滅了回家的念頭，羅孝建、周英華，幾經掙扎之後，已經完全適應了異國的生活，曾經漂泊的蒲公英，現在願意紮下根來，徹底斷絕回家的念頭，各自對無法回去的故土，做出最後的凝望，通過烹飪來想像一個回不去的中國。

6、東成西就

一九八〇年，羅孝建在切爾西（Chelsea）的埃伯里街（Ebury Street）開設了憶華樓（Memories Of China）餐館，並延續至今。我在一個寒冷的中午尋訪這家傳奇餐廳，門框上至今仍然寫著「羅的中國記憶」（Ken Lo's Memories of China）。

男接待是一個有著東歐口音的年輕人，笑容可掬，熱情地引領我們。這裡的裝修風格有些老派，雕欄的木質屏風把餐館分割為幾個區域，牆上懸掛著一排中國燈籠，張貼幾幅中國山水畫。還有幾張老照片，是羅孝建和披頭四、皇室成員、以及英國知名演員的合影——這大概是憶華樓僅餘的羅氏印記了。

我們兩個人點了四道菜。兩道前菜是椒鹽蝦、麻醬雞絲，主菜是回鍋肉和白菜香菇。除了椒鹽蝦沒有什麼問題，L認為麻醬雞絲的醬汁不對，沒有麻醬的味道。替代白菜的油菜燙得太過了，香菇泡發太久沒有香氣。最大的問題出在回鍋肉，這是道典型的川菜，豬肉片要帶著肥肉才香，大量的蔥葉和少許的豆豉激發出肉脂香氣，帶有略微的麻辣紅油，才叫完美。而餐館給我們提供的竟然是用叉燒肉代替的回鍋肉，乾乾巴巴。令L不能忍受的還有例湯，作為廣東人，她敏銳地品嘗到例湯是滾湯而不是煲湯，所以她表達了失望之情，認為是給老外做的中餐，並且毫不客氣點評說，「這就是TAKEAWAY（外賣）水準！」

我能說什麼呢？也許我們點的菜恰巧是現在的廚師不擅長的吧！打聽後方才知道，很久以前羅孝建把憶華樓轉給了大廚畢金寶，畢大廚是上海人，自幼在香港長大，在憶華樓一直幹到退休，並接替羅孝建成為老闆。隨著畢先生年事已高，又把餐廳轉給了新的老闆。現在的憶華樓，已經跟羅孝建沒有太大的關係了。

不可否認的是，羅孝建和譚榮輝（Ken Hom）一樣，在向英國人介紹美食方面發揮了重要作用，為中餐這種邊緣化的異域風味提升了文化價值和文化融合。翻譯家文若潔於一九八四年訪問倫敦時曾去過憶華樓。她的丈夫蕭乾是報導過二戰的中國記者，和羅孝建曾經是劍橋的同學。文若潔後來在文章中提到，當時羅孝建已經出版了三十二本關於中國食譜的英文著作，本本暢銷，在中餐推廣上不遺餘力。

那時，英國大部分的中餐館是粵菜館，偶爾供應四川菜或山東菜。羅孝建認為應該打破地域限制，為顧客供應北京、上海、廣東等地的菜品。

羅孝建組織了一個專品嘗中國菜的俱樂部「Chinese Gourmet Club」，七年間指導過一萬七千個英國人品嘗中國菜。他還開辦中國烹飪學校，戴安娜王妃的母親也來參加。

一個名叫熊德達的華人也加入推廣中餐的行列。熊德達（Deh-ta Hsiung）出生於北京，他和羅孝建的經歷有相似之處，家庭背景顯赫，一九五〇年來到英國，在牛津和倫敦完成學業。一九八一年至一九九六年間，熊華德在羅孝建的中國烹飪學校擔任固定教師，並在法國、義大利、芬蘭介紹中餐，又被聯合國派去印度教授中餐課，也出版了許多介紹中餐的暢銷書。

一九八三年羅孝建連續六個星期出現在電視節目中，教英國的主婦們如何做中國菜，因此家喻戶曉。「幾乎每一個英國老太太都看過我爸爸的節目。」羅維前告訴我。

一九八六年四月，闊別中國五十年後，羅孝建首次返回福州家鄉。他以美食專家的身分，帶領一支英國紀錄片攝製組來到中國，行走了差不多三個星期，遍訪東南沿海一帶，從福州又去了廈門、泉州、杭州、上海、蘇州、北京。

在家鄉，羅孝建重溫兒時記憶。黃晨的《光餅和鄉思》一文記錄了羅孝建對家鄉食物的感情。「車經福清宏路，羅孝建突然急呼停車，下車後，他直奔路邊的一光餅攤，抓起一串光餅，聞了又聞，接著又招呼拍攝人員下車。車到福州西湖賓館，羅孝建的親友在大堂迎候。一見面，沒有擁抱，沒有握手，羅孝建從西裝口袋裡掏出一塊光餅，用福州話對親人說：『光餅、光餅，五十年不見了，好吃、好吃。』」[066]

福建的烹飪不同於中國其他地方，大量使用海產品，大量使用酒烹飪。羅孝建率領了一干英國人在路邊品嘗甘蔗，在農貿市場閒逛。在福州老家，大部分道路已經比羅孝建兒時更為寬闊平坦，鼓山秀美依舊，羅孝建再次來到祖居的羅園，對著祖先的牌位燃香鞠躬。他們又乘坐蒸汽火車去了杭州，在羅孝建看來，隨著人口流動增加以及交通工具的改善，中國人出外旅遊越來越多，可以到達很多過去只是在書本上看到的地方。在北京，他在頤和園品嘗了宮廷宴，又去了母校北京大學。他們也品嘗了正宗的北京烤鴨。北京正在變得更加國際化，第一家肯德基速食店在前門出現了。羅孝建來得正是時候，伴隨著中國改革的日益深入，這些屬於八〇年代的景象將不復存在，中國變得更加繁榮和多彩。

在女兒羅維前眼中，羅孝建「看起來傻傻的，其實心裡什麼都很明白」。羅孝建雖然受到良好的教育，有很好的教養，但是在賺錢方面實在不敢恭維，一生沒能簽到一個好的出版合同，所以並不富裕。「我們幾個孩子的學校都很差。」羅維前說。

在羅維前的少女時代，跨種族家庭在英國還不常見，那時她產生嚴重的身分危機，常常因為族裔問題受到攻擊，甚至在街上大打出手。為了不受欺負，不得不學習武術。

羅維前看來，父親對子女的教育採取了完全放任的方式，原因是他和其他傳統中國家庭的父親大不相同，父親出身貴族、富有，注定不可能扮演傳統家庭的父親角色。而且羅維前四兄妹沒有一個虎媽。母親安妮是農民的女兒，對教育比較反感。父親在劍橋交往的人，大多是文人，不特別傳統，像李約瑟這些人，都是左派，羅孝建對英國的公共教育體系充滿信心，在培育孩子的過程中不怎麼循規蹈矩，對於孩子的教育不上心，也沒有要求他們都上大學。父親的教育風格如此隨性，所以子女們都變得無拘無束。作為典型的六〇、七〇年代的年輕人，羅維前也是國際反主流文化運動的推崇者，她的兩個哥哥都來成了徹頭徹尾的工人階級，對於教育和文化不感興趣。他們的孩子也是一樣。

羅維前很叛逆，曾經惹過很多麻煩，父母把她送到紐約大伯羅孝超家裡，那會兒她十三歲，穿著阿富汗風格的外套和嬉皮的服裝，還吸毒，母親完全絕望了，她的哥哥們那時還在監獄裡坐牢。

羅維前和大伯羅孝超一起待了十天，完全改寫了人生，心裡埋下的種子慢慢發芽長大。並在之後的人生中結出果實。大伯常常在洗澡時吟誦《莊子》。他從不要求維前必須學習中文。在她人生的大部分生涯裡，都是她的精神導師。

羅維前在英國二十世紀六〇、七〇年代的反主流文化中，開啟了一段學習中國文化的經歷，她十七歲學習針灸，當針灸師；在她的人生中，很諷刺的一點在於，她接觸的所有和中國文化有關的東西，除了中餐之外，都是來自白人老師。後來她逐漸意識到這些老師的局限性，不會說中文，沒人能夠閱讀中文經典，於是她帶著兩個孩子來到劍橋，成為露西卡文迪許學院（Lucy Cavendish College, Cambridge）的一員，這是唯一能夠接納她的劍橋學院，畢竟她沒有受過任何高等教育，只取得了平平無奇的 A-LEVEL 成績。羅維前成為家中四個孩子中唯一受到高等教育的人，那時她已經三十歲了。[067] 如今，羅維前在中國和英國之間遊走，在醫學史、健康人文方面獲得了一定的突破。

羅維前回憶她八〇年代第一次訪問中國時，看到中國的火車站外許多小攤兜售各種小吃，現在這種景象當然消失了。如今人們走出火車站外，映入眼簾的到處是麥當勞、肯德基和中式速食連鎖店。中國人的飲食生活變得更加工業化，也跟西方一樣，也面臨著兒童超重，以及糖尿病的困擾。

另一方面，中國人仍然津津樂道於傳統飲食方式，用陰陽平衡解釋一些飲食的邏輯和選擇。並且為食物賦予了品質，例如冷、熱，苦、寒，這些中國古代哲學得以在飲食中流傳和存活。對羅維前來說，中國的飲食知識與其說是一套信仰，「不如說是一套共同的社會實踐，普通人可以在其中獲得一定的專業知識」。[068]

從羅孝建那裡接手了憶華樓的畢金寶大廚曾經如此回憶羅孝建：「他一直希望可以回到福州養老。」但是時代發生了不可逆轉的改變，那個記憶中的家已經永遠消失了。羅孝建把對中國的美好記憶，都投入到了憶華樓，試圖留存他所理解的中國文化的一脈香火。

總的來說，羅孝建與安妮夫婦在八〇年代開始了他們最成功的事業。他們首先開設了專屬的中國美食俱樂部，探索倫敦的中國餐館。這很快導致他們在埃伯里街開設了第一家餐廳憶華樓，並使之成為倫敦最著名的餐廳之一。接下來他們又開了兩家餐廳，還有一所烹飪學校。

安妮在二〇一三年去世，享年八十四歲。羅孝建形容她有著「富有感染力的笑聲和不分青紅皂白的友善」，並將她描述為「一座力量之塔」。混血婚姻在一九五〇年代並不容易，兩家人都反對，然而，對於兩人來說，那是快樂的歲月。貝爾塞斯公園到處都是年輕的社會主義者、作家、漢學家和音樂家。婚後，因為財務不景氣，全家人搬到了薩里，安妮在那裡照顧家庭並為學校做飯賺錢，每天要為學童提供多達一千份午餐，然後再回家餵養她自己那群不守規矩的青少年。

羅孝建則早於安妮於一九九五年去世。他經歷了英國和中國歷史最為動盪的時期，精彩而又平凡。他跨越東西方，在不同的文化語境中游走。就像他喜愛的《西遊記》的開篇所描述的那樣，石猴沒有母親，汲取天地精華，見風就長，四海學藝，異域打拼長大，活出了精彩的人生。

羅孝建本人，就是那個在西方世界大展身手的石猴。

人間再無羅孝建。

●

直到一九八一年，周英華兄妹六人劫後重逢，才知道了父親周信芳先是被關押了一年，被紅衛兵殘酷虐待，然後在家裡軟禁，一直到一九七五年去世；長子周菊傲坐了五年牢，然後送去勞改；一九六八年三月二十七日媽媽裘麗琳去世，死前四次受審，紅衛兵把她像皮球一樣踢來踢去，從頭到腳全是青紫，死時只有六十三歲。社會動盪對於中國菁英的打擊是毀滅性的，中國損失了最優秀的一批兒女，他們涉及各個行當，在本該發揮成績的時候，紛紛隕落。

父母的死對於周英華的打擊是巨大的，他當時患上了抑鬱症，至今也很迴避談論這些往事。我問他是否知道當初遠離中國的根由，他含混答道，「當然是因為政治形勢了，你們年輕人不曉得。」他突然意識到了什麼，要求更換話題。「故事太長了，一個星期也講不完。」

我不甘心，再次試圖揭開創傷，「難道你對這些經歷不耿耿於懷嗎？」

讓我意外的是，周英華哭了，「我當然痛恨。怎麼可能忘記呢？」

沉默。他話鋒一轉，「不過你們年輕人不知道，過去中國落後，被人欺負，現在中國強大了，中國人的地位提高了。這都跟中國的富強有關係。」他更願意講述過去中國曾經多麼落後貧窮，如今中國如何強大。

他在一次採訪時對《紐約時報》說道，「我創辦『周先生』是因為我受過苦。我當時十三歲，因為政治原因被遣送離開中國。我媽媽把我一個人送走了。在我離開中國之前，父親對我說：『無論走到哪裡，永遠記住你是中國人。』」

「在一九五二年的那一周，我最終來到了大霧瀰漫的倫敦——如果你看《皇冠》，有一集有一萬二千到一萬八千人在大霧的那一周死亡。我在那裡。我被摧毀了。我失去了一切。我得到了徹底的文化衝擊——超越——恐慌發作和創傷。從絕望的深淵中爬出來，我畫了十年，卻遭遇了種族主義。我的繪畫生涯毫無進展。沒有黑人，沒有中國人可以……所以我放棄了繪畫。但我總是被父親的戲劇所激勵，這些戲劇涉及不公正。」069

二〇一四年，他重拾繪畫，他使用了拼貼，雞蛋、甚至金子做的葉子。這種雜糅像極了他的五彩斑斕的人生。

《紐約時報》的報導指出，正是在紐約藝術交易商與前洛杉磯現代藝術館館長傑佛瑞・德奇（Jeffrey Deitch）的幫助下，令周英華決定重回繪畫藝術。幾年前，他看到周英華在二十世紀六〇年代期間繪製的一張小油畫，從那以後便開始鼓舞他重返畫室。這幅畫當時放在周英華洛杉磯家中廚房的一堵牆邊。

「我知道他有藝術背景，但我並不知道他曾是一個非常嚴肅的畫家，」德奇說，「他的畫中有年輕藝術家的能量與衝勁，也蘊含著成熟男人的智慧與歷練。」

周英華的畫作融合了多種技巧，包括潑濺畫法與拼貼，周英華將之稱為「有控制的意外」。

只有仔細審視，人們才能發現畫中的細節：用樹脂防腐的蛋黃；一片價值一萬四千美元的金子；古董釘子；金箔與銀箔；畫家的一條短褲；甚至還有一張一百元美元鈔票，被放在塑膠袋裡，圍繞在乾涸的油彩之中。「因為我愛錢。」周英華這樣解釋。拼貼技巧也是很自然的選擇。周英華說。「使用拼貼，你就可以把不可能的東西放在一起，而這正是我的人生。」他說。

「丹尼斯．霍柏（Dennis Hopper）在倫敦給我拍了一張照片，背景中有一個牌子，上面寫著『藝術第一』。藝術是一切的第一：對於生活，對於我們的文明，對於我們的未來。尤其在二十一世紀，藝術是靈性的媒介。真正的藝術家是只有純粹意圖的牧師。」

「藝術也基於想像力和貢獻。我們從洞穴時代一直畫到現在。這是一個一直存在的仲介系統。藝術家的工作就是承擔這一點，使其與時俱進，符合時代要求，旋轉它，做出貢獻，並向前邁進，以便未來的藝術家能夠承擔它。」

「那些從事藝術但沒有做出任何貢獻的藝術家通常不是最好的。像畢卡索和尚—米榭．巴斯奇亞這樣有影響力的人，他們的貢獻最大，並且從過去到現在再到未來。」

「倫敦戰爭結束後，來自不同班級的所有年輕人都去了藝術學校，這是有充分理由的：聖馬丁學院、皇家藝術學院，不勝枚舉。這是最解放的革命，不像中國的革命，殘酷而可怕。」周英華如是說。

二〇一五年，周英華回到了故鄉上海。他此行的目的是在上海和北京辦畫展。繪畫畢竟是他的老本行，他浸淫餐飲業超過了半個世紀，是時候用另一種方式來回顧人生了。姐姐周采芹後來回到中國教學，又在中國興旺的影視劇中繼續著演藝工作，深受好評。

展覽的名字就是致敬父親周信芳。展覽中除了周英華自己的畫作，還有若干他的肖像、來自他範圍廣泛的個人收藏，作者包括安迪·沃荷、凱斯·哈林和尚—米榭·巴斯奇亞的作品，此外還展出了若干周信芳的檔案照片，他在六十年輝煌的藝術生涯之中創作了二百多齣京劇，並飾演了六百餘個角色。

他告訴《紐約時報》：「對於我個人來說，這個展覽在很大程度上填補了一個空白，」周英華在展覽開幕式上接受採訪時說。「很久以前，我十二歲就來到了英國。我失去了一切。我真的失去了一切。從此就再也沒有見過父親，也沒能和他聯繫。整個『文化大革命』期間，我甚至不知道他已經悲慘地去世。」[070]

父親周信芳在周英華心中幻化成了一種符號，一座橋樑，代表了遙遠的中國文化的精髓，他滋養著周英華，因為見過那種精髓的高度，支撐了他在他鄉闖蕩的勇氣和驕傲。周英華說，能夠在自己人生的「第三幕」期間，把這些油畫帶來中國，這種感覺無與倫比。「我感覺這像是一個終結，」他說過，「我已經回到家，回到父母身邊，回到了中國。」

任何一門藝術形成了成熟的流派，預示著藝術黃金時期的到來，藝術不再是一個大一統的教條式的東西，而是具有各式特色、活生生的個性。從徽劇進京肇始，到民國後期大成，也跟社會風氣的逐步寬鬆有關。餐飲就如同京劇的發展軌跡，一開始是大眾的，民以食為天，在廣泛性的基礎上，最終會形成不同特色的流派和經典菜式，錘煉成藝術。它既是生活式的一日三餐，又會在某個環境裡成為一種「騎絕塵的藝術，獨自前行。

後來，那個舞台上蒼涼雄壯的形象消失在動盪的社會中。周英華一直在異國生活，去追尋他認為應該屬於自己的中央舞台，那個位置，過去曾經屬於京劇大師周信芳，現在是漂泊的周英華，他要延續這種家族的光榮傳統。在普通食客那裡，「周先生」不過是一家價碼昂貴和浮誇的中餐館，但是對於它的擁有者周英華而言，卻是傳承了他的父親的精神的一間博物館，在這個懸掛著西式抽象繪畫的餐館，似乎總是在傳出咿呀呀的京胡，繼續著關於藝術和人生的對話。

幾年前，周英華打算把父親的故事搬上電影。「我很喜歡電影，現在中國成為世界電影大市場。當有戰爭、革命和饑荒，沒有經濟，也不會有文化繁榮，你不會考慮文化。中國衰落了數百年，現在她又回來了，富有和繁榮。中國電影可能很快就會超過好萊塢。」劇本都寫好了，名字叫「The Voice of My Father」，但是劇本因為涉及到文革歷史，沒有審批通過。

說實話，我對他的表態一開始頗為困惑。對於周英華這樣一個被迫失去了文化根基的人來說，文化的復興被寄託在富強的中國之上，或許是他的家族根脈延續的基礎。但是國家的強盛無法掩蓋那些由它所造成的具體的歷史悲劇。周信芳的人生遭遇了貧窮、歧視、戰爭、革命，接連不斷的動盪貫穿了中國近代史，為這一代人的生命塗寫蒼涼的底色。中國正是摒棄了文革的混亂年代，才走上了正確的發展道路。如果忘記歷史的真正教訓，中國仍將身陷萬劫不復的深淵。

一九七八年八月十六日，周信芳和裘麗琳的遺骨在上海龍花墓園重新安葬。中國進入了改革開放的年代。一個動盪的時代終於結束了。中國迎來了長久的進步和富足。我感歎，只有周英華這種遭遇了巨大人生挫敗的人，才知道富裕和穩定對於中國的意義，惟願一切都順遂吧！

我們都準備聊一些更輕鬆一點的話題了，說說我們的主題：美食。

「有哪些上海的美食是你現在能夠記得的？你願意去說去吃的？」我問。

他變得輕鬆起來，「哦，太多了，上海臭豆腐什麼的，太多了，你知道嗎，外國人不懂得味道的，中國人有幾種東西外國人是不吃的。骨頭、皮、血、內臟，中國人都把這些做成了美味佳肴，豐富發展了飲食的內涵和形式。」

他開玩笑說，「西餐怎麼可以和中餐比，一個在天上，一個還很原始。中國人吃飯用筷子，這很了不起。西餐使用刀叉，就知道打打殺殺，中國人的竹筷是很和平的自然的工具，遠比打打殺殺的刀叉高明多了，高級多了。」

現在太陽已經升起，周英華斜靠在沙發上，從我的方向望去，朝暉把他籠罩為一個剪影，一個符號。周先生現在和第四任南美裔的妻子住在一棟大宅子裡。而且，兩人又有了第二個孩子。當時大的二歲，小的只有半歲，預示著周英華旺盛的生命力。這股生命力曾經帶領他穿越了生命的不可知。

到了最後，我有點明白周英華的意思了，為什麼他標榜自己的中餐是「已經消失的」、「最好的中餐」，他一直生活在過去的輝煌幻影中，他認為那些代表了最原汁原味的文化中國，無論是父親開疆辟地的舞台藝術，還是那種優雅的藝人生活，代表了一個時代不可挽回的走遠，他所做的一切，都是和他所承載的文化重新建立一種聯繫。父親是一座紀念碑，代表了中國文化可能達到的高度，而周英華在「周先生」這樣的夢幻舞台上，延續和緬懷曾經的榮光。

第三部——不中不西

7、洗大餅

我不滿足於走馬觀花，於是參加了一次唐人街探訪之旅。組織「保護中國城遺產」項目的負責人馬蕭告訴我，蘇活區這個地方極具傳奇色彩。五、六百年前，這塊地方屬於天主教堂，亨利五世打擊天主教勢力，遣散了僧侶，將這片土地收歸皇室，這裡成為皇家獵場。蘇活的「Soho」這個詞，最早出自法國人狩獵吹喇叭發出的聲音，英國貴族們追逐小動物時會大聲吆喝，獵人相互保持聯絡，就沿用了「Soho」做吆喝聲。

一六六六年，一場燃燒了四天的大火焚毀大半個倫敦城。災後，倫敦市的重建重點放在當時還是農田的西郊。這片土地的主人傑拉德勳爵（Lord Gerrard）同意幫助因火災而流離失所的人們重建家園。一六八五年，以他命名的傑拉德街（Gerrard Street）建成。曾經的農田變成了熙熙攘攘的鬧市，倫敦西區（West End）應運而生。爵祿街（華人對傑拉德街的稱呼）建成後的一百年裡，西區成為倫敦最熱鬧的地方——濃烈的市井氣息和豐富多彩的生活吸引了包括莫札特、德萊頓和馬克思在內的騷客文人。倫敦西區也受到許多移民群體的歡迎，十七世紀逃到英國的一部分法國宗教難民就住在蘇活區，德國人和義大利人因為天災和宗教迫害也躲在這裡，猶太人也來了，這些國際移民帶來了不同的文化、飲食和生活方式。

我們穿過爵祿街拐到小廣場，馬蕭讓我抬頭看建築牆面，很多窗戶用磚頭封死了。這就是著名的「窗戶稅」的遺跡：英國國王根據窗戶的數量向社會徵稅，為了減少交稅，很多人封死了自家窗戶——這也是王權影響力和公眾力量相互博弈的一個見證。

主街上，新龍門行超市在一七七四年曾經是很有名的文學俱樂部，中國人對他的主人山謬・詹森（Samuel Johnson）比較陌生，但是一定都聽過他那句名言：「假如你厭倦了倫敦，你就一定厭倦了生活。」（When a man is tired of London, he is tired of life.）緊挨著旁邊，女作家吳爾芙和丈夫開過一個俱樂部。新龍門行對面的龍鳳行超市，原來是上世紀二〇年代倫敦有名的夜總會43俱樂部（The 43），店主凱特・梅瑞克（Kate Meyrick）號稱爵士時代的夜店女王。在二十世紀咆哮的二〇年代（Roaring Twenties），傳奇爵士樂手朗尼・史葛（Ronnie Scott）也在爵祿街39號地下室創立了他的第一間爵士樂俱樂部。

我們往西來到主街上的石獅子雕像旁，馬蕭指著斜對面的一座小樓說：「一八五〇年恩格斯住在二樓上，由此往北，馬克思住在對面街上。」馬克思和恩格斯這對戰友，在資本主義的大本營倫敦結下了深厚的革命友誼。我們經過一條窄小的胡同，這是著名的披頭四樂隊拍攝宣傳照片的地方，裡面曾有一個很有名的同性戀公廁，是同性戀者祕密聚會的據點。很長一段時間，同性戀在英國是有罪的，直至上世紀七〇年代，同性戀在英國才免於刑罰。

我們繞到了主街背後平行的街道，客流量明顯減少。「圓舞曲之父」老約翰・史特勞斯（Johann Baptist Strauss I）在這裡的一家酒店創作了《拉德茨基進行曲》（作品第228號）。歷史上這條街是著名的煙花巷，現在也有許多隱身建築物二樓的性工作者，入口貼著「新進泰國妹」之類的字條——這條街的中文名「儷人街」自然十分貼切。

一八五四年蘇活區爆發了霍亂，受到重創，貴族們大多搬走了，這裡變成了工人階級地區。到了二十世紀，蘇活區成了倫敦夜生活所在地。後來中國人發現了這塊風水寶地，逐漸聚集於此，食肆林立的唐人街逐漸成形。

蘇活區是倫敦多元化的集大成者。唐人街在這樣一個地區獨居中心位置，但是它又是作為一種他者的景觀而存在，僅供獵奇和取景。我去過不少國家的唐人街。美國、泰國、西班牙、南非，都有一條唐人街。多數都是開中餐館的。華人每到一個國家必定要搞一條唐人街，如同國中之國一樣。這是一個有趣的現象，其他族裔很少如華人這樣熱衷建一塊域外飛地，聚眾吃喝。

我看到BBC中文網的一篇文章說，「中國城」往往位於城市中心，卻是應對排外與種族歧視而產生的邊緣社會。華人移民面臨針對華裔的歧視和暴力，抱團取暖。中國城在語言、文化上行使著與所在國城市不同的邏輯，又與母國、故鄉時空相隔，彷彿一塊夾縫中的飛地。

那一刻我有所悟：華人是一個封閉的邊緣族群，英語也不夠好，又吃不慣西餐，不能融入主流社會，所以喜歡聚集在一起，開中餐館，解決生活難題。

●

英國有六十萬華人，數量並不大，但是其構成豐富多彩：香港人、越南華人、馬來西亞華人、中國華人、臺灣華人，不一而足。雖然血脈相同、語言相通，但是由於歷史的原因，具有不同的成長背景、社會制度及生活習慣，並非鐵板一塊，而是擁有豐富的面貌。這其中，香港作為曾經的英國殖民地的特殊歷史，一度近水樓台先得月，長期以來輸送大批華人移民來到英國，他們之中的大部分都進入到了餐飲業，經過數十年發展，奠定了香港華人移民在英國中餐業的龍頭地位，英國的中餐業因此具有濃厚的香港特色。

現在我出發去曼徹斯特，尋訪在英國中餐市場上具有傳奇色彩的餐館——「甜甜」（Sweet Mandarin）。「甜甜」同英國其他的中餐館似乎沒什麼區別，但是其背後的故事十分傳奇：這是承載了一家三代香港移民夢想和奮鬥的中餐館，並且，其三代經營者均為中國女性——這在英國中餐業十分罕見。

二〇二一年夏天，我看到曼徹斯特的「甜甜」在網上發出求助信，稱受到疫情打擊和封鎖影響，希望消費者和粉絲們幫忙度過難關。「甜甜」老闆海倫（Helen Tse）的求救信：

在這困難和不確定的時期，直到所有人的生活恢復正常之前，「甜甜」（Sweet Mandarin）將向其朋友、粉絲和家人尋求幫助。

「甜甜」對我們所有人意義重大。這不僅是曼徹斯特歷史上的重要一環（我們跟隨外婆莉莉的腳步，和我們的媽媽馬貝爾創立的最早的中餐館之一），這對於整個社區來說都是一種資源。

我們賣掉了房子（因為銀行拒絕借錢給我們），甚至在北區創建之前，就在曼徹斯特大街上建造了「甜甜」。我們姐妹也放棄了作為金融家、工程師和律師的工作，而專注於餐館業務和夢想。我們真的把錢放在了嘴邊。

在我們經營餐館的十六年，我們已經向國民健保系統（NHS）、慈善機構和弱勢群體捐贈了數千頓飯菜。我們很榮幸能成為家庭成員和朋友的慶祝活動的一部分。我們看過孕婦開始使用辛辣咖喱來迎接生產，並帶著新生兒來餐館，享用成為媽媽後的第一頓中餐。我們目睹並參與了精心策畫的婚禮。我們一直與病人、逝者家屬見面。「甜甜」在生活中發揮了作用。有太多的回憶，我們想做得更多。

在大流行爆發之前，我們已經投入鉅資，建立了一個單獨的廚房，用於專門製作無麩質餐食，以確保零交叉汙染。

當然，留在家裡，保護生命和NHS至關重要，但鎖定時間越長，「甜甜」的風險就越大。對疫情流行的恐懼依然存在。

在您的幫助下，它將處理一些急需要的付款支出。在您的幫助下，我們可以確保在這些艱難的日子過後，「甜甜」將能夠重新開張。屆時將有一些很棒的聚會。

請盡一切可能確保「甜甜」的未來。謝謝！

這封信的字裡行間，透露了作為小型家族餐飲企業的「甜甜」，在疫情中所遭受的重創。這是整個英國中餐業的縮影。作為傳統的家族式餐館，「甜甜」身陷危機。無數中餐館在疫情中關門，因為封鎖而遭遇經濟損失，掙扎在生存的邊緣線上。

幾個月後，英國結束了又一次封鎖，社會恢復了有限運轉。「甜甜」的命運如何？

●

甜甜中餐館的故事，始於這個華人移民家庭的第一代，一個被稱作莉莉（Lily）的廣州農村女性，也就是發出求救信的老闆海倫（Helen）的外婆。根據現有資料，莉莉很有可能是第一個在英國開中餐館的中國女性。

莉莉是她廣為人知的英文名字，她的中文名字叫「水晶」，一九一八年出生在一個廣東農民家庭。莉莉在娘胎裡就表現出了男子氣概，一直用力踢媽媽的肚子，以至於助產士認為這會是個男孩。後來，莉莉成長為一個充滿力量、精力旺盛的女性，這種品格伴隨她及她的家族一生。

二十世紀初的中國，農民很難賺錢，飯桌上總是缺少足夠的食物。莉莉的父親梁慶昌種大豆，然後釀造醬油。上世紀三〇年代，為了改善生活，梁慶昌帶領家人搬到了家鄉村莊對岸的香港，這成為改變家族命運的關鍵一步。父親的醬油生意在香港取得了成功，家庭生活得到了很大改善，莉莉在十多歲的時候，有能力吃任何她喜歡的東西，也買得起任何想要的衣服。

莉莉很少提及自己的父親，只是有一次帶著海倫在商場買醬油的時候，觸景生情，提到父親梁慶昌死於一場謀殺，起因是醬油生意的惡性競爭。那場悲劇發生在莉莉只有十二歲的時候。雖然梁慶昌搬去了香港，但是他的醬油生意還在老家村子裡完成。他的生意很火爆，招來了村人的嫉妒，特別是一個同行試圖用低廉的價格吞併他的醬油企業，遭到了梁的拒絕之後，厄運就開始降臨了。先是家裡無緣無故失火，造成了損失。莉莉十二歲生日的那一天，梁慶昌趕回廣州的作坊，一個闖入者襲擊了他，梁在反擊時被殺死。後來證明這是競爭對手指示的兇手所為。

梁慶昌死的時候只有三十七歲，留下妻子和六個女兒。在那個年代，中國的許多女性無權獲得教育或財產。莉莉的父親去世時，他積累的所有資產和生意都交給了一個遠房男性親戚，這個親戚沒有給父親遺留的妻子和六個女兒任何東西。莉莉的生活再次陷入貧困，小小年紀不得不出去工作。

莉莉出去做保姆，她學習了清理房間、洗衣服，還學會了此後受用終生的技能：烹飪。這個時候日本占領了香港，她最早的雇主是個荷蘭實業家，做可可粉生意，脾氣暴躁。荷蘭人在戰時獲得了一份豐厚的合同，為日軍提供巧克力製品，並且要求莉莉在照顧荷蘭人之餘，負責在荷蘭人和日本人之間跑腿，並讓莉莉學習了日語。這段經歷在莉莉腦海中種下了不可磨滅的畫面，一方面她展現了學習和工作能力，另外，她也親眼目睹日本占領軍如何對普通中國人施暴。戰後，香港再度興旺起來。莉莉更換了工作，來到了一個叫伍德曼（Woodman）的英國人家幫傭。這成為她命運的轉捩點。

伍德曼負責香港電力供應系統的重建工作，人很好，工作繁重。莉莉快樂的個性，令伍德曼家充滿了歡笑。她陪伴伍德曼斯的母親在海邊散步，在碼頭看人來人往，照顧老人，老太太對她很滿意，她的英文名字 Lily（意為睡蓮），就是老太太給取的。一家人都很喜歡這個伶俐懂事的女孩子。[072]

一九四六年莉莉結婚，丈夫叫郭展（Kwok Chan），大莉莉四歲，他們有了兩個孩子。一九四七年兒子阿達（英文名 Arthur）出生，一九五〇年女兒寶兒（英文名 Mabel）出生。可惜郭展待妻子不好，沉迷於賭博，還吸毒、養情婦，甚至加入了黑社會組織三合會，簡直無惡不作。莉莉為伍德曼一家工作賺到的錢，也幾乎都被丈夫揮霍掉了。

一九五三年，灣仔的貧民窟發生了大火，莉莉在灣仔的蝸居所也受到波及。此時，伍德曼一家正準備離開香港返回英國，他們希望莉莉隨他們回英國繼續工作。當時莉莉剛生下了第三個孩子，是個女兒，取名阿冰。丈夫在外躲債，莉莉只能靠乞討養活自己和女兒，她已經對丈夫失去了信心，趕巧莉莉在醫院結識了一位中產階層的李太太，李太太人很好，就是沒有孩子。於是，莉莉狠心拋棄了新生女兒，送給李太太收養。這成為莉莉一生的傷痛。後來海倫在外婆的桌子上發現了一封中文信件，原來那是李太太發來的，告訴阿冰已經結婚懷孕。當年，莉莉無奈拋棄最小的孩子，又把兩個孩子留給母親照看，獨自一人跟隨主人上路了。她也成為香港華人移民的先行者之一。

花了六個星期的時間，輪船廣州號在不同港口停下。枯燥的旅途中，莉莉跟隨船上的其他人學習烹飪，特別是學會了一道咖喱雞的做法：將椰粉添加到咖喱中，加入自發麵粉和辣椒，跟雞肉一起燉煮，再加上其他調料，這樣製作的咖喱雞很受雇主歡迎。這道菜源自印度半島，經過改良，後來成為她所經營的中餐館的招牌菜。

她跟隨雇主來到英格蘭的薩默賽特郡中部的鄉鎮生活。幾年後，伍德曼太太去世。對莉莉而言，這是一個艱難時期。她沒有足夠的錢回香港，雇主去世了，她不知道該怎麼辦，非常沮喪。

令她驚喜的是，伍德曼太太在遺囑中為她留下了一筆錢。她看到《曼徹斯特晚報》（*Manchester Evening News*）上的廣告，離市區八英里的米德爾頓（Middleton）有一家店轉讓。於是她就用那筆錢盤下了那間位於泰勒街（Taylor Street）拐角的店鋪，決定開一家中餐館，取名「龍鳳」（Lung Fung）——這是非常具有中國特色的名字。一九五九年，莉莉成為有記載的最早在英國開中餐館的中國女性。

●

火車抵達曼徹斯特是個下午。剛下了一場小雨，地上濕漉漉。我走出車站，穿越城區，去尋找甜甜中餐館。

來到英國我才發現，作為老牌資本主義國家，英國社會卻有著濃重的工人階級色彩，政策上偏向於高福利，工會組織活躍，社會上有非常濃厚的平等意識。特別在一些大城市，比如倫敦或者曼徹斯特，這種特質更加鮮明。倫敦和曼徹斯特這兩座大城市的市長，也是由號稱工人階級支持的工黨議員擔任。時間久了我瞭解到，倫敦或曼徹斯特這些大都市，是外來移民的首選地，二〇二一年的統計顯示，每五個在倫敦常住的人，其中就有兩個是外國人。這些地方因此非常國際化，有一些烏托邦氣息——然而這並不代表英國的全部，真正體現英國保守價值觀的地區，也許在中部、北部，甚至偏遠的鄉村，這些是生活在倫敦的國際主義者無法接觸到的廣袤區域。

如米德爾頓這樣的地區，大概也應當歸於偏保守的地區。當年龍鳳餐館的顧客大部分都是當地白人工人，以男性為主。儘管二戰結束了，當地白人仍然以為莉莉是日本人，擔心她在食物中投毒，因此集體抵制這家餐廳。於是莉莉雇用一位名叫梅維斯（Mavis）的本地女士，梅維斯認識鎮上的每個人，並將每個人帶到餐廳，最終幫助餐廳生意走上正軌。

這家特別的餐廳位於米德爾頓市政廳附近，經常有一些歌手和樂隊在那裡演出。「龍鳳」打烊時間比其他餐館晚，當演員們演出結束，沒有其他地方可以去，就會選擇莉莉的龍鳳餐館。一來二去，「龍鳳」的飯菜好吃便如此宣傳開來。如同現今的網路聲量，在此機緣巧合之下，通過名人代言的力量，龍鳳餐館為自己建立了相當大的粉絲群。

作為中餐業的開拓者和探險者，莉莉身上濃縮了許多珍貴的品質：勤勞、不服輸，在異鄉保持謙虛和拼搏的氣質，這種精神將幫助後來的華人移民在英國餐飲業大顯身手。

「甜甜」位於一棟高層建築的底層拐角處，遠遠就能看見醒目的中文招牌「甜甜」。受疫情影響，餐廳還是以外賣為主，在保證兩米社交距離的前提下，允許小範圍的堂食。這些繁瑣的規矩暗示，在英國吃飯需要承擔一些風險。

下午五點，餐廳剛開門營業，我迫不及待推門而入。餐館的內部基調為紅色，中間有綠色的植栽，朱紅色的天花板，桌椅則是咖啡色。整體格局可以用古樸雅致來形容：落地玻璃掛著猩紅色的透明紗簾，由珠鏈穿製，為餐廳增加了一些性感元素。東歐人長相的女服務生引導我坐在臨街的餐桌前，拿起餐單翻看，餐單背後，印著一張黑白合影照片：穿著旗袍的莉莉和一兒一女站在餐館門前。

當初莉莉離開香港時對女兒承諾：「女兒，我向妳保證，當我有足夠的錢會回來接妳。」她信守諾言。一九五九年，莉莉經營餐館有了足夠的錢，回香港接兒子亞瑟和女兒馬貝爾來英國。丈夫郭展一九六〇年也一起來了英國，不幸第二年就死了。

馬貝爾於一九五九年跟隨母親抵達英國的時候，正是大量香港移民湧入英國的階段。當時英國的移民政策執行的是《1948年英國國籍法案》，其規定：包括香港在內的殖民地居民為「聯合王國及殖民地公民」（Citizen of the United Kingdom and Colonies）簡稱「CUKC」，擁有英國居留權與工作權。香港移民與來自加勒比海英國殖民地的「疾風世代」（Windrush Generation）幾乎同時抵英，這些第一代香港移民，大部分都是男性，很少把家眷帶來，他們沒有想到在英國長居，只是希望在英國掙錢，掙夠錢就回家。[073]

第一批香港移民尤以來自新界的農民最多。倫敦唐人街的華埠商會主席鄧柱廷說：「英國人很聰明，當時香港經濟發展，但是地少人多，沒有地皮，只有新界有地皮，英國人歡迎新界人來，政府低價買地，再高價賣出去。」

新界土地開發，剩餘勞動力需要尋找新的就業市場。以鴨洲及鹽田梓村為例，當地村民原本捕魚為生，自五〇、六〇年代起，漁獲大減，難以維生；沙頭角的農業又因為中英設立禁區和邊防而大受打擊。另外，在一九五九年，荃灣成為香港第一個新市鎮，及後港英政府大力發展新界，徵收了很多土地，也令鄉民失去本來的生計。這都促使大量的剩餘勞動力向海外轉移。[074]另一方面，大陸居民特別是廣東人，往往借道新界移民英國。

從新界來英國的移民，大部分都投身到了中餐館的工作中。今天粵語中常有「洗大餅」一說，意思便是指移民到外國後到中餐館洗盤碗謀生。一直到一九六三年以前，港人到英國工作不需要「勞工紙」，當年只要在餐館做滿五年，由大廚簽發就行，形同居留證，隨便找個「企枱」（樓面侍應）簽就行，相對寬鬆。[075]

進入一九七〇年代，沙田、屯門、大埔、上水等相繼建立，不少原居民的田地在這個過程中遭到徵收和拆遷，一些新界居民也在這段時間移民到荷蘭、愛爾蘭等其他歐洲國家。二〇二〇年當選愛爾蘭都柏林市長的朱頌霏（Hazel Chu），其父親就是沙頭角雞谷樹下村村民。[076]

諸多因素造就了大批的香港移民如候鳥一樣飛去英國。那時飛機不方便，大部分移民都是乘船前往。香港《蘋果動新聞》的照片顯示，鴨洲第一批移民的人要搭船去尖沙咀，再從尖沙咀碼頭乘二十八天的船前往英國。

在《蘋果日報》的一篇文章中，對於一位來自新界的移民有著生動的描述：

一位當地叫何安的村民在六〇年代移民英國，他是鴨洲第二批移民的人。他說，鴨洲人沒有在英國開車房，開的都是餐廳，「上一批移民英國的人出了七張勞工紙（俗稱飛蛇紙）給我們，說請我們去餐館工作。」剛好啟德機場啟用，一行七人不用搖一個月的船橫跨大半個地球。那時去英國是一件大事，他們會先逐家逐戶敲門，跟村民握手道別。離開鴨洲之前，何安先去臨近的沙頭角找人訂做了一套西裝，「去英國，男人一定要有一套西裝吧！」一套西裝二百多港元，他沒有錢，就先賒帳，就是等將來有一天回來了，再還這筆西裝錢。何安沒有讀過書，不會說英文，去到英國怎麼過活？他「嘿」笑了一聲：「我做廚房的，用不著說英文。」

何安打工的餐廳早上八點便營業，一直開到晚上九點；後來他開了速食店，外賣做到深夜十二點。說起英國的生活，他總是搖搖頭說：「辛苦呀。」又說，「如果可以游水、走路、也要走回來。」

另一位香港移民麥可（Michael）於六〇年代末去英國，也在餐廳做廚房。「每天在廚房切馬鈴薯、切洋蔥、拿鑊鏟、炒飯，一做就是十幾小時，收工睡覺，睡醒又開工，每天不斷煮、不斷煮。」他按按自己的右手，「做到手指都是腫的，整隻手都有毛病。」

那時去英國的人，都是為了賺錢養家，工作辛苦，又想念家鄉，晚上便躲在房間裡哭。隔天起床，也只得硬著頭皮撐下去。「新界人去了英國，基本上無法回頭，一定要捱下去，不捱下去，回來香港可以做什麼？最開始去英國的人捱了世界，現在子女便能享福。」

麥可說，現在英國的上千名鴨洲人，每一個都有車有房。何安在英國生活數十年，開了三間速食店，現在關了兩間，另一間留給兒子。

第一波投身餐飲業的香港移民中，客家人葉煥榮是一位傑出的代表。

生於一九三七年的客家人葉煥榮中學畢業後，於一九五九年獨自乘船遠赴英國打拼。當他到達英國赫爾（Hull）時，身上只有十英鎊，在利物浦客家人協會的幫助下，在餐館洗盤子打工。一九六二年，他與兩個朋友合夥，用五百英鎊在克拉克頓（Clacton-on-Sea）開了一間海邊茶館。後來他對在深夜酒吧打烊後匆忙地送咕咾肉和炒飯感到厭倦，決心為英國的中餐館供貨，而不是經營餐館，他知道前者比後者更能賺錢。

葉煥榮在一九六九年搬到伯明罕，創建他的華人雜貨店「榮業行」（Wing Yip），向周邊的華人商家和餐館提供食材。榮業行在八〇年代開始陸續發展成華人連鎖超市，分布在英國最主要的三大城市：倫敦、伯明罕、曼徹斯特，雇員超過三百人，為英國二千多家中餐館和零售店提供商品，年營業額達一億英鎊。每個超市的商品都在二千五百種以上，不僅有中式食品，還有中國蔬菜、日泰韓等亞洲食品、自家品牌的中式醬料、速凍食品和廚具等。伯明罕的榮業行總部更是一個集中餐館、診所、會計師事務所、律師事務所等多種服務為一體的商業中心。二〇一〇年，葉煥榮因對東方食品業的服務而被授予大英帝國勳章的官佐勳章（OBE）。

英國在六〇年代初開始收緊居留權，很多移民趕在一九六二年七月一日《英聯邦移民法》生效前湧向英國，因為該法案生效後，要求新移民必須先證明其已經在英國找到工作才能獲准前來英國。後來，又有了限制移民的《1971年移民法》出台，對移民的陪伴者來英進行限制。於是在六〇年代末、七〇年代初，趕在新法生效前，這些「洗大餅」的人陸續申請新界的妻子兒女赴英團聚。

大量移民造成了香港一些地區十室九空。位於香港新界北部的荔枝窩村，過往大部分村民都以務農為生，不過踏入六、七〇年代，不少人離鄉別井移居英國謀生，荔枝窩村的農作產業一度面臨沒落。[077]

前英屬香港新界政務署署長許舒博士（Dr James Hayes）在《新界百年史》中提到西貢企嶺下老圍村與新圍村的例子，他在一九九〇年到訪時只剩四戶人（以一家四口推算即約十六人），村代表（村長）說許多人都移民到英國了，要是全都回來過春節，就會有一百四十人。[078]

鹽田梓村村長陳忠賢說。鹽田梓村最高峰時約有五十戶人家，在一九九八年最後一戶遷出後，成為了無人島。[079]

倫敦的香港移民在一九五〇年到一九六〇年的十年間增加了五倍。有資料顯示，一九六三年六月至一九六四年四月，倫敦約有一百五十至二百家中餐館，只有四家由新馬華僑經營，其餘都是香港人所開，以廣東菜為主。陳本昌博士一九七〇年出版《美國華僑餐館工業》稱，英國當年有華僑十萬，中餐館約六千家，從業者90%是近年來自新界前往者。[080]

倫敦唐人街的中國城大酒樓老闆鄧柱廷回憶說，他一九七五年從香港來倫敦，唐人街90%以上的商家都跟他一樣來自新界。他們那一代人來英國多數都是做餐館。

鄧柱廷一九五三年出生，來英國時二十一歲。鄧姓是新界的大姓，他的四個哥哥都早於他來到英國，他的大哥一九五九年就來到倫敦經營餐館，鄧柱廷和無數新界同鄉一樣，一頭扎進了前輩移民已經編制好的商業網絡中。當時的蘇活區唐人街被視為三不管地帶，黃賭毒流行，社會上對華人的歧視很普遍，「在巴士上被人吐口水這類事情，太多了。」鄧柱廷回憶說。還有些吃白食的經常在中餐館鬧事，所以年輕的香港移民經常在餐館裡準備好棍子鐵鍊一類的防身武器，隨時準備開仗。在餐館打了幾年工之後，一九八二年，鄧柱廷和哥哥們在唐人街附近的希臘街開了一家名叫嘉麗華的中餐館，至今經營餐館超過了四十年。

鄧柱廷說，進入九〇年代，隨著中國改革開放，大量中國人走出國門，英國湧入大量福建人，很多是偷渡來的，他們作為新生的勞動力，補充進入中餐館的廚房。加上老一輩香港移民很多從廚房退休，廚師隊伍青黃不接，一代代新移民進入中餐館行業已經成為趨勢。

二〇〇〇年，鄧柱廷當選前身為唐人街街坊會的華埠商會主席，經常參與中國大使館組織的活動，被視為中國政府信任的僑領人物。二〇一九年，中國慶祝國慶七十年，鄧柱廷作為歐洲唯一華人代表，受邀參加天安門觀禮活動。鄧柱廷的三個孩子都學有所成，在律師行工作、在大學教書，融入了英國主流社會。像多數香港移民二代一樣，都沒有如父輩一樣再從事餐館業。

鄧柱廷估算，英國的中餐館在一萬間以上，從業人員十萬到二十萬，幾乎占了英國華人數量的三分之一。他目睹無數華人投身廚房，中餐業除了是一種職業技能，也是凝聚各地華人的一種紐帶與文化。他對新一代移民創業的建議是：「腳踏實地做工，認真經營，一定要做好中國菜，把中國菜發揚光大。」[081]

香港風味開始占據英國中餐業的龍頭地位，英國中餐業從此擺脫雜碎時代，一躍而進入到港味時代。

●

海倫的媽媽馬貝爾跟隨著戰後第一波香港移民潮到達英國時只有九歲，完全不喜歡英國，因為曼徹斯特總是下雨，寒冷、汙染嚴重，食物看起來很奇怪，而且她是鎮上唯一的中國孩子。海倫記得媽媽經常說，來到英國的那一天，自己就失去了童年。那個時候，馬貝爾甚至不知道自己真正的母親是誰。因為長期跟外婆在香港生活，小時候她以為外婆才是她的母親。現在她發現和這個開餐館的真正的母親莉莉在一起並不愉快。他們一家是鎮上唯一的中國人，莉莉把馬貝爾送去學校，她非常不適應學校生活，因為英語不好，別人把她當成啞巴，還遭到了霸凌，每天回家頭髮都是亂糟糟的，衣服很髒，馬貝爾想要逃避不友好的學校生活。她懷念家鄉，想返回香港。

莉莉責怪馬貝爾沒有對霸凌採取反抗，同時又更加憐愛女兒，當初莉莉獨自來到英國的時候，也經歷了同樣的孤獨和痛苦，現在她在女兒身上看到了自己的影子。為了讓女兒停留在視線裡，莉莉開始讓馬貝爾在放學後到餐館幫忙。

為了討女兒歡心，莉莉專門為女兒做了一道菜：「馬貝爾砂鍋雞」。先用米酒醃製雞肉燜煮，然後加入新鮮蔬菜和蘑菇，放入烤箱烤製而成。馬貝爾很喜歡這道菜，覺得吃完這道菜好像又回到香港的家了。這道菜消除了母女之間的隔閡，家鄉口味的食物幫助馬貝爾融入新環境。馬貝爾也開始幫助莉莉在餐館做事，母女之間修補了關係。082

隨著時間推移，香港變得模糊，更多的華人移民湧入曼徹斯特，這裡很快成為又一個華人聚集地。到了七〇年代，中餐已經從異國情調成為英國人經常食用的廉價美食。莉莉很快在貝里（Bury）和布萊克本（Blackburn）開設新的中餐外賣店。

一頓飯勝過萬語千言，很多時候，食物的確可以療癒遊子的心靈，甚至修補家庭關係。我被這充滿感情的故事打動，也點了這道馬貝爾砂鍋雞：用米酒醃製過的雞肉經過煸炒，然後添加蘑菇、胡蘿蔔、洋蔥，放入調料、蠔油、高湯，在砂鍋中慢慢加熱，雞肉變得鮮美滑嫩。醬汁包裹著食材，淡淡的褐色，有種馬鈴薯泥的軟糯滑嫩。咖喱味道不那麼辛辣，明顯做了改良，只保留了一點辣度，相信即使是小孩子也可以適應。

我又要了一碗蛋炒米飯，飛快吞下肚去，腦門沁出了細密的汗珠。我對飯菜的品質很滿意，它的口味不像中國菜那麼油膩，也沒有英國菜的那股乾巴勁兒。雞肉被咖喱醬汁包裹，咖喱的味道恰到好處，覺得溫暖和舒服。它綜合了中餐、印度餐的特色，最終成為深受本地英國人喜愛的一道菜。但是自始至終，直到結帳走人，我都是店內唯一的食客。

8、異鄉殘夢

《1971年移民法》令二戰後的移民浪潮暫告一段落。一九七一年英國華人上升到四萬三千人。同時，香港經濟起飛，成為全球的輕工業中心，移民潮隨之退卻。此時，在英國，歷經十餘年的耕耘，香港移民已經擔當起中餐業的主力重任，把中餐發展成廉價美味的日常食物，很好地融入英國人的日常生活，呈現在普通百姓的餐桌前。

一九七〇年代「港式」一詞出現，用來形容融合了西式口味與中式餐飲技法的粵菜，倫敦的唐人街也遷移到現在位於倫敦市中心的蘇活區，並日趨成熟了。

潘偉廉（Bill Poon）是七〇年代香港移民中的傑出代表。潘偉廉一九六七年從香港來英國，他曾在澳門和香港工作，接受過瑞士糕點師的培訓。彼時中餐業還沒有遍地開花。剛來英國時，潘偉廉也是從洗碗「洗大餅」開始做起，他對當時英國的中餐品質感到失望，他和妻子塞西莉亞（Cecilia）於一九七三年在唐人街的賴爾街開設了第一家潘記餐廳。那是一家主打臘腸的鋪子，是從一個炸魚薯條店的老闆那裡兌過來的。餐廳空間很小，只夠容納四張桌子。但潘的粵菜非常受歡迎。

他稱，成功的祕訣在於固執。他從未放棄傳統的烹飪方法。「我是一個非常固執和保守的人，」他說，「我總是儘量保持原汁原味。」

他自豪地記得自己是倫敦第一個用「臭」蝦醬炒牛肉的人。儘管它在香港很受歡迎，但他在唐人街的同齡人認為他瘋了，因為他們認為這道菜不適合西方食客的口味。但潘的大膽舉措取得了成功。他的菜肴深受食客歡迎——無論是英國本地人還是華人。他的叉燒、烤雞肝和豬腸是菜單上最受歡迎的菜品，其按照古老家庭食譜製作的中國臘腸和臘鴨很受推崇，也是倫敦最早推出煲仔飯的中餐館之一。

隨著他的第一家餐廳的名聲越來越大，人們在隔壁的一家酒吧裡等著開門，很明顯，餐廳太小了，無法容納越來越多的粉絲。潘偉廉的解決方案之一是創建套餐，幫助食客選擇，並縮短點餐時間。他認為這是英國首創。

「當時，所有餐廳的菜單都很長，顧客很容易迷茫，」潘偉廉說，「我的餐廳很小，我負擔不起顧客花很長時間看菜單，所以設計了不同的套餐，標有A、B、C、D，這成為一種趨勢，其他餐廳也開始效仿。」

受香港移民人數劇增的推動，粵菜在倫敦盛行。一九七六年，潘偉廉和妻子塞西莉亞在國王街（King Street）41號開設了標誌性的潘記考文特花園酒樓（Poon's of Covent Garden）。當時很多人不太敢嘗試中餐，他將廚房設計成玻璃窗，周圍環繞著桌子，就像一個「動物園」。廚房的開放性為他帶來了更多的顧客。潘偉廉的女兒艾美（Amy）回憶說，「我爸爸是中國古典技術的擁躉，潘記的食物十分乾淨，當時英國的中餐館很多只是提供廉價的配料，外面裹著濃稠的酸甜汁，中餐的名聲也不太好，很多人確實以為中國人吃貓吃狗，廚房衛生習慣不好。為了回擊這種評價，爸爸特意把廚房放在了餐館的中央，它看起來不太像中餐館，沒有紅色和金色，沒有龍和鳳。他超前於時代。」

一九八〇年，這家餐廳榮獲米其林一星，正式獲得認可。他工作很忙，沒注意到郵局裡的米其林信封。他從路邊一家餐館的經理那裡得知這個消息，經理在報紙上看到了這件事，就衝過去祝賀他。

比起初來乍到的時光，粵菜在英國取得了長足的進步，潘老闆相信粵菜將永遠在英國食客心中占有特殊的地位。他說：「川菜和湘菜都不錯，但人們不太可能每天都吃辣的，所以我認為粵菜不會消失，」在鼎盛時期，潘偉廉開設有七家潘氏餐廳，分店開到了日內瓦和紐約。遺憾的是，潘偉廉在二〇〇六年賣掉了自己所有的餐館並退休了，而他的潘記臘腸在英國的許多超市仍然可以買到。

●

女兒馬貝爾幫助媽媽莉莉擴展了生意版圖，全盛時期母女倆擁有三間餐廳和六間外賣店。馬貝爾成了媽媽的得力幫手，在餐廳做招待時，馬貝爾認識了一個從香港來到英國的青年艾瑞克（Eric），艾瑞克和馬貝爾有著相似的家庭背景：父親在香港文華東方酒店當廚師，艾瑞克是六個孩子中的老大，擔負著父母的期待，但是艾瑞克本人喜歡電影和音樂，留著流行歌星一樣的長髮。艾瑞克本來是打算攢點錢去加拿大，來英國只是當做跳板，結果在龍鳳餐廳跟馬貝爾墜入愛河，他們總是有說不完的共同話題。

一九七五年兩人成婚。他們在貝里舉辦了一個小型婚禮，沒有度蜜月，甚至連餐廳的工作都沒有停下。艾瑞克搬進了馬貝爾的小房間，起初莉莉覺得女兒被人奪走了，很長時間才接受了艾瑞克的存在。[083]

當年來英國的香港移民，因為語言不通，生活習慣差異，不免陷入空虛寂寞。此時，許多針對華人的賭場開始出現，結束一天辛苦的餐館工作，華人移民試圖排遣孤獨，在這種刺激的遊戲中，找到了新的娛樂方式。

「過去常常工作到淩晨一兩點，那時電影院關門了，餐館也關門了，下班後唯一開放的就是賭場。它成了吸引中國人的一塊磁鐵；你去那裡雇人，談生意，社交，吃喝——也去那裡賭博。」海倫回憶說。

莉莉和馬貝爾母女倆都有此嗜好。起初只是馬貝爾玩玩老虎機，但是莉莉和艾瑞克很快加入進來，而且賭癮更大。艾瑞克在香港辛苦攢下的錢很快輸光了，莉莉的龍鳳餐館一個星期的收入，僅僅一個周末就賠進去了。龍鳳餐館的生意依然興隆，但是所有的利潤都投入了無底洞。賭輸了，就向三合會的人借錢。華人黑社會已經從香港滲透到英國，接管了粵語社區的議事規則。香港人有事不願意找英國員警，黑道大行其道。因為無法償還高利貸，於是莉莉賣掉了貝里和布萊克本的外賣店，接著賣車、傢俱和廚房設備，最後無力支付員工的工資，乾脆賣了龍鳳餐館，直至一無所有。

莉莉和馬貝爾發生了爭吵，艾瑞克和馬貝爾搬離了舊家，現在莉莉又成了孤身一人。她毫不氣餒，又開了一家新龍鳳中國外賣店，雖然生意不如老龍鳳，但是還是為自己賺到了足夠的養老錢。而馬貝爾夫婦開了一家炸魚薯條外賣店，地點在米爾斯山路。這時候馬貝爾馬上要當媽媽了。一九七七年十月十三日，一對雙胞胎女兒誕生了。第一個取名麗莎（Lisa），然後是海倫。一九七九年和一九八一年，他們又有了三女兒珍妮（Janet）和最小的男孩吉米（Jimmy）。為了維持生計，全家人在掙扎著。海倫記得父母甚至一度買不起牛奶。

海倫記得，十一歲的時候，她聽到母親和一群少年顧客發生了爭吵，一些英國少年買了薯條但是拒絕付錢，當馬貝爾訓斥他們時，一個少年一拳把馬貝爾擊倒在地。父親艾瑞克的英文不好，在周末也時常成為醉漢的騷擾對象。很多第一代香港移民在異國陷入身分和生存的雙重危機。馬貝爾這對夫婦將何去何從？

●

在倫敦哈尼克華人社區中心，我見到了中心經理林懷耀先生，他的洋名叫 Jabez，因此在香港移民中有英文名諧音「楂巴士」的綽號。我去的時候是個早上，幾名華人正在活動室揮汗如雨，打乒乓球。這個社區的華人90%是越南華人，大部分是七〇年代因為越南國內動盪，以難民身分來到英國定居的，如今他們以牙醫、會計師、律師和護士的身分在英國生活和工作。

林懷耀的辦公室擁擠雜亂，桌上的馬克杯印著「時代革命」，這是二〇一九年香港民主運動的著名口號，香港的自由主義分子在「反修例」、「反國安法」的抗議失敗後，正在作為政治難民湧入倫敦，形成最新的移民潮流。

——世界各地的華人一直謹慎地躲避政治的影響，但是政治始終深刻地介入和影響到華人社會的命運。不同時期的大規模華人移民潮，皆是因為政治因素，就很好地說明了這一點。

坐在辦公桌後面，頭髮花白的林懷耀回憶起在七〇年代初到英國時的情形。林懷耀是一九五六年出生，他成長在動盪的環境中。二戰後香港發展的關鍵時期，英國殖民政府為香港搭建了一套走向現代化的制度。英國在香港的前期統治比較專制，香港人的生活非常缺乏民主，英人在港有許多特權，對在港華人的歧視也是層出不窮。一九六七年文革時期，香港左派反對港英政府，暴亂、罷工，直到被英政府鎮壓。那時，香港政府也很腐敗，社會混亂，福利、就業、治安都不理想，不少香港人決定移民到英國。

林懷耀說，「那時香港只有兩所大學，菁英才能進去，父母覺得我學業不太好，在香港讀大學沒機會。」

一九七三年，十七歲的林懷耀來到英國讀書，投奔先他一步來到英國的哥哥。初到英國，趕上英國煤礦工人罷工。當時執政黨是工黨政府，工人提出訴求：每星期休息三天。林懷耀在香港從沒見過工會組織這麼強硬，覺得很新奇，他第一個印象就是：工人組織起來可以令政府害怕。

他一邊在學校學習，一邊利用課餘時間在餐館打工，那是一家小型中餐館，幫工一晚上只掙1.5英鎊的報酬。「很辛苦，」他回憶說，「最大的問題就是不平等。勞資關係不公平。」

那時治安不太好，顧客吃飯不給錢的事情時有發生。他去餐館學會的第一件事，就是把棍子和車鏈藏在門後，隨時準備跟不講理的顧客幹架。社會上種族歧視也很厲害，林懷耀初來倫敦第一年，恰逢冬季大雪，香港長大的林懷耀第一次見到下雪，在雪地裡開心奔跑，迎面來的一個英國人把他推倒在地上，還惡狠狠啐了一口痰。

如同所有第一代移民一樣，年輕的林懷耀面臨著生存和身分認同的雙重危機。苦悶的林懷耀決定尋找志同道合者。一九七五年，他認識了一位六十八歲的老人家，老人來自中國，是個有故事的人，家中時常高朋滿座。林懷耀在那裡認識了一批跟他幾乎同齡的香港移民，並且第一次萌生對政治和社會公平的興趣，奠定了今後從事社會運動的志向。

老人叫王凡西，是一個政治流亡者，在早期共運史上曾經非常活躍。王凡西生於一九〇七年，一九二五年中國大革命時期在北京大學念書，並加入共產黨，一九二七年大革命失敗後到蘇聯留學。

蘇聯是共產黨運動的中心，王凡西所見，卻是蘇共黨內嚴重的對立和派系鬥爭。在列寧生前，蘇共黨內就有史達林派和托洛茨基派兩大陣營出現。史達林和托洛茨基在許多重大問題上都有嚴重分歧，在對中國革命的看法上也相差極大。一九二三年，史達林及共產國際要求中國共產黨與中國國民黨「合作」，中共黨員以個人身分加入國民黨。而托洛茨基則一開始就堅決反對國共合作，托洛茨基派不失時機地撰文指出史達林在中國問題上的失誤，主張中共獨立領導「中國革命」。

一九二四年一月列寧逝世，史達林掌握最高權力，開始對托洛茨基及其追隨者清算。托洛茨基派成為蘇共黨內的反對派。一九二七年四月國民黨清黨，導致中共損失慘重。托洛茨基派的預言得到了印證，中共黨內一部分人成為了堅定的托派。

王凡西在二十世紀五〇年代所寫的《雙山回憶錄》中，回憶了一九二七年在莫斯科留學時接觸托派文章後的感受：「我最早讀到的一個文件是季諾維也夫的《不得已的答覆》，然後是托洛茨基的《反史達林提綱》，以及反對派的《政綱》。這些文件以其全部力量吸引了我，不但因為它那無堅不摧的邏輯的力量，也因為它那鋒利精彩的文章的美；至於論斷和警告之——為歷史事實所證明，特別關於中國革命部分，那是太顯然了，任誰看了都要驚歎和贊成的。」

蘇聯托派的文章，給了一部分中國留學生強烈的衝擊。許多人讀了托洛茨基等人的文章而義無反顧地走到史達林的對立面，成為堅定的托派。王凡西認為，史達林主義和真正的馬克思主義是截然不同的。這段經歷促使王凡西決定加入批評史達林主義的托洛茨基左派。

一九三一年五月一日至三日，中國托派的統一大會在上海召開，四個托派組織統一為「中國共產主義者同盟」。大會選舉陳獨秀為書記，王凡西、鄭超麟等為中央委員。這些成了托派並另立中央的人，自然被中共中央開除黨籍。

一九三一年王凡西被國民黨下獄，直到一九三七年抗日戰爭爆發才出獄。一九四〇年托洛茨基被殺，中國共產黨左派反對派也隨之分裂，「多數派」在一九四八年成立了中國革命共產黨；王凡西成為「少數派」，他與鄭超麟在一九四九年四月成立了中國國際主義工人黨、任書記，一九四九年五月，王凡西流亡至香港、澳門。到了一九五二年底，毛澤東為討史達林歡心，大舉整肅境內的托派分子，五百人（有說逾千人）被逮捕或判刑。

王凡西的政治活動並沒有落幕。在殖民色彩和戰後民族主義相互交織的香港，托派主義發展出了獨有的脈絡。

王凡西在《雙山回憶錄》中如此講述香港的情勢：一九六六年開始的紅衛兵運動曾多少給海外華人青年以刺激，部分打破了他們不問政治的消極狀態。但要他們真正表示出基本方向上的轉變，卻還得等到一九六八年。在這一年裡，因反越戰引起的全世界青年的左傾運動，使海外華人，特別使香港青年們，真正從個人前途的打算提升到為較高的理想而努力。他們既厭惡了西方世界，也不滿於中國的官僚統治，因而他們相當自然地接受了無政府主義的思想。這群先進的青年中間起了分化——其中一大部分走向革命的馬克思主義。[084]

一九七〇年代，是香港「火紅的年代」。當時一些香港大學生都以奉行社會主義為正宗，亦有一些人認同托洛茨基的思想。

王凡西在流亡歲月裡一直和第四國際保持著聯繫，他認為托派是最為純粹的工人階級政黨，吸引了一批追隨者，其中的不少人日後都深度介入到香港的社會運動中，包括成為了演員的岑建勳和擔任過議員的梁建國等人。

一九七四年，這一批香港人建立了托派組織「復醒社」，並參加第四國際英國支部國際馬克思主義團體。

一九七五年三月王凡西移居英國，過著簡樸的獨居生活，一些學生和學者都愛跟他聊天飯聚，交流社會主義的話題，家裡經常高朋滿座。這一年，岑建勳從香港來到英國，也加入這個圈子，林懷耀在此場合認識了岑建勳，對他印象深刻。岑建勳大林懷耀三歲，在香港就有豐富的社會實踐，很有領導能力，兩人成了好友。岑建勳後來回到香港，成為活躍的演藝界人士，以扮演魯莽的底層勞工而著稱。他也是一名積極的民主人士，一九八九年，領導組織了著名的「黃雀行動」，救助了天安門事件後逃離大陸的民運人士。

岑建勳、林懷耀、還有一個叫陳運忠的同齡香港人也加入進來。陳運忠的父母是生活在香港的上海移民，一九七三年，陳運忠和林懷耀在同一年來到英國，當時唐人街還能開車通行，有四間印度服裝店，餐館買食材要去很遠的地方，遠沒有今日繁華。陳運忠也處處感受到了不公，香港雖是英殖民地，他們仍需按照海外學生的標準交學費；相反，來自澳門的華人學生，因屬於葡萄牙殖民地，而葡萄牙又屬於歐共體，按照法律可以享受英國本地學生的便宜學費，於是陳運忠加入到示威隊伍，要求香港政府對香港學生進行補貼，並因此迷戀上群眾運動。他目睹當時英國社會對於華人的歧視，因為很多華人做餐館，身上老是有油煙味道，而被英國人在公共場合嫌棄和嘲弄，為此深感不平。

這些在異國同病相憐的二十幾個年輕人，聚在一起，決定在英國延續香港的革命實踐。一九七六年，他們在倫敦辦起了《復醒》雜誌，以圖把香港的托派組織「復醒社」的活動發展下去。

林懷耀從手機裡翻出僅存的一張老照片：《復醒》雜誌創刊號封面。字體是手寫的，紅色設計，簡單卻不失熱情。他說，「追求權利，反對不公平，嚮往理想社會。就是希望這些啦。」

一九七七年十月十五日，復醒社與中國革命共產黨統一派（即中國革命共產黨少數派）、中國國際主義工人黨和原來的革命馬克思主義者同盟合併為新的革命馬克思主義者同盟（革馬盟）。革馬盟裡的不少人，後來成為香港的著名人物，包括：梁國雄、梁耀忠、施永青、吳仲賢、岑建勳、劉山青。這些具有托派色彩的香港人士一直積極參與社會運動，包括歷屆的區議會及立法會選舉。

當時英國移民法發生了變化，之前香港居民申請「ＣＵＫＣ」簽證就可以來英國，自動有居留權。很多香港人考慮在新移民法生效前，申請子女老婆來英國，不然就不能來了。大量的香港移民持續湧入。新移民大部分人在餐館做工，不瞭解英國社會，對政策變化完全沒有準備、幾乎什麼也不懂。林懷耀看到不少同胞在醫療、居留、求學遇到實際困難，就去幫忙。

他說，「英國人可以申請福利房屋，為什麼中國移民拿不到？當時就認為這是種族主義。」他認為，空談理想或者社會主義已經過時了。當時華人社會地位低，沒有自己的組織，沒有覺醒和意識，於是決定從事諮詢工作，去培訓華人的權利意識，進而參加英國的社會運動，認為「這個才叫社會主義」。這樣做了幾年，到了一九七七年，林懷耀在唐人街成立了一個名叫華人工友的組織，印刷小冊子，介紹移民權利，每個周日外出宣傳。到了一九七八年，林懷耀每周去辦公室三天，接受華人當面諮詢。一九八二年，林懷耀所在的華人勞工組織跟另外一個勞工組織決定合作，成為華人資料及諮詢中心，下設五個分支機構，一年以後，該中心拿到了英國政府的資助，林懷耀開始在那裡全職工作。該機構成為英國有影響的華人社團。

七〇年代，嶄新的唐人街在蘇活區出現了。一九七〇年《每日電訊報》（*Daily Telegragh*）刊登了一篇題為《爵祿街上奇怪的人們》（*The Strange Community of Gerrard Street*）的文章。這篇文章敏銳地捕捉到了倫敦中國城從「餐飲一條街」發展成了一個多元的生活社區。文章寫道：「這裡有華人理髮師、華人美容院、華人運營的計程車、華人會計師、華人書店和圖書館，還有華人超市、旅行社、賭場，甚至還有一個專門負責華人商務的部門。」

一九七〇年代早期，中國城裡還開設學校，主要負責教移民子女說中文，而這些學校和文化機構也成為移民與故土之間重要的情感紐帶。另外，倫敦中國城附近的電影院、俱樂部也開始放映中國電影，豐富移民的娛樂生活。[085]不僅在爵祿街，而且在儷人街和小新港街，匯集了大約有一百家企業。

唐人街的華人領袖鄧柱廷說，他一九七五年來到倫敦的時候，唐人街還是破破舊舊，一直到一九七八年，倫敦唐人街組織了街坊福利會，從那時候開始，經過歷任會長的努力，倫敦唐人街才開始蓬勃發展。

一九七九年，英國當局同意兩萬民來自越南和華裔的「船民」到英國居住。所謂船民，是指一九七五年因越南國內局勢動盪，包括大量華人在內的越南人乘船離開逃難。聯合國難民署曾經估算，大約有二十萬至四十萬船民死於海上。越南華人難民曾經大量湧入香港。香港拍攝的電影《胡越的故事》、《投奔怒海》對這一背景都有體現。至二〇〇〇年七月十七日，香港最後一個難民營結束時，香港共接收高達二十萬名船民。如同當初逃離香港家鄉的第一代華人移民，這是又一個因為政局動盪而產生的龐大移民群體。

香港接受的一部分越南船民，後來移居到了英國，他們主要居住在如今林懷耀的哈尼克社區。很多越南華人也投身到中餐業，他們有些已經淡忘了中文，為了讓市場接受自己，仍然以中餐館的名義經營。這些「船民」把東南亞的特色帶到唐人街，再後來，新加坡、馬來西亞的華人來到這邊，還有印度來的中國人，加勒比海的中國人，也來到了英國，將地方特色和各民族的文化相融合，使唐人街向多民族文化方向發展。一九八一年，英國華人激增到了十萬餘人。

岑建勳、陳運忠、林懷耀，這些在異國尋求夢想的香港年輕人，為了一個共同的理想，在海外掙扎，有爭吵有合作，後來分分合合，因為不同立場，漸行漸遠。異鄉人的心底，除了對溫飽和安全的追求，還有為理想社會而探索的初心。香港移民代表了近代中國史矛盾的一個側面。他們生活在西方社會制度下，但對於祖國忠誠不二，在異鄉追問著自我身分和生命意義。

二〇〇二年十二月，王凡西在英國里茲（Leeds）以九十五歲高齡逝世。他的經歷濃縮了中國近代史上意識形態和社會劇烈動盪的深刻影響。塔瑪拉．多伊徹（Tamara

Deutscher）評價說：「那些最具理想主義的革命家們（中國托派），在改變亞洲面貌的巨大鬥爭中幾乎不曾起過實際作用，這是事實。但是，他們在這個大鬥爭的歷史上卻還是取得了一個光榮的位置。」他認為，王凡西會贏得未來歷史學家們的尊敬和感激。而那些熱血香港華人青年對於烏托邦理想的追求，繼續在英國獲得新的生命。

歷史翻開嶄新的一頁。「洗大餅」的先行者們決定深度融入英國的生活，故園漸行漸遠。在英國，中餐業開花結果的時代很快來到了。

9、每個城鎮都有一家中國外賣

八〇年代，大量的香港移民家庭經營的外賣店遍地開花。據說此間華人餐館有個不成文的約定：不在同一地區內競爭，因此中餐外賣店分布比較分散，客觀上造成了中餐外賣店遍布全英的局面。不誇張地說，在英國，幾乎每一個城鎮都至少有一家中餐外賣店，大部分由香港移民經營。

班國瑞（Gregor Benton）和埃德蒙·特倫斯·高梅茲（Edmund Terence Gomez）在他們的著作《在英國的中國人》（*The Chinese in British*）中說，一九五〇年代初期，英國只有三十六家中餐館，二十年後，中國外賣在全國各地興起。一九七一年，中國外賣店以每周新增三家的速度擴張；到了一九九〇年代後期，全國約有五千家中餐外賣。

中國外賣店的形態普遍是：一樓為店面和收銀接待、前台加後廚，二樓則是家庭成員的生活居住空間。這樣的緊湊布局，可以節省成本，亦可延長營業時間。

我剛來倫敦的時候，離我居住的街道不遠有一家名為「東方外賣」的外賣店，店主人是頭髮花白的香港移民夫婦，幾年後，發現老闆換成了福建人。一次跟福建人聊天，他告訴我，自己是偷渡來的，在華人的廚房做了幾年，有了些積蓄之後盤下這家外賣店。香港老夫婦因為歲數大了，幹不動了，子女又不願意接班，所以把店兌出。現在福建人仍然按照過去的菜單經營，店裡一切如常，所以鄰居們並不知道這家店早就易手，反正在一些沒怎麼出過門的英國人看來，中國人都是一個樣子，中國菜都是一個樣子。

英國美食作家扶霞·鄧洛普（Fuchsia Dunlop）曾考察倫敦東部一家名為「新世界」的中餐外賣店，店主叫朱莉·唐（Julie Tang），是香港移民的女兒，在她十幾歲的時候就經營中國外賣。她嫁給了另一個中國外賣家庭，她和丈夫於一九九六年接手生意，此後菜單幾乎沒有變化。經典產品包括：炒麵、炒飯、咖喱、糖醋、大蝦餅乾和「英式菜肴」，包括烤雞和各種煎蛋捲。她說：「我們增加了一些菜肴，例如香酥鴨，但菜單上的主要品項保持不變。」

「我們的顧客中大約有60%是英國白人，除此之外還有很多東歐人，」唐說，「白人英國人喜歡我們的雞肉炒麵、炒飯、糖醋雞丸、咖喱醬和咖喱雞。我們確實有一些中國顧客，但是他們點了對我來說更傳統的菜肴，例如米飯、港式糖醋豬肉和新加坡麵條，他們從不點雜碎。」

店主跟鄰居保持著友善溫暖的關係，這是這類廁身於社區的中餐外賣店的普遍形態。就像酒吧一樣，已經成為英國人的社區生活中心。唐女士的許多顧客不僅光顧多年，而且延續到下一代。「我認識的孩子現在有了自己的孩子，他們仍然會來。即使是十五年前搬到埃塞克斯的人，也仍然每周回來一兩次。」唐老闆說。

儘管新冠大流行造成了衝擊，但是中國外賣店仍然頑強生存，其訣竅是不斷調整和適應環境。扶霞考察了中餐外賣店的經營種類，發現從馬來西亞叻沙到英國派，從餐點到餐包，從價格實惠到天文數字的美食，幾乎無所不包，有的甚至經營土耳其烤肉串和英國傳統的炸魚薯條，都可以及時送到客戶的家中。

中餐外賣店提供的的食物與中國人自己吃的食物相去甚遠——沒有肉湯、骨頭或貝殼，幾乎沒有蔬菜，而是提供很多炸物。過去由於無法獲得新鮮的中國農產品，外賣依賴於罐裝竹筍之類蔬菜，以及自發豆芽，辣椒和洋蔥是必不可少的配菜。這種典型的配菜方法源於美國華人社區，價格合理，是大多數英國人吃過的唯一的中國菜。

自從香港從業者成為英國中餐業的支柱，連帶粵語的廚房術語也開始流行，為英國中餐業普遍接受。時常在中文報紙上看到餐館招聘廣告看見「招油煲一名」，諸如此類，每個中文字都能看懂，但是組合起來卻不明就裡，其實「油煲」就是做油炸工作的工人。時間長了，發現其他來自香港華人移民的廚房術語還有：

・走位：即服務生，負責上菜等為顧客提供方便的工作。
・砧板：指的是當捶、切、剁、砸東西時，墊在底下的器物，一般指切菜師傅。
・打荷：負責將砧板切好配好的原料醃好調味、上粉上漿、用爐子烹製、協助廚師製作造型。
・水台：中餐廚房七大工種之一，負責魚類、海鮮的屠殺及清洗。幫助廚師預備材料做準備。

我回憶起多年前第一次倫敦旅行的時候，讓麵包乳酪折磨了好幾天，胃口大傷，迫不及待走進一家香港人經營的中餐館，準備大快朵頤。一口粵語的香港服務員遞過來餐單，我點了幾樣耳熟能詳的中餐：咕咾肉、春捲之類。飯菜很快端上桌，剛吃了一口，就意識到自己吃到了「假中餐」。咕咾肉色澤油亮金黃，這是油炸之後在糖醋汁翻炒勾芡的結果。盤裡搭配了幾根胡蘿蔔絲和青椒絲，上頭點綴了幾朵香菜葉。賣相不錯，就是味道不對，竟然帶有濃郁的番茄醬味道，還有一股刺鼻的酸味，大概廚師覺得甜度不夠，又加了一大勺糖，酸酸甜甜十分「上頭」。

咕咾肉這道菜起源於中國南方，通常選用豬肩肉，沾上生粉炸至金黃，再用醋、砂糖熬製的酸甜咕嚕汁是這道菜的關鍵。有經驗的廚師在烹飪時，把醋淋在鍋邊，醋讓高溫快速蒸發，菜有醋香味但是酸味不會搶味，再勾一層濃郁的芡汁，配以青紅椒、洋蔥炒製而成。這道菜在大江南北很受歡迎。北方廚師更突出鹹鮮的底味，上海廚師做法更偏甜，顏色也更重。但是我在英國吃到的咕咾肉甜度過大，酸味過濃，酸甜複合十分沖鼻，那是為了適應英國人口味加了番茄醬又加了檸檬的緣故，完全迥異於國內吃過的咕咾肉的口味。從上菜速度判斷，估計醬汁都是提前兌好的，肉條也是提前炸製，只是複炸了一遍，然後澆上醬汁，齊活。我看看周圍幾個點了同一道菜的西方食客，大部分吃得搖頭晃腦、甘之如飴。

我明白這是西餐化了的「假中餐」。後來的經歷印證了我的判斷：這種變異的中餐，是華人、特別是香港移民發揚光大的，是適應異國環境的一種變通，就像早年的炒雜碎一樣，因為外國人喜歡就投其所好。英國人喜歡偏甜的食物，於是香港大廚就坡下驢，加大了糖的量，為增加酸度，除了多倒番茄醬，再加上檸檬汁，西方很少在同一道菜中融合了酸甜兩種口味，於是大呼過癮，最終經營者和市場強強聯手，把咕咾肉改造成了享譽歐美的一道「特色中國菜」——只不過已跟正宗的中餐大相徑庭了。

我看了下剛才沒有留意的菜單，發現咕咾肉的英文名字，果然就叫「sweet and sour pork」，直譯過來就是「甜酸豬肉」，在西方國家，此菜於唐人街餐館幾乎家家常備，配以白飯或炒飯同食，某種意義上，「酸甜汁」已經成為歐美人士最熟悉的「中國菜」代表了。

除了酸甜嗆鼻的咕咾肉，海外唐人街還頗有幾道受到追捧但是中國人並不熟悉的「中餐」，都是「港式風格」，對於我這樣的中國食客而言，大都可歸為「假中餐」之列：《每日郵報》曾列出英國人在二〇〇四年最愛吃的中餐菜品：炸雲吞、炒雜碎、炸春捲、幸運餅乾這些讓土生土長的中國人一頭霧水的菜式，卻是幫助中國菜打下半壁江山的「福將」。

・幸運餅乾：炸成三角的餅乾裡塞張小紙條，寫著吉祥話，商家免費贈送，一般在客人結帳前端到桌上。一般來說，它的實際作用就是令客人在看到帳單前被麻醉並且心甘情願掏錢。

・酥炸餛飩：中國人吃的餛飩薄、麵皮塞上肉餡，總連同熱湯一起享用，而流行在西方中餐館的酥炸餛飩裡面則包有乳酪。

・鳳梨雞：大塊豬肉錘鬆後炸酥，裹上橘紅色醬汁，明顯是深受ＢＢＱ風格毒害的一道菜。這道菜全部選用雞的白肉部位，口感更好。旁邊的幾塊鳳梨可以減少你的負罪感。

・炸春捲：表皮巨厚，炸得滿是水泡，裡面塞滿了切成長條的蔬菜。咀嚼時當心劃破嘴。

・左宗棠雞：把大塊雞肉錘鬆，炸完後用西式甜醬入味。用左宗棠的名字命名頗為奇怪，在中國幾乎見不到這道菜，很多人甚至從沒聽過這道菜。標準的西方人對中餐的想像物。

・香酥鴨：在英國，它搭配煎餅和調味品，如海鮮醬、韭菜和黃瓜，跟北京烤鴨神似。

・香脆海藻：它不是海藻，而是陸生蔬菜，例如白菜或羽衣甘藍，切成細絲，曬乾並油炸。連美籍華人大廚譚榮輝都認為，這道所謂的中餐是典型的英國製造。可能是參考了炸花生米或者江浙一帶的開胃小菜涼拌滸苔的做法。

當然，最著名的還有幾乎失傳的「李鴻章雜碎」：冰箱裡的殘羹剩菜一起丟到油鍋裡，大火快炒，上面再蓋個煎蛋，齊活——難怪大清走向了沒落，作為朝中兩大重臣的左宗棠和李鴻章在繁忙的公務之餘都醉心於研發中餐，怎麼能有精力治理國家抵禦外敵？

中國人吃到這些不倫不類的中餐，可能覺得匪夷所思，但是也不得不佩服海外華人的變通之道，中餐在英國和海外立足，為了讓本地人接受，自覺不自覺地都經過了類似的改頭換面。「假中餐」的流行，香港人在其中扮演了重要的推手，更大地擴大中餐的影響力，體現了中國人的智慧。

●

「港式」取代了「雜碎時代」，不變的是，中餐外賣店在異國生存，仍然要面對冷眼和種族主義的挑戰。

一九七八年，英國龐克（punk）樂隊「蘇西與冥妖」（Siouxsie and the Banshees）

發行了單曲處女作〈香港庭園〉（Hong Kong Garden），記錄的就是位於奇斯爾赫斯特大街（Chislehurst High Street）101號一家名叫Hong Kong Garden的外賣店。今天它是一家名為「Noble House」（貴族之家）的中國外賣店，紅色的門面，英文「Chinese takeaway」旁是兩個碩大的漢字「漢堡」——中西混搭，正是此類中國外賣店的一大特點。

蘇西．蘇斯（Siouxsie Sioux）是「蘇西與冥妖」的主唱，她當年經常光顧「香港庭園」，是這家店的老主顧，偶爾會遇上光頭黨青少年來店裡搗亂，恐嚇那些在餐廳工作的中國人。這讓歌手感到無奈和痛苦，同時激發了她的創作靈感。

一九七八年八月十八日，蘇西創作了〈香港庭園〉，並在英國單曲榜上排名第七。這首歌的歌詞充滿對中國人浮光掠影的描述，不少來源自刻板印象，但是也表明中國外賣店已經深入影響英國人的日常生活：

孔子有一種令人費解的優雅
茉莉花的香氣讓你迷失方向
釋放出野茉莉的香氣

小斜眼睛遇見新日出
小個子的種族
雞肉炒麵和雜碎
就在香港庭園外賣

英國美食作家許紫恩（Angela Hui）的家族來自香港，其家族在九〇年代至二〇一八年期間在南威爾斯擁有並經營一家中餐外賣店「幸運星」（Lucky Star）。後來她以這段經歷寫了一本書，就叫《外賣：櫃檯後的童年往事》（*Takeaway: Stories from a childhood behind the counter*）。她說：「在英國，中國的外賣通常是從異國情調和戀物癖的角度來看的。」「在英國的中國外賣值得尊重」，「它在惡劣的環境中發揮作用」。二〇二一年八月，我曾經作為《英中時報》（*UK-Chinese Times*）的特約編輯，組織報導了一起中餐外賣店遭襲事件：

事發地位於南約克郡的一個叫羅瑟漢姆市（Rotherham）的小鎮。有一間名為Wing-Lee 的中餐外賣店。七月分，Wing-Lee 的中餐外賣店陸續受到不明攻擊。外界是通過店主的兒子西蒙‧李八月分在臉書上發布的消息，才知道事情經過：「我的父母一直在高街上的中式速食經營了三十多年，但被迫無限期關閉，因為一群年輕人的不斷加劇的種族暴力。我們的窗戶被砸過幾次，被扔石頭、煙花，汽車擋風玻璃被砸碎，輪胎被割破，商店的招牌被打破，還有更多針對我們的反社會行為。警方已經多次出動，但一直無法追蹤或逮捕這些年輕人。他們通常以五到十個為一組。」他說，「我們已經走投無路了，在他們被抓住之前，我們都沒有安全感，只好歇業，在此向我們的忠實客戶道歉。」

我們在周末的下午，來到實地探訪。在馬爾特比（Maltby）的路上，行人稀稀疏疏，駛過的車輛也不算多，許多店鋪並未營業。在公車站牌的馬路斜對面，這個僅有十餘平方公尺的中餐外賣店仍在運轉，接連迎來了兩批顧客。

走近店鋪，令人疑惑的一幕發生了：名為Wing-Lee的外賣店的窗戶上，幾張海報赫然醒目，海報上用中文寫著「耶和華，有憐憫、有恩典，不輕易發怒，且有豐盛的慈愛。」再細看下去，這些海報掩蓋的竟是玻璃上被砸出的一條條裂痕。窗戶的裂痕就是攻擊者造成。

店主在此經營外賣店已超過三十年，她的第一反應就是閉口不談。「別再問了，想起來我晚上都會怕，本來都要關門了，現在好些了，員警找到了那些人，教育了他們，安裝了監視器，我們安全多了，不用關店了。」

按照原計畫，Wing-Lee本應該在上個月歇業，但是店主告訴記者，「當時也不是說徹底關門，只是想Part time，因為我真的好害怕，他們常常來搞破壞，現在想想都好怕。」而在員警的幫助下，店鋪得以繼續正常運營。店主口中所說的「那幫人」，正如西蒙．李在臉書上寫道的那樣，是一群十六、十七歲的孩子。店主分析，可能是由於課業壓力並不大，再加上缺乏家庭關愛，導致他們做出那樣的舉動。

即便是在這樣一個小鎮，到了晚餐時刻，這家餐廳的外賣訂單和到店顧客也沒有間斷。在記者與店家對話間，一位當地英國居民帶著自己約三、四歲的女兒來到店裡點餐。對店家來說，對這些顧客已經再熟悉不過，幾句寒暄後，就開始將自己的關注點集中在小朋友的身上。一番交談後，孩子笑了，上了年紀的店主臉上也露出幸福的笑容。但就是這樣一間傳遞著愛與幸福的餐廳，曾經陷入恐慌，直到員警介入，才讓一切再度恢復平靜。

「你看，我這店裡和門口，全都有了監視器，等下員警就來了，要看看這一天是否安全，最近他們每天都來。」店主說。根據我們的觀察，雖然此前受到了襲擊，但是並沒有影響到店裡的生意。小鎮上人口並不算多，但是約二十分鐘左右的時間裡，就迎來了四組顧客，外賣訂單也沒有間斷。這樣的忙碌節奏讓店主的心情也逐漸平復，「好忙啊，都沒有時間談，我得先去把單（外賣）送出了！」

事實上，店鋪用於迎接客人點單的空間很小，走路三步就能從櫃檯走到門外。因此，當這些襲擊者向店鋪扔石頭、煙花時，上了年紀的店主嚇壞了，連自己也險些受傷。「不知道是什麼砸到了我眼鏡架上，都彎了，後來去店裡修了。」由於不願意回想事件過程，店主並沒有向記者描述更多細節。不過，她很樂觀地說，很感謝網路、媒體的關心，現在他們不用怕了，「每天過了這個時候（下午六點鐘）員警就會過來，我也有他們的手機號碼，平時也會保持聯絡，我很放心。」

為了瞭解更多事件細節，九月一日，我們又與南約克郡謝菲爾德警局取得了聯繫。據介紹，該案件於七月十五日接到報警，員警立即採取行動，一直與店主保持聯繫，並且給店鋪內外安裝監視器時刻關注店鋪的安全情況。目前，調查仍在進行當中，而針對是否為反社會或種族暴力等行為，目前還不得而知，需要等待進一步的調查結果。據介紹，此次事件沒有人被拘捕，根據店主和臉書的描述，記者推測這可能是由於襲擊者年紀太小。

採訪過程中，記者發現，大家關注的焦點都集中在「種族暴力」這個敏感詞語。記者嘗試詢問警局接線員，對方透露，此次事件只接到了這一家餐廳報案，很有可能Wing-Lee是唯一一家受到襲擊的餐廳，但是是否為種族暴力和反社會行徑，還不得而知。記者在和店主的交談中，感受到了她對於這些青少年襲擊者的包容。

以我所見，華文報紙曾經多次報導過英國中餐館遭遇騷擾，人身財產受到威脅的案例。由於中餐外賣店分部十分分散，一些小城鎮並不像倫敦這些大城市，對不同種族的人都會包容，小城鎮的歧視情況相對嚴重，而外界並不知情。這家名為Wing-Lee的中餐外賣店，並未開設在繁華都市中。距離最近的羅瑟漢姆車站仍有近十英里的距離，地處偏僻。讓人不禁感歎，即便在這樣冷清的小城鎮仍舊存在著中餐外賣店，卻也同時存在著海外華人共同面臨和關心的生存與安全的問題。

●

成為父母之後，馬貝爾和丈夫決心從賭博中掙脫。他們開始經營炸魚薯條店，海倫十一歲時就在家裡的薯片炸魚店幫忙，幾乎是這一代華人家庭式外賣店的縮影。

但是當海倫目睹一名種族主義暴徒毆打媽媽，並告訴她的家人「滾出這個國家」的時候，她意識到自己身為香港移民的身分，並為此感到不公。「在我生命中的那個時候，我討厭貧窮，討厭中國人的身分，討厭成為班上的最後一名。」她回憶道。

「那件事之後，我意識到我必須做點什麼來改變我家的命運。我們到底是什麼人，我們該如何融入這個國家，我們都感覺自己似乎沒有根，在不停地遊蕩。」

這些經歷促使海倫決定遠離廚房，想要成為另一種人。在新一代的香港移民看來，父母所經營的中餐外賣店是一種過時的生活，是一種異域身分的標注，她們迫不及待想要融入周圍英國朋友的生活，她們需要派對和啤酒，而不是炒麵和雜碎。這個想法，將遠遠不同於莉莉和馬貝爾的世界。

七〇年代在動盪中已經走遠，八〇年代發生了很多大事，改變了中國，也深刻影響到在英國生活的華人。

《1981年英國國籍法案》通過，改變了香港人在英國的地位。已入英籍的香港人從「CUCK」重新歸類為英國屬土公民（British Dependent Territories Citizen），簡稱「BDTC」，相對於本土的英國公民（British Citizen），不再享有英國居留權和就業權，赴英定居程式與一般外國人無異。

一九八二年九月，英國首相柴契爾夫人訪問中國，正式提出香港前途談判。一九八四年十二月十九日，《中英聯合聲明》在北京簽署，決定一九九七年把香港移交中國。在一八四〇年簽署的屈辱的《南京條約》中，香港被英國殖民者掠奪，經歷了一百年的發展，獅子山下誕生了奇蹟，香港已經成為世界的金融中心，同時還保留著富有活力的中國傳統文化，她的美食更是享譽世界。現在，到了遊子回家的時刻。

一九八四年，一個叫蘇欣潔（Yan-Kit So）的香港女性，在英國出版了第一本書《中國經典食譜》（*The Classic Chinese Cookbook*），贏得了諸如安德列・西蒙紀念獎和格蘭菲迪餐飲獎等著名獎項，成為英國在中國菜方面的權威。

「她是向西方讀者介紹中國烹飪的先驅。她贏得了一些頂級烹飪書籍寫作獎，讓中國菜在國際美食中更加具有競爭力。」姚詠蓓（Betty Yao）女士介紹。

蘇欣潔延續了羅孝建的文人傳統，將文化推介的視野轉向油膩的中餐廚房。讓英國社會更加認識和接納中餐，擴大了中餐的影響力。但是英國公眾對中國菜的瞭解仍然非常有限，認為中國菜只有一種。姚詠蓓女士回憶一九七五年她來到英國的時候，當時英國中餐館很少，菜單也很有限。大量來自香港的中國移民的到來導致許多餐館開張，但這些來自新界的移民並不是真正的廚師，只不過做中餐與洗衣店相對是容易的事罷了！一方面這意味著中餐館變得更受歡迎，另一方面意味著六〇至七〇年代對中餐的一些偏見和有限的理解至今仍在我們身邊。

在蘇欣潔女士不幸因為癌症去世後，作為她的朋友，姚詠蓓女士等人，成立了以蘇欣潔命名的美食寫作獎，鼓勵年輕的烹飪作家們，去追求他們對烹飪的寫作熱情。如今，中國餐館種類繁多，中國菜是與印度菜並列的普通英國大眾的首選之一。

一九八五年，值得銘記和慶祝的一年，倫敦唐人街正式獲得英國政府的認可，英國王妃戴安娜到唐人街訪問。一九八五年十月二十九日，唐人街建成兩座中國式牌樓，刻有「倫敦華埠」四個字。兩幅對聯則是從對聯比賽中選出，作者是伯明罕的黃培玢，對聯題為：

倫肆遙臨英帝苑，敦誼克紹漢天威。

華堂肯構陶公業，埠物康民敏寺鐘。

倫敦中國城的樣貌逐漸成型：六角亭、第一座牌樓和中國傳統風格的街飾把中國城妝點一新。爵祿街、新港坊和麥高田街（Macclesfield Street）則被畫為步行街，不允許機動車通過。

一九八七年的春節，倫敦的華人將春節慶祝活動由唐人街搬到了附近的萊斯特廣場（Leicester Square），這不單純是慶祝地的更改，更代表著倫敦唐人街和華人社區地位的提高。這一切的改變的背後，都是因為中國的崛起，改變了世界對於中國及海外華人的觀感和印象。傅滿洲的時代漸行漸遠。

八〇年代的傑出代表是一名叫丘玉雲（Christine Yau）的香港移民。當年她來到倫敦，兩個朋友說服她合夥買一家餐館，然而，幾個月後她的搭檔就鬧翻了。作為一名女性，丘玉雲非常固執，不能接受創業還不到一年就退，在商業夥伴離開後，決定獨自前行。這是非常艱難的旅程。

一九八六年，明苑（Y.Ming）餐廳的前身「Ming」開業。起初，丘玉雲很難融入唐人街——因為這是一個男人的世界，尤其在那個年代，唐人街比今時小很多，商圈也以男性為主。男人一起社交、賭博、打麻將，也一起做生意。而丘玉雲和她的生意是一個特殊的存在，她就像是一個局外人，男人們並不真正瞭解她來自哪裡。他們過去常常看著她，就像她來自月球一樣。

丘玉雲設計了一份以北方食物為基礎的菜單，因為她認為這種烹飪風格最適合她。設計菜單是一個漫長而艱苦的過程——它被送到香港的一位朋友那裡，再由朋友送到北京讓朋友的母親檢查，然後由鄰居和當地餐館重新確認細節。當她的菜單上出現蒙古羊肉等菜肴時，倫敦美食界的許多人都感到困惑。

她回憶說，「當人們第一次訪問餐館時，他們無法理解，即使當時的美食作家也無法理解。但是美食作家有一種好奇心，這就是我開始慢慢建立自己的業務的方式。」

這位執著的香港女性在更廣泛的領域扮演著角色。二〇〇二年，她在特拉法加廣場組織了第一次中國新年慶祝活動；二〇一五年，她承擔了在華都街建造中國傳統大門的責任。她在倫敦唐人街華人協會的團隊成為第一個利用該地區舉辦完全免費活動的人。

可惜的是，她的餐廳在疫情流行期間不幸陷入困境。在第一次封鎖解除後，這家餐廳短暫重新開業，後於二〇二一年十月永久關閉。現在，倫敦博物館計畫將她的餐廳作為倫敦歷史的一部分。

「唐人街的所有餐館都受到疫情的影響，看到餐館在三十五年後消失，我感到非常難過。但『明苑』將成為博物館的一部分這一事實令人非常驚喜。」丘玉雲說。

一九九七年，香港移民在英國觀看了中英交接儀式，人們在廣場上發出歡呼。香港社區出現了某種分化——自從中國啟動改革開放的進程，海外華人社區一直關注和參與中國的經濟建設。一九八九年發生在北京的天安門事件，軍隊鎮壓了示威學生，引發了全球抗議，以及來自西方世界國家的經濟制裁，中國社會此後進入了長達幾年的沉悶期。很多香港人對主權移交後的前景感到悲觀和恐懼，一部分人早已遠離中國，把根紮在了英國；鄧小平退休前，主導了一九九二年的中國市場經濟革命，幫助中國再度進入西方世界。中國經濟高速騰飛，一個強大的勢不可擋的中國一路奔跑。經濟騰飛，人民自信，也深刻改變了海外華人的信念和價值觀。一個愈加開放的中國吸引了全世界的矚目，關於中國的一切都成為了焦點。另一部分已經僑居海外的香港人則因為中國的崛起而心潮澎湃，發誓繼續做心繫祖國的異鄉人。

一九九九年，一個名為「民權」的組織在倫敦成立，這個組織下設在專門處理少數族裔被歧視及監督員警權力的「監察警務行動組」（The Monitoring Group），而林懷耀和陳運忠參與了「民權」的創立。林懷耀和陳運忠年輕時在倫敦結識，成為華人社區的活動家。一九八九年天安門事件後還曾經去中國參與抗議並被遞解出境。此後他們的政治立場發生了分歧，林懷耀一直在公開場合批評中國的人權紀錄，陳運忠則成為中國崛起的支持者。

二〇〇〇年，英國修改了種族關係法案，加上平等機會法案及一些反歧視條例，現有法例已可保障少數民族權益。如林懷耀和陳運忠這些老一輩香港移民當初曾經遭遇的歧視經歷，現在根據現有法例，便有可能面臨檢控。

馬貝爾一直在努力經營著薯條炸魚店，而她的女兒們則選擇了另一道路：海倫和她的姐妹們雖然很小的時候，就在廚房學會了切洋蔥、削馬鈴薯，但是她也越來越感到和中國家庭文化的隔閡。在中國家庭，子女仍然被要求首先滿足於父母的需要，比如投身父母所在的餐廳事業，但是英國孩子則是在追求自己的愛好。海倫越來越覺得自己兩者都不屬於，還在上學的時候她就定下了人生目標，希望自己成為律師；不過父母擔心，法律行業不是女性該從事的事業，認為那是男人的天下；而外婆莉莉給海倫的只有鼓勵，她相信耐心和堅持，會成就一個人的野心。

海倫最後進入劍橋大學法，成為家族中第一個考上大學的人。當她畢業的那一天，父母與高采烈開著新買的紅色小車前來參加畢業典禮，雖然顯得格格不入，但是海倫覺得從未跟父親如此親密。

在海倫的成長過程中，她多次和姐妹討論過身分問題，她可以確定，自己既不是純粹的英國人，也不再是純粹的中國人，而是在兩者之間遊走——她從食物中吸收了對於中國身分的自信與慰藉。

後來海倫果然成為了律師，在倫敦和香港的律師事務所獲得稅務律師的資格，然後回到曼徹斯特為普華永道國際會計師事務所工作，任職於中國業務部。馬貝爾的三個女兒都很有出息。海倫的雙胞胎姐姐麗莎（Lisa）在金融領域，另一個妹妹珍妮（Janet）是工程師。

二〇〇〇年，身為律師的海倫有機會到香港工作半年，她決定帶全家人一起到香港度假。這是三代人第一次一起回到故土。他們一起去探索這個城市。香港的乾淨高效和古舊的倫敦反差強烈。海倫發現，香港節奏快，四處都是忙碌的人們。他們住的灣仔原本是小漁村，現在已經是香港島的中心。他們穿行在優美的老式建築和現代摩天大樓組成的背景中，整個城市熙熙攘攘，人們腳步匆匆，如果站在街角停下腳步片刻看風景，就會引起擁堵。媽媽馬貝爾穿了一件印有「迷失香港」字樣的T恤，很好地反映了他們一家的格格不入。

海倫喜歡逛香港的市場，香港的水果和蔬菜攤蔚為壯觀，有多種不同的蔬菜，一捆一捆堆成小山。外婆莉莉想起當年還是一個七歲的小女孩，她記得自己坐在父親膝蓋上，乘坐從廣州來的小渡船到達香港，她自願去採買蔬菜雜貨，享受一切都可以自己做主的自由，她選擇最物美價廉、能夠負擔得起的蔬菜和肉，並和攤主們討價還價；現在，莉莉仍然會以挑剔的眼光審視菜攤，從中挑出捆得最緊實的白菜，或是選出新鮮菜心、芥藍。

這次還鄉，莉莉還解了一大心願，她去了早年遺棄的三女兒阿冰的家，並且在香港度過了八十五歲的生日。

「外婆仍然感到內疚，」海倫說，「她哭得很傷心，但也開心終於有機會能見到阿冰。」

旅行結束後的一天，一家人圍坐在廚房桌子旁，開始討論全家一起做點什麼事？最後一家人同意：做一家食品企業。「這是我們可以彌補我外婆失去的東西的一種方式。」海倫說，「我們必須創建一家餐廳，表達我們的身分——二十一世紀在英國的華人——以及我們來自哪裡，我們對食物充滿熱情，這是我們的文化和家族傳承，我們想要善待它，我們希望人們用新鮮的眼光看待它，用新鮮的味覺品嘗它。」

二〇〇二年，海倫出差廣州，她這一次意識到中國正在發生的變化多麼不可思議。她住的酒店在一座摩天大樓裡，大樓側翼是一個商場，服裝整齊、言語流利的售貨員在最新款的服裝品牌前站得整整齊齊，一眼望不到盡頭。這片建築位於一個複式立體交通樞紐中央，周圍路上擠滿了汽車，噴出團團尾氣。短短幾十年，中國就發生了好幾百年才可能出現的進步，海倫不禁想，外婆的父親梁慶昌和太婆如果活著應該是認不出家鄉的。

就是在這一刻，海倫決定延續家族賴以成長的餐館事業。這個決定引起了朋友們的震驚，他們覺得餐飲行業是一個由男性主導的粗暴世界。海倫在曼徹斯特的朋友們都是用盡了一切辦法，避免繼承父母的餐廳或外賣店，甚至搬到幾百英里外的地方居住，就是為了以免家裡人打電話給他們，讓他們急匆匆回去幫忙。海倫的華人同輩中，回去經營餐飲業的人屈指可數。

「但我也記得年長的中國人點頭表示贊同，希望他們的兒子或女兒能扛起那盞微光閃爍的火炬，並有人將家庭食譜傳給他們。」海倫告訴我。

三姐妹雖然都各有所成，最終決定並肩作戰，重新涉足餐飲業，回到家族的起點上。三個二十出頭的職業女性，有著好學歷、好工作，現在要放棄一切，冒險去做曾經奴役了她們的父母一輩子的行業。三姐妹是很好的團隊，麗莎善於組織，珍妮擅長社交，而海倫是樂觀主義者。海倫辭掉了在普華永道會計師事務所的工作，二〇〇四年在曼徹斯特開設了甜甜中餐館（Sweet Mandarin）。

「Sweet」在曼徹斯特當地的俚語中可以代表「好」或者「酷」，而「Mandarin」則體現了她們的中國基因。她們找人製作了英文字「Sweet Mandarin」以及和「Sweet」對應的中文字「甜甜」，並把它們固定在了巨幅小草照片旁邊的牆上。在曼徹斯特陰暗飄雨的天氣裡，如果你透過玻璃窗望進來，那些銅字在餐廳柔和的光線下，散發著溫暖的光芒。

「每個人都有自己的生活，我們必須追隨自己的夢想。我的熱情是食物、人和生意，在那個時候，『甜甜』是我們夢想的體現。」

海倫認為，開甜甜中餐館的決定令外婆和媽媽重新認識了她，在三代人之間架起了一座橋樑，這橋樑不僅連通了三姐妹和外婆、媽媽，還連接了東方和西方、當下與過往。

每個星期六早晨，外婆、媽媽和海倫就會到華人超市買東西，購買餐館廚房所需的物資。莉莉仍然用舊有的方式做飯，每個星期天做涼拌鳳爪和花生，還有木耳紫菜湯。小時候海倫以為湯裡漂浮的是黑暗蜘蛛，現在她喜歡上了它。

當年莉莉來到英國的時候一無所有，在她內心最為脆弱的時候，卻堅持了下來。海倫開始明白，她們現在擁有的一切，就是這種堅韌不拔的努力換來的。

現在海倫仍然在做法律工作，是一家律師所的合夥人，專門從事公司買賣，尤其是牙科診所的買賣，與在英國的中國投資者合作。而她的餐館也取得了成就，「甜甜」擊敗了一萬家餐廳，贏得了「最佳本地中餐館」的稱號。她們經營一所烹飪學校，向公眾提供初學者和中級烹飪課程，並寫了六本書，其中三本烹飪書還入選《泰晤士報》暢銷書排行榜。

二〇一四年中國總理李克強到訪英國，姐妹倆受邀去唐寧街做飯。李總理曾經稱讚，這是他在英國吃到的最好的一頓中餐。這一年，雙胞胎姐妹都獲得了員佐勳章（MBE）的爵位。

莉莉，那個把中國家庭帶到英國開始冒險的中國女人於二〇〇七年十二月八日去世，享年八十九歲。曼徹斯特當地新聞說，「小鎮哀悼『老闆』去世」。文章說，莉莉為米德爾頓人民帶來了中國菜，許多米德爾頓人稱其為「老闆」（The Boss），莉莉是英國首家中餐館之一的「龍鳳」（Lung Fung）的幕後推手，該餐廳一九五〇年代搬到奧爾德姆路前，位於泰勒街後面。當地歷史學家和音樂家丹尼・哈德曼（Danny

Hardman）說：「米德爾頓有四個地方是六〇年代每位音樂家都崇敬的地方。披頭四樂隊演奏的合作大廳，樂隊排練的聖多明尼克（薩維奧學校），我們喝酒的『老野豬頭』（Old Boars Head），以及我們吃飯的莉莉中餐館。」[087]

莉莉不平凡的生命融合了酸甜苦辣，創造了一個戰勝一切困難的動人敘事。她成了很多人的靈感來源。在艱苦的年代，很多脆弱的人都放棄了希望，海倫很感謝外婆擁有那樣的勇氣，並且一直堅持了下來。故事仍在繼續。三姐妹希望外婆在天之靈護佑著餐館繼續發展，她們希望自己的後代也將舉著暗淡的燭火，把記錄了漂泊經歷的家庭食譜傳承下去。

品嘗完「甜甜」可口的飯菜，我和曼徹斯特揮手告別。自從英國化的港式粵菜出現以來，中餐已經走了很長一段路。第一代香港移民身上，既有獅子山下的進取意志，也有積極融入和變通的精神，在最艱難的歲月中也沒有放棄過對生活的追求，他們苦苦尋找自己的身分，抱有對祖國的深情寄託。到了他們的下一代，已經適應了英國的生活，很多人開始融入英國社會，一個以香港移民為主體的華人社區在英國逐漸壯大了。不過時代變了，大部分老一輩廣東廚師都退休了，一波更正宗的中國特色菜開始出現並淹沒老一代創下的雜碎口味。

隨著九〇年代的到來，中國改革開放的成果顯現，中國迅速崛起，開始了最大也是最壯觀的一次移民浪潮。我個人的經歷就是一個縮影。這個過程將持續很長一段時間。這股力量，改變了世界。

第四部——八仙過海

10、倫敦 Biang Biang 麵

追尋中餐在異國的腳步，我愈發意識到，食物的進化跟時代發展密不可分。

我成長於改革開放年代，物質越來越充足，我這一代中國人從未在吃上虧欠過。我見證了一個高速發展的中國。成長的痛苦主要來自精神世界。中國就像是一間龐大的流水線工廠，把大部分人碾壓成一件傢俱，每個人只是傢俱的組成部分、一大塊標準板材裡的一小片鋸末，跟其他無數鋸末咬合在一起，分不清誰是誰。我艱難熬過了小學、中學、大學。我不想成為那朵鋸末，為此付出了很多代價。

畢業之後，我做了記者，熱情地投入採訪和寫作、探尋中國社會的真相，以為自此擁有了掌控命運的自由。我周遊山東家鄉，每去一個地方出差，完成工作之餘，總會抽時間探尋當地美食，找點樂子，公私兼顧，樂此不疲，度過了一段相當逍遙的時光，也在慢慢修復成長中的傷痛。

最難忘的覓食經歷，發生在千禧年的某一天，我去山東淄博鄉下採訪，當地人帶我去了一家髒兮兮的驢肉飯館，設施破舊，裡面還是坑窪不平的土地，食客們圍著小木桌，坐著小板凳，眼巴巴等著上菜——此情此景讓我回憶起幼稚園等包子的少年們。門外一隊身穿白衣的鄉間送葬隊伍吹吹打打路過，增加了一絲詭異氣氛。老闆端來用洗臉盆盛著的熱氣騰騰的驢肉，驢肉切成肥皂塊大小，完全清水煮，作料就是一碟粗鹽。我夾起一塊驢肉，沾上厚厚的鹽粒，本以為會很鹹，但是奇怪！驢肉似乎和粗鹽粒發生了某種化學反應，入口十分柔和。我折服於這簡單粗暴的味道。所謂天上龍肉地下驢肉，誠不欺我。驢肉肉質勁道，比牛肉嫩，比豬肉勁道，比羊肉有嚼勁，又比魚肉鮮。大快朵頤的同時，我注意到另一頭髒兮兮的活驢，就被栓在店門口的柱子上，像個活招牌，等待下一輪被屠宰和消費。它目睹同類正被人類吞噬，內心一定無比絕望。

鄉下驢肉店的野性一幕給我的印象太深了。粗陋的計畫年代在九〇年代消失了，全球化時代猝然來臨，消費主義席捲中國，我工作後經歷的是中國歷史空前絕後的經濟高增長時代。從前的中國，定格在那間略顯怪異的驢肉店，一去不回了。

二〇〇三年，我來到北京做起了北漂。擺脫了沉悶的家鄉，進入到新天地。山東是孔孟之鄉，職場等級森嚴，有時到了可笑的地步，吃飯都要明白領導在飯桌上的位置、以及自己的位置，敬酒祝辭都是必備套路，我一直沒能學會，也不打算學，是辦公室的異類，注定難在體系中活得舒坦。比較起來，北京的空氣更寬鬆，充滿了五湖四海的江湖氣。我歡欣鼓舞，連帶北京的一切都令我欣賞。我陶醉於文藝沙龍、話劇演出、以及吆五喝六的聚餐聚會，很多外地人吃不慣的北京小吃，豆汁、焦圈、灌腸、鹵煮、爆肚，我都甘之如飴。

二〇〇八年對於中國，對於我個人而言都是個分水嶺，北京在這一年召開奧運會，中國歷經四十年改革開放，重新站在了世界中央舞台。我也發展了一段戀情。L是馬來西亞華人，在北京工作。那些年，L幫助雄心勃勃的中國企業在資本市場融資、上市，她在北京和西安、香港之間往返。她樸實，聰明，跟我一樣喜歡到處吃吃逛逛，我們的美食探險，構成了這段關係中的主要畫面。

二〇一四年，我們的女兒出生了。原本簡單的二人組合，變成了笨拙的父母，照顧孩子吃喝成了大事。中國進入到了劇烈的社會變動期。高昂的房價、教育、醫療壓力，以及空氣汙染、食品安全問題，令人焦慮、壓力重重——飲食上的一個佐證是，吃辣在中國流行。湖南菜、雲南菜、江西菜，無辣不歡。普通中國人的生活壓力越來越大，需要借助辣的痛感才能減壓，我們下決心搬到倫敦換個生活環境。北京曾經是我的精神樂土，我喜歡北京匯聚了五湖四海的美食和豐富的文化生活。現在到了跟她說再見的時候，終有不捨；倫敦是新驛站，我卻掉進了深海，無力自拔，飲食成了我不得不面對的一個麻煩。

我在英國經歷了艱難的適應期，身心疲憊，染過一場流感之後，還失去了部分味覺，對曾經心心相映的美食也大失興趣。看著我萎靡不振的樣子，L不住搖頭。她遠比我更能適應倫敦生活，來英國只一年，她和朋友開了家房產公司，收舊房子，裝修、擴建，再賣出去，如果時間差把握好，利潤相當不錯。她早出晚歸每天都很忙，我則做起了全職奶爸，一邊在家裡埋頭寫作，一邊照顧說話還不太利索的女兒。

女兒一天天長大，進入離家五分鐘路程的幼稚園，每周三天。我也終於可以有時間走出家門，去認識和發現一下倫敦。

「你需要走出去，不要整天在家裡胡思亂想。」L出門前，扭頭衝我說道。

●

倫敦這座城市具有一種亦莊亦諧的趣味：她擁有大量的呈現出陳舊審美風格的古董

建築，排列在扭曲的迷宮般的城市網格上，像是讓頑童擺弄變形的樂高玩具。這是創造力和破壞力都同樣旺盛的孩子才能創造出的一件作品。世界各地的人們在其中落腳、徜徉、工作、川流不息，尋覓新生活。我無數次經過那樣隱藏在鬧市的中餐館，它們或者豪華，或者毫不起眼。我想像著那些中國旅者，在異鄉用廚房藝術征服英國人的味蕾，不禁發出讚歎。經歷了早期的「雜碎時代」和「港味時代」的洗禮過後，如今英國中餐業會貢獻出怎樣的大廚和美食呢？

我手頭拿著一份英國《衛報》，其中的一篇報導吸引了我的注意：

魏大廚獲得衛報美食觀察家二〇一九最佳新人獎。

川菜在倫敦已有十多年的歷史，但中國西北的食物幾乎不為人知，直到幾年前，酋長球場附近的一家西安小吃店，令人無法抗拒的麵條開始流傳。

該餐廳由主廚魏桂榮創立，她的招牌菜是 Biang Biang 麵。

《衛報》美食作家格蕾絲·登特（Grace Dent）對魏大師的陝西麵條也大加贊許：

彈滑的 Biang Biang 麵，被大蒜、辣油、小蔥和胡椒包裹。對於不習慣的人來說，Biang Biang 更像是醬料稀疏的義大利麵，而不是蓋著蔬菜、醬汁浸泡的粵式麵條。但是就像所有最好的食品一樣，它們的風格是美味壓倒一切。[088]

詩歌一樣的評論勾起了我的好奇心。我一直以為那些不中不西的「中餐」才是倫敦食客的心頭偏好，誰能想到一家源自中國西北的街頭食品也能引發關注？不過想想也有道理，麵條似乎是少數可以推廣的中式速食。中式炒麵就很受西方人歡迎。從營養學的角度看，麵條可葷素搭配，價格親民。老外喜歡吃的是義大利麵，喜歡澆上濃稠的加入了大量乳酪的料汁。西北麵食則喜歡用熱油激發大蒜、小蔥、辣椒的香氣，配以醋調味，味道又酸又辣又沖鼻，英國人真的會接受嗎？我決定實地去看看。

循著谷歌地圖的引導，我來到女王廣場（Queen Square）附近，經過高大建築投下的幾何陰影時，手機訊號似乎受到了遮罩，迷失了方位。這個名叫「魏師傅西安小吃」（Master Wei Xi'An）的餐館就在附近，我嘗試了幾次，卻始終和它擦肩而過。手機地圖上的藍色光點遊移不定，宛如我在異國的彷徨身影。

女王廣場是隱於鬧市的一塊公共綠地。廣場周邊是幾家以神經醫學研究而聞名的醫療機構，據說喬治三世曾經在某一棟樓接受過精神疾病治療。我圍著女王廣場周邊的小巷逡巡。這是一個豔陽天，對生活於倫敦的人而言十分難得。附近的上班族揣著三明治和咖啡坐在綠地裡的長椅上享用午餐，順便透口氣、發會兒呆。廣場的角落，盤踞著幾個衣著汙穢的流浪漢，很自覺地跟這些衣冠楚楚的上班族保持距離。

倫敦有大量這樣的公共空間，有時候多到讓人覺得奢侈。這跟中國很不一樣。最明顯的區別是，中國的廣場占據著城市的中心位置，突出的是一種秩序感，仍然可見蘇聯式建築強調宏大敘事的影子。社區的概念在中國很難彰顯，很大的一部分原因就是秩序所導致的個體的參與度不夠活躍。倫敦的廣場很多廁身街道社區，構成了生活的一個部分。這算是英國社會給我的驚喜。搬到倫敦後，我和L之間發生了越來越多的分歧。有段時間，我渴望逃離充滿緊張氛圍的家，一塊小小的綠地成了躲避現實的庇護所。類似的廣場和綠地在倫敦並不難尋。我時常坐在唐人街附近的特拉法加廣場的台階上，喝著出門前灌在可樂瓶子裡的自來水，吃一片三明治，消磨掉整個下午。除了堤防樹枝上的鴿子和烏鴉朝你頭上丟糞便炸彈，其他的煩惱盡可以暫時拋卻。傍晚，撣撣身上的麵包渣，起身回家。覺得生活又陷入了看不到頭的迴圈。

我繼續繞到廣場另一側的巷子，終於看到紅色招牌「Master Wei Xi'An」在朝我招手。

我和西安也算略有淵源。那會兒L被一家陝西公司挖走，幫助公司在香港上市，需要在北京、西安、香港三地奔波。我利用休息或出差機會，隔幾周就飛去西安和香港，和她見面。這種生活持續了差不多兩年。就在那段時間，我逐漸熟悉了西安麵食。

對於中國人來說，西北菜並不如八大菜系那麼出名和正統，它一直游離在等級制度的邊緣地帶。陝西和周邊的甘肅、寧夏、新疆同屬西北地方，飲食習慣有相似之處，比如牛羊肉和饟一類的麵食居多，具有明顯的清真風格。陝西是中國第一個統一王朝「秦」的治地，秦人尚武，秦人的性格就像西北菜一樣樸實剛勁。中國傳統的經典菜系，一是注重食材的精美，二是注重菜式的美感，口味上注重食材與調料的調和。而西北菜似乎具有更多的原始氣息，味道不是很複雜，要麼酸，要麼辣，酸和辣的結合很普遍。西北菜所選用的辣椒不像湖南和江西的那麼辛辣，更多借乾辣椒的脆爽之味，不善於吃辣的人大概也能接受西北菜的辣度。

L和我周末最常去的地方就是回民街和鼓樓一帶。我們走過西安古老的城牆，穿過高大的牌坊，進入出售各種清真小吃的回民街，那些似乎添加了過量色素的面目可疑的鹵牛肉、塞進竹筒裡的糯米甜品，擺放在石子路兩邊的商鋪門口，散發著熱氣，能聞出來食物多次加工的味道，商家會加上更多的作料，或者用油炸繼續掩蓋那種味道。很多時候，我們也並不在乎這些主要針對遊客的食品是否快過期了，吃什麼不重要，重要的是跟家人在一起的時光。可惜的是，現在我們把吃飯當成了一種必須完成的事情，吃飯就失去了樂趣。異國生活，一睜眼就是錢。我們希望住好房子，希望孩子讀好學校。剛來倫敦時，我和L都感覺不順利。她從資本市場轉而投身陌生的房地產行業，經歷了適應期，我急於完成寫作計畫，孩子小需要照顧，消耗了大部分精力，這令我們生出很多抱怨，都想儘快站穩腳，卻忽視了對方感受，不再包容，瑣事的爭執充斥了日常。我變得焦慮，對很多事情都缺乏興趣和耐心，一家三口人坐在一起開開心心吃頓飯也成了奢侈的事情。

眼前這家朱紅色門面的中餐館，夾在兩家傳統的英式酒吧中間，顯得有些另類。習慣了炸魚薯條的英國人，能否接受陝西麵食的酸辣和熱油澆在大蒜上的香氣？我並不確定。想像一下在炸魚薯條和淡啤酒的柔和味道之間，濃烈的大蒜末和鎮江陳醋交織的味道，經過熱油澆灌而升騰起熱氣，那股刺鼻的味道脫穎而出，如同披頭四的音樂中，有人吼了一嗓子秦腔，反差著實強烈！

現在已是午後，一波食客剛散去，門口遮陽傘下，還有幾名剛吃完飯的青年男子圍在桌邊閒談。我走進店，裡面不大，像典型的英國餐廳一樣布局緊湊，大約十張餐桌、二十個左右的餐位，餐館呈現出暖色基調，而收銀台則泛著藍色螢光，背景牆是絲綢之路壁畫，上方是幾張西安風土景物的照片，加上天花板垂下的六個罩著中國鳥籠的照明燈，讓這個彈丸之地有了一點超現實風格。

我找個座位坐下，翻看桌上的中英文菜單，前菜分冷熱，包括熗拌土豆絲和涼拌豬耳，以及英國人熟悉的炸春捲，主菜「西安街頭食品」則包括：西安涼皮、鍋貼、肉夾饃，還有油潑麵、臊子麵、以及 Biang Biang 麵等麵食。

很快，肉夾饃和 Biang Biang 麵擺在我面前。它們的英文名稱很有意思，分別是「xian pulled pork burger」（西安豬肉餡漢堡）和「pork biang biang noodles with tomato egg sause and chilli oil」（豬肉 Biang Biang 麵配番茄雞蛋和辣椒油）——西方人喜歡把配料在菜單上標得清楚明白，對於習慣了地三鮮、佛跳牆這類抽象菜名的中國人來說，西式菜單看上去像是化學公式表。

肉夾饃被稱為中國漢堡，白麵烙餅上帶著幾處翻烙的焦黑，裡面是煮爛切碎加了大量調料的豬肉餡，最好有一定比例的肥豬肉，這樣麵皮被油脂浸透，白麵具有了肉的味道，相得益彰，咬一口滿嘴流油。

Biang Biang 麵帶有一些市井氣息，Biang 其實是臆造的字，在字典中無法顯示，電腦字形檔中也沒有，它只流傳於民間。難度之高，以至於很多人無法完整地寫出，它用十二個漢字部首拼湊出一個新字，人們編了一首歌拆分開這個字的部首組合：

一點上了天
黃河兩道彎
八字大張口
言字往進走
你一扭　我一扭
你一長　我一長
當中加個馬大王
心字底
月字旁
留個鉤搭掛麻糖
坐著車車逛咸陽

無法考證誰第一個創造了這個奇怪的漢字。它的形狀有點像中國北方農村地區盛行的剪紙窗花。有人說 Biang Biang 是吃麵時嘴巴發出的聲音，更準確的說法也許是：Biang 這個發音是形容廚師把揉好的麵團抻拉時不斷在案板上摔打所發出的聲響。這是典型的街頭吃食，簡陋到沒有一個登上大雅之堂的名稱，Biang 這個字臆造之後走紅，這在資訊流動時代增添了幾許野趣，成功吸引了人們的注意。

中餐的命名有很多以「抽象」著稱，「狗不理包子」是正話反說，話糙理不糙；「佛跳牆」則是暗喻，揭示出美食超越了宗教的限制。西餐注重擺盤和食材的新鮮，除了喜歡在雞尾酒的名字上做做文章，似乎不如中餐這麼具有故事性。中餐則顯示了一種生存和傳播的智慧——吃飯這件事不僅是口舌之欲，而是門視聽藝術。沒有一定的藝術感受力，都不好意思去中餐館點餐。

我品嘗著熱騰騰的 Biang Biang 麵，濃郁的紅燒肉末、熱油包裹的雞蛋和番茄、綠油油的兩片菜葉覆蓋在上面。我想起了《衛報》那位美食作家的評論：魏大師的 Biang Biang 麵創造了一種對碳水化合物的渴望，讓你感到很舒服。儘管看上去只不過是一碗煮熟的麵團和幾片菜心葉。在品嘗了幾小口油膩、熱辣的鮮味暗流之後，令你激動的心情後安定下來。

活色生香的麵條讓我陷入了沉思。那些在西安古城牆上和L騎車、徒步的畫面，一起在西安郊區露營、在小巷尋覓美食的畫面漸漸復活了。那會兒我們有迎接不確定生活的勇氣。在倫敦，這種感覺逐漸消磨掉了，糾纏於誰付出多誰獲得少、應該以誰為主，互不妥協，然而爭吵並不能找到解決方案。是我們在變？還是生活改變了我們？我突然產生了一種負罪感，快速劃動筷子把上面的辣椒油攪拌入碗底，兩指寬的麵條翻滾出來，顏色更加誘人，不知是熱氣還是辣椒油的刺激，我有了想要流淚的感覺。

●

大廚魏桂榮來到我面前。她是這家西安麵館的老闆，地道的陝西婆姨，眉目清秀，髮髻隨便朝後挽著，頭髮梢和臉上還掛著在後廚忙碌的油膩，紮著圍裙，腳下一雙灰色的厚底涼鞋。二〇〇九年魏桂榮被一家川菜館招聘來倫敦，做了七年大廚之後，魏桂榮也摸透了倫敦餐飲市場的門道，決定自立門戶。二〇一五年，魏桂榮選擇在阿森納足球隊的主場體育館開了自己的第一家店「西安印象」。這家「西安小吃」則是她開的第二家餐館。一瞬間，我在她身上似乎看到了周英華、海倫這些前輩華人創業者的影子。只不過，魏桂榮來自一個崛起的中國，中國人比起以往任何時候都更加自信了。

我吃飽喝足，心滿意足，問了魏大廚一個困擾我很久的問題：「以妳在英國開餐館的體會，中餐和西餐最主要的區別是什麼？」

「中餐和西餐是適應不同的飲食習慣，在製作上主要體現在醬汁的使用很不一樣。」魏桂榮想了想之後說。

「中餐烹飪，醬汁的作用沒有西餐那麼突出。中餐一般習慣在烹飪前醃製處理食材，讓食材吃進調料味道，最後吃到嘴裡的是被調料改善了味道的食材，「中國人、特別是北方人做飯，用料包吊湯，肉眼是看不見調料的，味道最後都爛在鍋裡，食材吸收了湯汁的味道。人們更注重食材是否吸收了作料的香氣。」魏桂榮說。

而英國人注重食材的原味和新鮮，醬汁的作用更具有獨立的價值，像是一種配菜，不同的菜品配以不同的醬汁，很多西餐都需要輔以專門的醬汁才算完成。相比中餐而言，印度餐就容易讓英國人接受，一個重要原因就是咖哩汁的使用。「印度餐同西餐的處理手法基本一樣，調料最終碾碎調製成醬汁，你看不出原料是什麼，醬汁最後澆在食材上，這符合英國人的口味。印度大米散散的，中國人覺得口感沒有勁，但是澆上咖喱汁，英國人也能接受。」魏桂榮說。

午間最忙的時段已經過去，魏桂榮坐在我的對面，講起了自己在一家米其林一星餐廳就餐的經驗。那是位於攝政公園的一家西班牙餐廳，廚房採用明檔，食物都採用小份，實際已經半加工完成，醬汁也都是提前做成半成品，使用電爐，食客點單後，稍一加熱就可以完成生意很火爆。另外一個顯著的例子，來自倫敦有名的連鎖店 Nudos 烤雞，醬汁都是一樣的，到哪個分店都是一樣的口感。

據此，魏桂榮總結說：「小吃標準化，首先要醬汁標準化，這是打開英國市場的關鍵一步。」

這部分解釋了我的困惑，中式速食無法規模化經營，很大程度就是因為口味無法統一和複製，不穩定。西餐靠醬汁「一俊遮百醜」，而中餐的製作是經驗性的，每個師傅帶出的徒弟都不同，製作程式和味道也不一樣。「中餐的味道不穩定，特別體現在炒菜上，十個師傅十個味道，鹽先放後放，味道都會不一樣，烹飪時間多少味道也不一樣。如果想要穩定客源，首先是保持中餐味道的穩定。這就要保持醬汁的穩定，使得菜品可複製。」魏桂榮說。

魏桂榮決定從醬汁入手，做適合英國人口味的西安麵條。她發現英國人喜歡的中國菜式，包括咕咾雞、糖醋里脊，都是酸甜口味。而陝西菜中酸味和蒜味很突出，對西方人來說過於濃烈。她把蒜減量使用，醋則是在鎮江香醋的基礎上，使用蔬菜汁重新熬製，讓味道更加柔和，口感追求偏鮮。辣椒麵和麵的配方也是自己特別針對英國顧客研製的。因此得到了認可。他們提供的其他特色菜，包括：涼皮、肉夾饃、油潑麵等，也如法改良，80%的菜品被西方食客接受。這家中國麵館在競爭激烈的倫敦異軍突起，站穩了腳跟，受到喜歡嘗鮮的倫敦人的推崇。

「我的夢想是讓陝西麵食走進白人主流社會，讓英國當地人接受。」魏桂榮告訴我。在我印象裡，中餐一向來都是作為異國情調而出現在西方人餐桌上的，她的努力會取得終極認可而不是曇花一現嗎？我對此仍然半信半疑。

●

魏桂榮的人生經歷吸引了我。她在一九八二年生於秦嶺山區，家境困難。爸媽生育了三個女兒，還想要兒子。媽媽懷過兩次男孩，一個生下來七天死掉了，最後一個小弟弟還有十幾天就要生了，被強制計畫生育流產了。因為這事媽媽心理受到嚴重影響，有點瘋了，喜歡罵人，被診斷得了抑鬱症。

爸爸很封建，擔心在農村沒有兒子，老了沒人管會餓死，媽媽也很信這個。魏桂榮非常不服氣世俗對於女孩子的輕視。她要證明給別人看，自己也能承擔起養家和照顧父母的責任，就像一個真正的兒子一樣。

魏桂榮是男孩子的性格，一刻也靜不下來，她喜歡爬山、力氣大，總是幻想翻過大山去看另一片天地。站在蒼茫的秦嶺山巔上，她幻想著外面的世界是什麼？

「妳是什麼時候離開家的？」我問魏桂榮。

「一九九五年正月十五。」她記得生命中這個重要的轉折時間。

當年魏桂榮的堂姐在西安做保姆，帶她到西安看有什麼活計可以做，那年魏桂榮十三歲，已經準備擔起貼補家用的重任了。起初西安的一戶軍隊高幹家庭雇用了她，讓她照顧這家人的小孫女。男主人是大校軍官，剛從空軍學院退休，魏桂榮稱他「爺爺」，女主人則在學院內部經營著一家電話亭，魏桂榮稱其「奶奶」。做了一段時間小保姆，男主人的兒子搬去市中心，小孫女也跟著去了市裡的幼稚園。魏桂榮就開始幫奶奶照看電話亭生意，每月能有一百元左右收入。魏桂榮不是小家碧玉的女孩脾氣。爺爺讓她趁年輕攢點錢，少花點兒。她不服氣，說，錢是掙出來的，不是存出來的。對魏桂榮而言，自己已經走出了家鄉大山，看到了更開闊的世界，生命的更多可能性展現在前方。

一九九七年春節，魏桂榮在退休軍官家服務了兩年，滿十五歲了。退休軍官也是好人家，商量著該讓魏桂榮自立門戶找點正經工作去做。爺爺勸魏桂榮去學門手藝，比如學做裁縫，爺爺的兒子則建議她去學插花，這樣在醫院門口可以開個店面賺點錢。

但是魏桂榮喜歡的事情是做飯，打算去學廚師。對她來說，幼年饑餓的記憶太深了。很多中國農村出身的孩子都認為，做廚師起碼能吃飽飯——這跟西方社會對廚師的認同完全不同。西方社會認為廚師是個不錯的職業，有創造性的大廚的社會地位也很高。在中國，廚師大部分被視為受苦受累的行當，社會地位並不高，普遍認為廚師屬於低技能人群。

一九九七年，春節剛過，十五歲的魏桂榮去了曲江村的桃李烹飪學院「學做飯」。當時讀烹飪學校的孩子有兩類。一種像魏桂榮這樣家庭條件不好，選擇謀生的飯碗；一種是家裡條件不錯，但是孩子調皮，學習不好，為了畢業之後找個出路來學烹飪。其實都是為了在激烈變動的社會謀求一條生路。彼時，中國市場經濟改革已經轟轟烈烈展開，序幕一旦拉開再也無法關上。

魏桂榮在烹飪學校學了一年，她是班裡唯一的女生。在中國，女性在家裡煮飯的情況更常見，但是在社會上做廚師的還不多，這個現象很有意思。傳統觀念裡，中國女性仍然在扮演著操持家務的角色，而不是和男性平等競爭的角色。在中國甚至還有一種未經考證的說法：男廚師比女廚師做飯好。其實，這背後的原因，並非是男女能力的差異，而是做廚師的女性太少了。

魏桂榮說起這段故事很得意：「很多人認為女孩子不應該去做廚師，頂多給男生打個下手。我不服。」

烹飪學校的有些男生看魏桂榮是個女孩子，故意欺負她。一次實操課，學員們排隊領鍋和調料，學生多而炒鍋少。發鍋的學員非要魏桂榮排在最後面，這下子惹怒了魏桂榮，掄起一個炒勺就要打他。「我不要求別的，只要求公平。」這種信念支撐她在男性主導的灶台闖出了名堂。

至今魏桂榮感念烹飪學校師傅對她的栽培。第一堂課，教雕刻的劉師傅說了兩句話，一直刻在魏桂榮的腦子裡：第一句話「師傅領進門，修行靠個人」，第二句話，「好廚師一把鹽」。鹽在中國廚師手裡起著重要作用，同一道菜，不同的廚師菜放調料的順序不同，做出來的味道也是千差萬別。魏桂榮後來意識到，師傅的這兩句話幾乎囊括了中餐的精髓：中餐的製作很大程度上屬於經驗，需要大量的實作，才能熟能生巧。另外還需要廚師不斷學習和總結經驗。

劉師傅並不是手把手教魏桂榮炒菜，更多的時候，是教給她怎麼為人處世。如魏桂榮這樣出生在農村的打工女，在城市地位不高，很多人瞧不起她，但是劉師傅鼓勵她，做廚師要講廚德，人要踏實，如果一個學徒抱著打工的心態，不是站在老闆的角度做事，就永遠只能給人打工；如果站在老闆立場，將來自己就有可能成為老闆。

魏桂榮記住了這句話，她吃苦耐勞，不計得失，成長很快。回憶過往，魏桂榮內心充滿感恩，她的運氣不錯，在陌生的都市，先是遇到了善良的爺爺一家人，在求職路上則遇到了啟蒙劉師傅。劉師傅大名叫劉俊嶺，是陝西有名的廚師，可惜二〇二〇年得腦溢血死了，因為疫情阻隔，無法回國告別。魏桂榮很懷念他，「遇到劉師傅是人生轉捩點，就像是我的再生父親一樣。」她陷入了沉思。

一九九八年，魏桂榮分配到西安西邊一家叫「五羊大酒店」的海鮮酒莊實習，自此開始了職業廚師生涯。

魏桂榮的出身並不顯赫，靠自己的奮鬥走出了大山，闖入了男性統治的廚房，現在又闖到了英國，證明了女性的價值。就像她改良和熬製的醬汁一樣，適者生存，充滿韌性。對於我來說，魏桂榮的啟發更直觀，如果滿足於原汁原味，魏桂榮不會在英國站穩腳跟。來到英國必須入鄉隨俗，變通正是中國人的生存智慧。而我這樣的庸人常以保持初心作為拒絕改變的藉口，這是我難以融入英國生活的癥結所在。

魏桂榮身上濃縮了過去幾十年中國高速發展的幾乎全部祕笈。中國改革開放的成功，正是源於無數個魏桂榮這樣的邊緣人物，他們想要改變命運，無所畏懼，不懼挑戰和改變。從農村到城市，從內陸到沿海，再從中國到海外。這也是過去四十年中國改革開放的重要驅動力，這股力量改變了中國和世界。

魏桂榮一腳踏進廚師圈的九〇年代，英國（西方）的中餐業進入到即將發生巨大改變的前夜。老一輩的香港和廣東的老廚師們大多已退休，他們的孩子在英國接受教育，轉入白領工作，離開了經營廚房的家庭傳統。福建移民開始進入老牌中餐館的廚房工作，後來又開起了自己的餐館。大量的中國留學生蜂擁到英國的大學，他們渴望吃到更加多樣和正宗的來自祖國大陸的中餐。多樣化的中餐館員工群體和同樣多樣化的中國顧客群體這兩種力量在重塑英國中餐方面將起到重要作用。到了二十世紀末，倫敦的華人商場和超市開始廣泛供應來自中國大陸的食材。中餐和中國餐館已經做好準備，新資本在躍躍欲試。大量的中國廚師準備走出國門，開始遠征異國。海外中餐業將不再是船員們的單打獨鬥，也不再是香港家庭作坊式的千篇一律，而是迎來真正的百花齊放。

11、到西方去

我從他蹩腳的英文和坐姿上，判斷出了他的身分，「從中國來的？」

他愣了一下，「是的。」說話有些猶豫。

這個地方是白人居住區，雖然這些年黑人面孔多起來，但是中國面孔仍不常見。

「福建人？」我繼續猜。

「福清的。你怎麼知道？」他更驚訝了。

我暗暗得意。這些年做記者走南闖北，發現中國差異性很大，但是仍然具有一定的地域特徵。我喜歡通過口音和外形來判斷陌生人的身分，作為社交暖場的一項炫技活動，也常常收穫一些廉價的驚歎。

面前的施先生精瘦但是骨骼粗大，明顯做力氣活出身。手指夾著一根香煙，一隻腳搭在椅子扶手上，這種坐姿在濕熱的南方特別常見，考慮到福建移民的數量，當然要假設他來自福建某個山村了。暗號一切都對上了！此刻，施先生正坐在這家叫做「東方」的中國外賣店前，享受午後的陽光，地上一片煙頭。

我們很快熱絡起來，彼此交換背景資訊。

在英國，我無數次遇到施先生這樣的福建人。八〇、九〇年代，國門大開，大批非法移民利用海外網路偷渡，進而拉家帶口，來到海外謀生，這裡面又以浙江和福建最多。華人公益機構「民權」負責人陳運忠說，「一九九三年以後，大量的福建人偷渡來到英國。」這個過程持續了差不多三十年。

施先生來到英國十幾年了，以前在家裡是農民，當年交給蛇頭二十萬元人民幣偷渡，他選擇的路線是先去越南、柬埔寨，然後到了斯洛伐克、比利時，最後輾轉進入英國。路上花了一年多時間，可謂險象環生。入境之後即申請難民，然後進入中餐館打工。前幾年他終於還清欠債，還有了積蓄，從香港人手裡盤下身後這家外賣店，自己當起了老闆。

我在這個街區住了差不多六年，記得剛來時，東方中國外賣店的主人是一對老夫妻，還有一個兒子幫忙。

施先生說，「對，就是那家香港人。夫妻倆都老了，幹不動了，孩子不願接班，兩年前轉給我了。」

浙江人和福建人都信奉田字不出頭，工字不出頭，認定種田和打工都不掙錢，千辛萬苦偷渡出來最終要當老闆。施先生做了自己的老闆，這也是大多數偷渡者的必由之路，就像與時俱進不斷改良的中餐一樣。目前施先生雇了兩個幫手，宿舍就在樓上。前幾年他把老婆也接到英國來，但是老婆不喜歡英國，又回去福清老家帶兒子。

他說，再做上十年，退休了就回中國。「畢竟還是中國人。出來只是為了掙錢。」

施先生是我知道的無數福建浙江移民的一個縮影，開始通過種種無法言說的管道奔走他鄉，辛勤工作和努力生活，如今多數已經洗白了身分，開始在中英兩國之間遊走。

●

從我家步行大概二十分鐘，有一個非常有特色的區域，名叫派克漢姆（Peckham），這是一個各國移民匯集的地方，有段時間，我常去那裡的菜市場買菜，因為可以買到英國超市很少見的大葉菠菜。英國超市的菠菜都是小葉的，用來拌沙拉。中餐菠菜炒雞蛋需要大葉菠菜，最好根莖是那種微微紅色的，炒出來才香甜。我偶然在派克漢姆的伊拉克人所開的露天菜攤發現大葉菠菜，十分驚喜，此後就成了常客。

很多人對派克漢姆印象不佳。原因很簡單，這裡的人來自五湖四海，聚集了各國移民，又以難民為多，亞洲以阿富汗、巴基斯坦、伊拉克、伊朗人居多，還有大量的非洲移民，也有不少早期來的香港老華人。這裡房價便宜，以雜亂著稱，有著治安不佳的名聲。

派克漢姆菜市場上，經常會遇到幾個中國面孔開設的檔口，他們的經營模式很特別，只是租用商店門前的一小片區域，擺放有限的幾樣蔬菜售賣。有幾次跟他們寒暄，對方自稱福清人，早年偷渡來英國。我在附近認識了一個二十一歲的福清女子，是三個孩子的母親。她不是偷渡來的，老公卻是早年隨家人偷渡來英國，後來取得合法身分，然後又把她從老家帶到英國。我在倫敦接觸到大量來自福建的中國人，相當一部分是採用非法途徑來英國的。這趟艱辛的旅程，一直處於灰色地帶，二〇〇〇年英國發生了一起偷渡慘案，外界才關注到這個特殊的移民群體。

二〇〇〇年六月十八日，英格蘭港口多佛的一輛載貨汽車中發現五十八具屍體，只有二人倖存。這輛卡車從比利時出發，經過輪渡到達英國。車中六十人都是非法偷渡者，均為中國移民，五十四男四女，被關在密閉環境中超過十八小時，窒息而死。「多佛慘案」是英國犯罪史上最大規模集體死亡事件之一。

當時為了掩人耳目，那輛在荷蘭註冊的蔬菜專用貨車報關單上寫的是「番茄」，英國海關官員在用X光機檢查的時候，發現螢幕上顯現出來的是層層疊疊的人形，馬上通知了邊防員警。執法人員卸掉車廂前半部分堆得嚴嚴實實的番茄後，看到一個集裝箱，打開集裝箱，展現在眼前的是像火柴棍一樣胡亂碼在一起的屍體！對遺體的檢查結果很快就出來了：窒息或者悶熱脫水。事發七個月後，中方派出專機將五十八具屍體接回福建安葬。[089]

檢察官稱：「在通往澤布呂赫（Zeebrugge）的路上，通氣管是開著的，但在卡車裝上輪渡後，司機關閉了通氣管，這決定了五十八名中國偷渡客的命運。這是車上唯一的通風裝置。他這樣做的原因是防止海關人員或輪渡人員發現車裡的噪音。在隨後的五個小時的旅程中，司機沒有作出任何努力詢問偷渡者的情況也沒有打開通氣管。與此相反，他去吃了一頓飯，還到輪渡上看了一至兩部電影。」偷渡客曾敲打卡車的門呼救，但無人注意。[090]

英國員警親赴福建調查，稱所有死者來自福建省的四個村，年齡在十六至四十三歲之間。[091]

福建為群山環繞，可用耕地不多，和相鄰的浙江一樣，到海外打工是一個致富捷徑。福建部分地區到處都是精緻的房屋，這是人們炫耀在海外獲得成功的一種方式。這些房屋刺激了更多的中國人到國外碰運氣，儘管中國迅速崛起成為世界第二大經濟體，但仍有大約三分之一的人口每天的生活費不足5.5美元。「他們很少提到在海外遭受的苦難，」布里斯托大學的移民發展專家王溫妮（Winnie Wang）說，「他們回到村莊炫耀並且花錢，所以給人們留下了美好的印象。所有黑暗而艱難的故事都被遮罩了。」[092]

二〇〇二年六月，組織這次偷渡的七個人，被海牙上訴法庭判刑，最重被判十年半徒刑。該案的主犯是三十七歲的陳靜萍（譯音），綽號「P姐」。涉案的荷蘭籍卡車司機佩里・瓦克（Perry Wacker）也被英國法庭判處十四年徒刑。[093]

「多佛慘案」引發了世界關注。人們注意到偷渡團夥是涉及到亞洲和歐洲多國的犯罪網路。二〇〇四年發生的「拾貝慘案」又一次讓英國社會關注到中國偷渡者如何被犯罪網路剝削，並在惡劣的工作環境中喪生。

在英格蘭蘭開夏郡和坎布里亞郡之間的莫克姆灣盛產烏蛤，銷至西班牙等國，價值頗高。經常有一些非法勞工在這裡拾貝。二〇〇四年二月五日，三十多名受控制的中國工人被派往莫克姆灣撿拾烏蛤。晚上九點三十分左右，海水突然漲潮，二十三人死亡，十五人獲救。死者除了一人來自遼寧，其餘均為福建人。這就是著名的「拾貝慘案」。

起訴官的陳述突顯了中國非法移民在英國的當代奴隸生活現狀。三名福建籍華人，招募中國非法移民拾貝，然後向一家英國父子經營的水產公司供貨。被告人之一的林羨勇負責在莫克姆海灣附近向非法移民拾貝工提供住宿。當地警方在搜查他租用的住所時發現，原本只能居住六人的房間內擺放了三十張床墊，整個住所內沒有任何其他傢俱。拾貝者的飯食通常是三明治和罐頭。拾貝者收入很低，又不懂英語，完全處於工頭的控制中，過著幾乎與世隔絕的生活。[094] 所有的工人都沒有經過拾貝的專業訓練，之前也沒有任何相關工作經驗。遇難者年齡在十八至四十五歲之間，他們懷揣海外掙錢的夢想，歸宿卻是陌生寒冷的海洋。[095]

這兩起慘案具有很多的共性，偷渡者都是來自福建，他們在家鄉都是缺少生存技能和發展資源的農民，那個時候國門剛剛打開不久，到國外掙高工資的誘惑促使他們鋌而走險。第一批抵達英國的偷渡者很快經營起了人口轉移網路，接應後來者進入異國。

當年，華人社區活動者林懷耀所領導的「民權」組織發起了悼念活動。林懷耀向英國媒體大聲呼籲，英國政府應該給予所有在英國的非法移民以工作權，「英國政府的政策把這些人推向絕望的境地，他們不得不接收所有髒活累活和危險的工作，其結果必然是：他們被迫成為無恥的雇主、黑幫頭目和犯罪團夥盤剝的對象。」

「多佛慘案」四周年的時候，林懷耀又籌辦了一個紀念性質的座談會，同時呼籲政府修改移民條例。「我們認為這是因為英國的移民政策使得多佛港的遇難者沒有別的途徑，被逼走向這些蛇頭。莫肯姆灣的情況也是因為移民政策不讓他們工作，逼得他們去做一些危險的工作。我相信除非移民政策改變，否則這樣的慘劇還會繼續發生。這種慘劇發生在中國人身上的機率是80%以上。我希望通過社區的討論和探討可以反映社區的意見，使當局正視這些問題。」

林懷耀抨擊英國的移民政策不是頭一次。他一直認為是英國的移民政策在客觀上造成了中國人的偷渡潮，慘案發生的部分原因就是因為英國政府不給予那些受害者合法身分。他說最大的問題是新的移民條例，把調查移民身分的責任強加在了雇主身上，這對雇主來說很不公平。很多雇主因為擔心觸犯移民條例而解雇那些身分不確定的員工，很多在唐人街打工多年的無身分者，由於害怕而紛紛辭工。華人餐館受員工短缺之苦已有十多年，正是無證勞工的出現才解決了英國華人餐館的人手短缺問題。這個新的條例使得華人的飲食業受到打擊，讓華人有生意都不能做。飲食業是華人的根基，如果飲食業受到打擊，那整個經濟都受到影響。林懷耀希望能夠反映華人現在所面臨的困難，使內政部正視並且解決這些問題。

「拾貝慘案」使英國正視非法勞工問題，當年通過了《2004年雇主許可條例》，並且在二〇〇五年設立了非法雇主與勞工虐待管理局。該部門的職責是防止在鮮活產品部門——農業、園藝、貝類採集以及所有相關的加工和包裝產業中剝削工人。時任英國首相卡麥隆在宣布這一消息時聲稱，此舉將直接與國家犯罪調查局的大量資源並列，「加強其執法和情報能力」。

二〇〇五至二〇〇六年，西北英格蘭普勒斯頓巡迴刑事法庭對「拾貝慘案」中的五名被告進行了半年的審訊。五名被告中包括三名中國人和兩名英國人。主犯是中國籍男子林良仁，他安排工人在危險環境下工作而不提供任何安全設施，事發後試圖逃離現場，又威脅生還者不能向警方透露他是雇主。林良仁被控二十一項殺人罪、協助非法入境罪和共謀妨礙司法罪。在法庭上，他拒不認罪，將責任推給收購鳥蛤的客戶。法庭形容他「冷酷無情、見錢眼開」。最終二十一條控罪全部成立，他被判處十四年有期徒刑。林的女朋友趙小青和堂兄林羨勇被控共謀協助非法入境罪和共謀妨礙司法罪，分別被判入獄兩年九個月和四年九個月。

但是收購林良仁集團的鳥蛤的利物浦海灣漁業有限公司的一對父子——大衛・艾登

和小大衛．艾登，雖然控方認為他們明知工人們是非法勞工，對慘劇負有責任，最終卻被宣判無罪釋放。[096]

二〇〇七年，「拾貝慘案」三周年之際，以此事件為背景的電影《鬼佬》（*Ghosts*）在英國上映，影片以一名來自福建的女性為視角，講述了她舉債數十萬偷渡到英國、打黑工、和同伴在莫克姆灣遇險，死裡逃生，最後返回中國的經歷。

英國導演尼克．布魯姆菲爾德（Nick Broomfield）採用紀錄片的拍攝方式，全部由非職業演員出演。女主角的扮演者林愛欽本人就曾是非法移民，來自福建省長樂縣附近一個叫金分的小鎮。林愛欽出國前在家鄉有自己的首飾加工鋪，但她還是想為了未來再找條出路，十年前借了三十萬交給蛇頭來到英國。

林愛欽告訴記者，偷渡者在英國過得如何，大多取決於運氣。有的老鄉得了精神病死掉了。她自己也很後悔來英國，但欠債不得不還。她把自己在英國的生活描述為「除了工作，就是睡覺」，「但在給家人的電話中還得報喜不報憂」。

她性格倔強，最後和丈夫分手。林愛欽的兒子於二〇〇〇年出生在英國，但她由於無法在英國照料他，就托朋友帶回國，此後五年一直沒見過兒子。直到回國拍攝電影，才和兒子、父母見面。電影中，林愛欽在莫克姆灣海邊對電話裡的兒子說，「你只要站在海邊叫我，我就可以在海的另一邊聽到你的聲音。」

如今，林愛欽和七歲的兒子一起在伯明罕生活。孩子讀小學，她自己也在當地一所學校學英文。至於以後，她無法想太多。[097]

四年之內，連續發生兩起偷渡者悲劇，震驚了英國社會。在這之後，大規模非法中國移民的消息減少了。中國政府從源頭打擊非法偷渡，蛇頭採取更為隱蔽的偷渡方式。另一方面，隨著中國經濟的迅速崛起，經濟移民（偷渡）的動力已經不復存在，大規模的偷渡超逐漸銷聲匿跡；而那些偷渡先驅們，已經慢慢適應了異國的生活，就像我的鄰居施先生、或者林愛欽，經過艱苦的打工生活，償還了蛇頭的外債，並且擁有了自己的獨立生意，上岸了。

●

二〇一九年，英國又發生了一起慘絕人寰的卡車偷渡慘案，不幸再度跟中國扯上關係。十月二十三日，華特格雷德工業區，一輛從比利時渡海來到英國的大卡車準備卸貨，打開冷藏車卻發現三十一個男人和八個女人死在車裡，全是亞洲面孔。據推測，在這些人生命最後的十二個小時，是在零下25度的集裝箱被慢慢凍死的——這是怎樣黑暗和絕望的旅程！

事發兩天後，英國警方根據死者身上發現的中國護照，披露資訊死者都是中國人。人們馬上聯想到了十九年前的「多佛慘案」。公眾發現，中國偷渡者已經淡出公眾視野太久了，現在取而代之的是來自來自阿富汗、敘利亞、甚至伊拉克和伊朗等動盪地區的非法移民，一直是媒體報導的重點。英國媒體一直在報導內政部加強對從法國開到英國多佛港口的歐洲車輛檢查的消息。因為很多中東難民守候在法國加來一側，千方百計尋找機會搭車闖入英國。最初發現集裝箱屍體的時候，大多數人還想當然認為死者或許來自這些動盪地區，但是周四早間新聞披露三十九名死者全部都是中國人的時候，連天空新聞台（Sky News）的主持人也感到驚訝，主持人在直播中忍不住發問：「中國現在不是已經很強大了嗎？為什麼這麼多中國人還千辛萬苦往外跑？」

這是一個好問題。「多佛慘案」發生的年代，中國經濟實力遠不像今日強大，當時英鎊兌人民幣的匯率大概1比12，當年來英國工作，跟在國內比，算是賺到錢了。現在的情形發生了很大變化——現在中國人給英國人的印象是富裕、活躍、整體的自信度不斷增強；英國一直在鬧脫歐，英鎊一跌再跌，跟人民幣的匯率已經遠非十年前可比，差不多降了一半。所以到英國工作已經賺不到過去那麼多錢了，這些年中國經濟發展了，國內家裡生活都不差，經濟移民的動力不復存在。

現在中國人辦個出國簽證並不難，很多國人都有辦簽證出國旅遊的經歷。現實中，身邊很多中國人先辦旅遊簽證，再到英國打黑工。這樣的事例雖然違法，但是風險不大，案例頗多。我認識一個河南阿姨，黑在英國做保姆十幾年，跟雇主一家相處很好，兒子結婚才回中國。二〇一四年九月我女兒開始在英國讀小學，下午三點放學沒人接，我們曾商量找阿姨，朋友推薦了一位山東阿姨。第一天試工，阿姨告訴我們，她也是拿旅行簽證來英國的。這個阿姨經歷更複雜，她早年拿旅遊簽到德國，以遭遇丈夫家暴為名申請難民，然後拿到了德國居留，在德國生活工作多年，又把兒子申請去德國讀書工作。現在不知出於什麼原因，放棄了德國居留又來英國。我們覺得這個阿姨經歷過於複雜，不知根知底，就沒敢留她。但通過她也瞭解到，很多國人是抱著邊出國打工賺錢邊遊玩見世面的心態。她們覺得，相對而言，英國的生活環境比在國內更輕鬆舒服，因此很多人選擇「黑」在英國。透過這些事例，足見普通中國人申請旅行簽證出國並不難。

回到這次的卡車集裝箱慘案。採用這種極端的原始方式偷渡，只能說明一個問題，這些人無法通過正常的管道申請到簽證，甚至就連普通的旅遊簽證也很難申請，只能採用隱身集裝箱這種極端方式來英國。所以我傾向認為，可能這些偷渡者在英國的親屬和接應者也沒有合法身分，無法幫他們辦理合法簽證。還有一個可能就是，他們也許是出自一些具有偷渡傳統的地區。

最後警方澄清，死者都是來自越南的非法偷渡者，拿的是偽造的中國護照。籠罩在華人社區心頭的壓力一掃而空。從這兩起相距十九年的偷渡慘案上看，嚴格的移民管控並不能從根本上杜絕偷渡，英國移民局加強了多佛港的檢查，偷渡者就轉移到更薄弱的其他港口；英國對從法國加來的車輛特別留意檢查，犯罪集團就會從比利時闖關。為什麼這次出事的卡車來自北愛爾蘭？或者真實的用意在於，車輛宣稱從比利時接貨經英格蘭開回車輛註冊地北愛爾蘭，是為了遮人耳目，令沿途的英國邊檢放鬆警惕，利於偷渡。偷渡這種古老的方式將會長期存在。嚴格的移民管控只會逼迫犯罪團夥採用集裝箱藏人這種更極端的方式進入英國。

從「多佛慘案」的年代至今，非法移民系統已經形成了一個成熟的人口轉移網路，人蛇往往是受到信賴的關鍵人物。那些把偷渡者鎖進集裝箱裡的人，也許正是他們唯一可以信賴的人，也許之前曾用同樣手法幫助其親屬來到英國，他們對中間人充滿信任，不計風險放心把性命託付。這是扭曲而真誠的關係。

大約十到十五年前，一筆偷渡費用大概需要花費五萬美金。在到達歐洲目的地之後，偷渡者承擔著巨大的財政壓力，需要付出多年的勞動償還這筆債務。近十幾年來，中國移民利用大卡車這種偷渡方式進行人口轉移其實已經消失了，而是轉向了更加複雜和昂貴的移民方式。

●

在非法移民前仆後繼告別家鄉的時候，魏桂榮也面臨人生的抉擇。她已經到了談婚論嫁的時候。曾經很多人勸她找個上門女婿，也就是找一個比魏桂榮條件還差的人。世俗的眼光看來，女人一輩子不應該再有別的生活了。魏桂榮完全無法接受，她的父親被認為養活不了自己的家庭，需要爺爺指定兩個叔叔代為照顧，魏桂榮從心裡不能接受，她覺得自己可以照顧全家人。同樣，她也認為自己不需要找一個上門女婿。

這個時候，朋友給她介紹了一個對象，對方家住城中村，即將到來的城市開發熱潮會帶來預期的可觀拆遷費用，而對方的父親是人民教師，家裡條件不錯。當時魏桂榮考慮得簡單，因為自己的家庭負擔重，需要多點心思照顧父母，給妹妹提供學費，所以就同意了這門婚事。二〇〇四年，二十二歲的魏桂榮結婚了。第二年，她生了一個女兒。

魏桂榮在大廚的位置上做了六年，陸續換了幾家酒店工作。解放酒店、石油賓館，都留下了她在灶台打拼的故事，她成為了廚師行業的行家，不僅廚藝得到了提升，更重要的是對於廚房的運營十分熟悉。廚師業的競爭伴隨著餐飲業的競爭在加劇，廚師業的規則已經進化和改變，總是由一個廚師團隊接下某一個飯店的活兒，如果領頭的發現新的酒店有利可圖，就會集體跳槽，帶著團隊到下一個新崗位。

魏桂榮本身是麵點師傅出身，但是她不滿足於只是流水線上的一個元件，很快，她組建了自己的的團隊，成員包括：配菜、炒一、炒二、炒三、炒四、炒五、炒六師傅，有了這幾個角色，魏桂榮組建了一個廚師團隊。

她成長為市場經濟下一個高效的掙錢機器，具備了議價權。從麵點師傅到團隊話事人，她用了十一年的時間，在環宇賓館做到了總廚的位置，現在開始帶領自己的廚師團隊，在市場遊弋。她喜歡這種挑戰性的工作，不再滿足於一成不變的生活，慢慢地和丈夫之間有了分歧。

當她結婚的時候，很多人誇她嫁得好，畢竟從山村嫁到了西安，改變了農村身分。小倆口起初住城中村，後來城中村拆遷了，光拆遷費就賠償了三輪，很多人拿到了現錢。

魏桂榮很快發現了這裡揮之不去的小農思想，人們思想保守，做事沒有膽量，很多人滿足於手裡的真金白銀，上班也不去了，村裡的媳婦平時聚在一起就是打麻將，選村幹部還要送錢送禮……很多事情她看不慣。

那會兒魏桂榮瘋狂地想要賺錢。她想去日本發展。上世紀九〇年代，日本香川縣和西安結成了友好城市，很多陝西廚師派往日本工作，魏桂榮聽說一個麵點師一個月在日本就能賺二萬元，她心動了。但是日本工簽要求廚師需具有十年以上的工作經歷，她的工作資歷還不夠。

日本受限，又轉而想去新加坡工作。這次很幸運，她很快拿到了工簽。二〇〇七年，魏桂榮一邊做著出發的準備，一邊還在正常上班，一天劉師傅從武陽飯店打來電話，「妳在哪裡？趕緊坐計程車來我這裡一趟。」

劉師傅那會兒已經不再做廚師掌勺了，而是成了一個職業經理人的角色，幫助一些餐館組建廚師團隊、設計菜品。他在電話裡簡單告訴魏桂榮，有人從英國來西安找廚師，還沒有找到合適人選，師傅推薦了魏桂榮。這人還有二十分鐘就得離開西安，走前希望和她見一面。

魏桂榮匆匆趕到師傅那裡，見到了山東商人邵偉。第一次和魏桂榮見面，邵偉只交談了幾句，就決定請她去英國為餐館工作。

說起來，邵偉也是英國中餐業的一個標誌人物。邵偉來自山東省，是一位古玩商，同時也是個狂熱的業餘音樂愛好者。他已經在英國生活了十一年，但仍定期去中國旅行。他覺得，倫敦已經到了該開一家真正地道的中餐館的時候，讓英國人領略時髦的國際化中餐的風采。二〇〇六年，邵偉把正宗的川菜引進到倫敦，在蘇活區開了一家叫「水月巴山」（Barshu）的川菜館。在這之前，倫敦一些粵菜館也會推出一兩道所謂的川菜，但都是改良過的口味，並不地道。唐人街幾乎找不到一家沒有咕咾雞、蛋炒飯，也沒有西式中餐的純川菜館。

川菜就是中餐裡的江湖菜，它頗有一種信手拈來的市井氣質，不同於魯菜、浙菜這些名門閨秀，川菜更火爆、更接地氣。四川廚師擅長將多種不同口味組合成精緻複雜風味的菜肴，善於使用油、鹽、辣、麻的組合，喜歡醃製風味的豆豉增香，泡菜、醃製辣椒、生薑、大蒜和蔥增加口感的豐富性，在肉食和蔬菜的搭配上看起來隨心所欲，又能很好地融合不同食材的口感，追求一種持續的不會褪色的口味，除非菜肴冷了，川菜的味道永遠不會變淡。邵偉不光想要原汁原味的川菜，他想要把當時在中國剛剛興起的新派菜的概念引進到英國，他看好英國的中餐市場。一是留學生增多，迫切需要純正地道的中餐，再者隨著訪華外國人的增多，對於純正中餐的市場需求也更加迫切了。

隨著中國社會競爭的加劇，重口味和辛辣食物開始在中國流行，四川菜、湖南菜、貴州菜都以不同程度和風格的辣而著稱，嗜辣已經成為中國人的一種解壓方式。但是英國社會形態畢竟不同於競爭激烈的中國，複刻中國的辣度，英國人能否接受？可以想像的是，英國的肛腸科生意估計該大火特火了。

邵偉已經招募了一批出色的川菜廚師來「水月巴山」工作，還找英國美食作家扶霞做為顧問。他需要繼續擴充廚師隊伍。魏桂榮對邵偉實話實說，自己辦新加坡的工簽辦了四年，花了三萬多塊，現在快成行了，如果再去英國已經沒有錢了。邵偉爽快地承諾，可以幫她支付。隔了一天，邵偉的助理給魏桂榮的帳號打了幾萬塊錢。魏桂榮看對方很有誠意，就開始辦英國簽證，並且在北京加入了籌備團隊。

魏桂榮在北京忐忑等待工作簽證的時候，英國華人社區發生了一件大事。二〇〇八年新年剛過即傳來風聲，英國政府決心收緊移民政策，對黑工進行大清洗，該政策對需要雇傭大量廉價廚工的中餐業造成了很大影響。根據英國政府最新出台的規定，聘用非法勞工的雇主，將面臨高達一萬英鎊的罰款或是兩年的監禁。

華人社會對此反映強烈。根據醞釀中的新的移民積分制度，如魏桂榮這樣拿著職校證書、不會英文的中餐廚師將會被拒之門外，增加英國中餐館的經營難度。

華人社團為此展開了一系列宣傳和遊說活動，試圖影響和阻止該政策。英國華人律師李貞駒表示：「英政府的新移民政策，顯然不利於非英語國家和非歐盟國家的移民，帶有傾向性和針對性，首先是增加了英文的要求，這會導致中餐館請不到廚師，加上打擊黑工、嚴懲雇傭黑工的雇主的政策，這樣下去中餐行業就會慢慢消亡。這些政策受影響最大的就是華人群體。」

二〇〇八年四月二十日，超過七千名來自英國華人社區、孟加拉、巴基斯坦、印度和土耳其社區的餐飲業主、員工及支持者聚集在倫敦鴿子廣場，進行示威，抗議英國政府計分移民制對餐飲行業帶來的衝擊。在集會上，倫敦市長代表表示：「我反對計分制排除歐盟外的勞動力。少數民族餐飲業對英國的貢獻非常大。它是英國文化的一部分。它是倫敦生活和觀光業的精華。對餐飲業的傷害，就是對倫敦的傷害。」

華人社區的目標，是將中餐業列入「短缺行業名單」。如果中餐列入短缺行業名單，那麼對申請人的學歷和薪金不再強制要求。

身為華人移民關注委員委員的林懷耀表示：「對英國華人餐飲業來說，這只是一個中短期的解決辦法，長遠來看，根本上還是需要解決華人非法勞工的合法化問題。」

到了九月上旬，傳出一個利好消息：中餐行業主要職位「技能廚師」（Skilled Chef）將在英國新移民計分制的第二級「技術工人」（Skill worker）項目下，獲得「短缺行業職位」的50分，而不是「非短缺行業職位」的30分，從而更易達到70分的移民申請要求。幾個月來的抗爭和呼籲取到了初步效果。但是「樓面」（侍應）等職位並未列入名單，仍需業主們繼續爭取。而「技能廚師」雖然上榜，但是同時規定「時薪必須達到8.1英鎊或以上水準」，這讓許多雇主覺得「技能廚師」價格上漲，會加大運營成本。

這場事關中餐業的博弈過後，二〇〇八年十月，魏桂榮如願拿到了英國工簽，十二月就飛到了英國。

回憶第一天來英國的情形，她說，「那時候什麼咱都不懂。」出發前，她差點把包括工作許可證一類的資料扔掉，幸虧別人提醒，才在最後時刻塞進旅行箱，否則根本進不了海關。邵偉派來的司機來接她的時候，剛下午四點多，倫敦已經天黑了。那是十二月分，很多人告訴她英國氣溫並不低，出發前魏桂榮就連羽絨衣都沒拿，但是感覺那天很冷。她感到倫敦的天氣很古怪，中國有霧霾，但是天空是白的，而倫敦的天空灰濛濛的，一會兒白一會兒黑，影影綽綽。

來人把魏桂榮直接拉去了唐人街，可能是時差沒倒過來的原因，魏桂榮覺得頭重腳輕，走路都不會了，車子來了也不會躲，感覺很不適應。餐廳的馬來西亞大廚見了魏桂榮，開玩笑說，「妳膽子真大呀！給妳錢妳就敢來，不怕讓人給賣了啊？」

來英國的第二天。魏桂榮出來四處走走看看，倫敦的節奏跟中國完全不一樣，魏桂榮發現，這裡的東西普遍貴。最大的困難就是語言了。她連1、2、3的英文都不認識，完全零基礎。新來者需要到警察局註冊，進門的時候，她感覺腿都有點哆嗦。真正讓她腿哆嗦的是高節奏的工作，上班是十一個小時，一天下來腿都站麻了。初來乍到，魏桂榮覺得很不習慣，異國生活遠不是想像的那麼輕鬆。

不管怎麼說，邵偉的「水月巴山」選擇了一個正確的時間。二〇〇八年，北京奧運會盛大舉行，中國以大國姿態出現在世界舞台。中國題材、中國故事正在大行其道，他的新派川菜館適應了這個趨勢，帶動了英國中餐業的一個潮流。魏桂榮也選擇了一個合適的機會闖蕩異國，開闢自己的新天地，並將展露頭角。

等到了二〇一〇年，英國政府修改了簽證政策，開始對廚師簽證實行語言要求，需要雅思（IELTS）成績4到4.5分才能拿到工簽。如魏桂榮這樣的英語零基礎再申請工簽就變得非常困難了。一方面是勞工政策的日益收緊，一個是中餐業的發展急需要更多的專業人才，這為日後不斷加劇的矛盾衝突種下了伏筆。

12、八仙過海

進入二十一世紀，英國的中餐業發生了很大的變化。某種意義上講，這種變化是革命性的，並且至今沒有停止。

二〇〇三年，中餐館「客家山」（Hakkasan）獲得米其林一星，一些倫敦以外的美食家感到驚訝。中餐館也有米其林一星？在人們的印象中，中餐一直是中低端廉價的代名詞，外賣食物通常黏糊糊的，總是很鹹、油膩，「酸甜汁」或者「炒飯」就是一切。二十多年前，當譚榮輝大廚為ＢＢＣ製作電視節目時，每個人都認為中國菜就是糖醋肉。中餐似乎陷入了陳規陋習並且無法擺脫。

但是「客家山」完全不同於人們之前在英國看到的景象。幾年前的一個傍晚，我去「客家山」吃飯，這家餐廳位於倫敦西區，由一個地下停車場改造而成，沒有中餐館慣有的富麗堂皇的店面，只有一個不起眼的招牌嵌在外牆上，室內卻別有洞天：裝潢格調妖嬈，中式的木雕漆屏將酒吧區和永餐區隔開，燈光幽深，香氳飄飄。服務員全是年輕苗條的西方面孔，見不到一個華人侍者，格局更像是個新潮的俱樂部或者夜總會，融合了一種糜爛和摩登結合的氛圍，充分滿足了西方食客對神祕東方的審美想像。「客家山」的食物也很精美，與流行於唐人街的粵菜點心大為不同，它做得更加精緻，擺盤借鑒了法餐，無論從造型上還是口味上，都盡可能趨向極致。

「客家山」的創始人丘德威很有經營才能。丘德威一九六二年生於香港新界，十一歲隨父母移民到英國。那時候他幾乎不會說英文，青少年時期還需要送外賣來貼補家用。大學畢業後，丘德威做起了工程、室內設計的行當。在一次聚會中，丘德威妹妹的日本同學說，最懷念家鄉熱騰騰的拉麵。丘德威發現，日式拉麵的做法很簡單，於是在父親的支持下，他湊足四十萬英鎊創業，於一九九二年創建「Wagamama」，一個主打日式速食的連鎖餐廳，去過「Wagamama」的人都知道，裡面都是大長桌和長椅，比較像中國大學食堂，非常適合邊吃邊聊，輕鬆熱絡，很受年輕人歡迎。此後，他陸續開辦了物美價廉的泰式餐廳「Busaba Eathai」及廣式茶餐廳「丘記茶苑」（Yauatcha），二〇〇一年又開設定位高檔的中餐廳「客家山」（Hakkasan）。

丘德威需要找一個能做高檔中餐的大廚，他在新加坡發現了唐志威。唐志威是馬來西亞華人，十六歲開始學廚，跟隨香港師傅在馬來西亞和新加坡的星級酒店廚房做了十四年。丘德威跟唐志威第一次見面之後，又去了香港、臺灣、中國大陸，不斷尋找適合的大廚。七個月後，丘德威再次來到新加坡，告訴唐志威，「你就是『客家山』需要的行政總廚，你的英國勞工證已經辦妥了。」

倫敦。唐志威坐在我面前，回憶起這一幕仍覺不可思議，他說，「丘德威做事比較神祕。他不停去找廚師，中間曾回來過偷偷品嘗和觀察，他認定了你就還會回來。」

丘德威為了「客家山」投資了數百萬英鎊，他告訴唐志威想做歐洲最貴的中餐。當時唐志威心想，新加坡待得蠻久了，剛好想來歐洲看看，給自己一個機會，待上一年，如何不適合，就當玩一下，再回新加坡也不遲。

二〇〇一年四月唐志威飛到倫敦，他有點失望，倫敦建築陳舊破爛，都是小路，他甚至懷疑這是歐洲大城市嗎？完全和現代化的新加坡是兩個感覺。「客家山」連個門面都沒有，還在地下停車場，完全不是唐志威想像的樣子。他一直生活在熱帶國家，覺得英國很冷，水土不服很快生病了。最大的挑戰還是來自廚房。丘德威已經請人設計好了廚房，但不是按中餐廚房的習慣設計的，而且當時英國缺很多做中餐的食材和配料。唐志威花了半年的時間才改良好配料醬汁之類。

當時丘德威帶著唐志威吃遍了倫敦幾乎所有的中餐館。「那時中餐的水準，還停留在八〇年代，唐人街有很多傳統的粵菜館，突破性的中餐館還沒有出現。」唐志威說。

變化發生在「客家山」出現以後。丘德威會做生意，也懂吃，他選擇唐志威，是想在廣東菜基礎上，做倫敦沒有的高檔中餐，而唐志威的風格剛好是他需要的。丘德威把客戶定位在三十到四十歲之間，這部分人高收入高消費，他的「客家山」不僅有美酒佳肴，還有妖嬈的燈光、音樂，有豐富的視覺和聽覺效果。唐志威設計的菜單就像「客家山」的裝飾一樣奢靡，他將傳統粵菜與新的詮釋相結合：烤鱈魚配香檳和蜂蜜，蝦吐司配鵝肝，北京烤鴨配魚子醬、茉莉花茶香薰神戶牛。他研發的菜品不只是個時髦的概念，確實有貨真價實的東西，體現了中餐的某些本真元素。

「客家山」二〇〇一年開業，二〇〇三年就拿到了米其林一星，被稱為「倫敦最性感的餐廳」。唐志威則在二〇〇五年獲得卡爾頓酒店獎——倫敦「最佳廚師」。

唐志威介紹，當時「客家山」請了從法國米其林出來的飲食顧問，每個月都會來倫敦品嘗菜品，跟唐志威聊天，講一下用餐的體會。唐志威也順便瞭解了米其林的一些遊戲規則：米其林一星主要針對廚師，餐館的菜品需要精緻好吃；要是想要拿二星，餐館服務必須很好；評三顆星的話，則需要食物、服務和環境三者都具備。

不久，「客家山」集團的另一家餐館「ＨＫＫ」也拿到了米其林一星，唐志威想拿兩星，但是嘗試了三年，還是差一點。他分析說，原因還是因為服務不夠好，如果餐館想要掙錢，可能就會顧及不到服務。如果評三星，環境要十分清淨，食客彼此不會干擾。這對於大多數希望顧客盈門賺大錢的餐館都是個挑戰。

丘德威在多個餐飲專案取得巨大成功，名下建立了價值數百萬英鎊的餐飲王國。「客家山」的足跡遍布其他全球主要城市，包括紐約、孟買、邁阿密、阿布達比、杜拜、杜哈、舊金山、拉斯維加斯以及比佛利山莊等。第十二家分店位於上海外灘18號。這個喜歡折騰的商業奇才後來陸續賣掉了餐館，二〇〇八年，丘德威把「客家山」和另一家餐館「唐茶苑」賣出了三千五百萬英鎊天價，新聞出來引起轟動。丘德威的生意經很奇特，餐館一旦盈利，馬上出手轉讓。如今，丘德威又在籌畫新的專案。

二〇一九年，唐志威也離開了「客家山」，他的志向仍然是廚房和做菜，他一直夢想開一個自己的餐館，他去了印尼待了幾個月，又回了新加坡和馬來西亞，一路嘗了很多東西，還去了香港、臺灣和中國大陸，他從上海去了浙江省舟山群島北部的枸杞島，這個偏僻的小島因曾經遍布枸杞而得名，現在開發成一個旅遊度假島，空氣很好，綠植滿目。

這個小島給了唐志威新的靈感。他決定在倫敦開一間中餐館，還是做自己擅長的粵菜，選料走精緻高檔路線，餐館的英文名就採用枸杞的拼音 GOUQI，中文名叫「唐舍」。二〇二〇年就準備開，因為疫情耽擱了三年，二〇二三年決定正式開業。地址位於倫敦鬧市中心的特拉法加廣場的邊上，旁邊不遠處就是馬來西亞駐英國觀光處。

唐志威和我坐在「唐舍」的一個角落聊天，他指給我看靈感源自枸杞島的一些設計項目，「這些椅子都是新中式的，它的靠墊也都是設計成草綠色的，是一種自然的感覺。枸杞是個好東西，能入藥也能做菜，健康，明目，養生，這應該就是未來中餐給消費者的體驗。」

來英國二十二年，唐志威觀察到，英國中餐業每隔一個十年都會發生變化。「客家山」之後英國開始出現了高檔中餐，之前川菜火了很多年，現在粵菜又重新活躍起來了。英國中餐業競爭很激烈，但是市場看好。目前兩、三個大集團正準備進來投資倫敦的中餐業。

唐志威聊起了童年。他對烹飪的興趣在很大程度上受到了外婆啟發。馬來西亞生活和居住了八百萬華人，都是清朝和民國時期從廣東、福建和海南等中國南部闖南洋的窮苦中國人。他們在異鄉開拓了新生活，同時保留了很多傳統，包括飲食。唐志威的外婆是客家人，客家是唯一一個不以地域命名的民系，分布廣闊，人類學上稱為「Hakka」。客家人被認為是漢族的一個分支，在南下遷徙的漫長過程中，仍然保留了鮮明的中原特色，並且融入了中國南方的飲食風格，成為獨具特色的客家菜。小時候唐志威跟隨外婆在鄉下長大，在他十一、十二歲的年紀，跟隨外婆去森林砍柴，幫忙撿柴，順便在小河裡抓蝦抓螃蟹，回到家裡，用柴火燒飯。外婆會燒很多客家菜給他吃，外婆家養雞養鴨，食材順手拈來，唐志威印象最深的是，外婆做一碗白米飯，再煎兩粒荷包鴨蛋，令他吃得很滿足，很早就萌生了長大做廚師的想法。

他滿懷憧憬地說，「那種生活很簡單，現在回憶起來仍覺得那時候蠻幸福。」那是任何最高檔的餐館都做不出的美味，承載了對童年和親人的思念。

唐志威長到十二歲，離開了外婆的小村子，回到怡保父母的身邊念書，他有一個哥哥，下有兩個弟弟、一個妹妹。成年之後生活壓力大，覺得家裡生活不是特別容易，爸媽打工蠻辛苦。一九八二年，十六歲的唐志威去新加坡謀生，自此走上大廚的職業道路，當時選擇廚師職業也是出於樸素的想法「至少一天兩餐有了著落」。

「客家山」的出現是一個轉捩點，帶動了中餐業往高檔方向拓展。一九八五年，英國90%的華人從事餐飲業，而到了「客家山」走紅倫敦的二〇〇四年，從事餐飲業的華人數量已經減至不足人口的一半。第一代在廚房工作的華人已經逐漸退隱，他們的第二代裡，那些擁有學術和專業背景的華人開始搬離蘇活區，進入更富裕的克洛敦（Croydon）和科林戴爾（Colindale）郊區。華人的數量持續擴大，有志於投身美食的華人新移民仍然在廚房挑戰著舊有規則。然而，這種種變化並沒有影響到中餐業的發展。到目前為止，中國故事剛剛開始引人注目，各種風味的中餐館如雨後春筍在倫敦出現了。

●

二〇〇六年四月，山東商人邵偉的「水月巴山」在倫敦蘇活區弗里斯街（Frith Street）開業。從一開始，邵偉就決定放棄脆皮鴨和其他倫敦人熟悉的中國主食，並提供新派四川菜單。在邵偉的團隊中，被邀請為顧問的英國美食家扶霞起到了關鍵的作用。

扶霞是第一個在四川接受烹飪培訓的西方人。她能講一口流利的普通話，偶爾有一點外國人的口音，因為在四川待久了，甚至能聽出一絲俏皮的四川味。作為顧問，扶霞的工作就是鼓勵非華人顧客充分領略川菜的風采並提出建議。她為「水月巴山」起了一個恰如其分的英文名字「Bar Shu」：這是四川兩個古國名「巴」和「蜀」的音譯，這個名字在英語中聽起來既特別又好記。廚師最初想要強調「新潮川菜」和追求比較貴的食材。扶霞則極力主張應該保留一些經典的傳統菜式，如宮保雞丁、乾燒魚、魚香茄子和乾煸豆角，這些傳統菜可能對中國人已經很熟悉了，但是對倫敦人而言也是全新的，並且十分美味。扶霞還參與了對服務員的培訓，諸如讓服務員告訴客人不用吃下辣椒或花椒，要客人小心魚刺等等。扶霞深信倫敦人會喜歡這種具有挑戰性的飲食風格，事實證明，倫敦人很快就接受了這種全新的中餐，熟練地品嘗起了魔芋燒鴨和夫妻肺片。

扶霞在牛津長大，很小就喜歡烹飪，並且想成為廚師。九〇年代她前往四川成都學習語言。原本可能成為一個研究少數民族的學者，但是一頓川菜讓她改變了志趣。

四川是擁有八千萬人口的大省。四川人以熱衷休閒享受的人生態度聞名。在這樣的魚米之鄉，人們喜歡享用麻辣的食物，以驅逐盆地的濕寒之氣，發展出豐富多彩的川菜。

扶霞在一篇文章中回憶道，跟川菜的戀情始於一九九三年九月的一天，朋友邀請她出去吃午飯。在汽車站附近的一家簡陋餐廳，地上鋪著像浴室一樣的白色瓷磚，有幾張桌椅，牆上什麼也沒有。扶霞仍然記得那頓飯的每一道菜的味道。琥珀色的皮蛋，切成段，像花瓣一樣排列在一堆切碎的青椒周圍。口水雞，拌入醬油、辣椒油和四川胡椒。一整條鯉魚，用辣椒醬燉，並帶有令人陶醉的薑、大蒜和蔥的香味。還有魚香茄子，這道菜一直是扶霞個人的最愛，金黃色的油炸茄子用深紅色的辣醬烹製，帶有一絲酸甜。

「那天下午晚些時候，當我們坐在河邊的茶館裡喝著茉莉花茶，陽光在遮蔽的樹葉上翩翩起舞時，我意識到我墜入了愛河。」扶霞深情回憶。

一九九四年九月，扶霞學習了川菜的一些基礎做法，例如魚香肉絲、宮保雞丁等名菜。一個月後，四川高等烹飪專業學校邀請她參加全日制廚師培訓課程，她感到很高興。學校領導允許她支付與其他學生相同的價格：三個月課程的費用略高於一百英鎊。入學時，她收到了廚師工作服、兩本中文教科書和一把切肉刀。班上五十個小夥子，都是中國人，說的是四川話。

扶霞見到了魏桂榮遭遇的類此場景：四川（中國）的專業廚房由男性主導，班裡包括她只有三名女性。女性通常很少操作炒鍋，通常只是準備冷盤。

烹飪學校的同學都沒有見過外國人，只會叫她「老外」。每天早上，扶霞從公寓騎車到烹飪學校，途中買熱包子作為早餐。早上八點三十分左右上課。她系統學習了基本刀工、火候、調味，打下了非常好的基礎。

四川廚師以控制火候的技藝而聞名，每道菜都有自己的火候要求。「乾煸」食物，如牛肉，會用中火炒，直到它們失去水分，變得有些乾燥並散發出精緻的香味。四川豆瓣醬辣椒總是在熱油中炒香，提取其深紅色和豐盛的發酵味道。

扶霞嘗試學習所有的川菜技能，包括分割食材，在眾人的關注中表演烹飪。最令她難忘的是宰殺活物。中國人追求新鮮，很多食材送達廚房時還活著，殺死它們是廚房工作的一部分。當扶霞看到一個同學忙著把活鯽魚的鰓撕下來，然後才去除內臟時，有點害怕。「你為什麼不先殺了他們？」對方聳了聳肩，看著她冷靜地說，「魚沒有靈魂。」

完成三個月的烹飪課程後，扶霞愛上了四川，幾乎每年都會去，甚至一次待上幾個月，繼續研究。她的工作讓她接觸到了形形色色的中國人，她發現廚藝在中國社會地位低下，但對美食的欣賞卻是超越階級和文化界限的。她記錄了詳細的烹飪筆記。一個丹麥朋友鼓勵她寫成一本書。

扶霞渴望成為美食作家，並下了很大的功夫。一九九六年，扶霞向六家出版商發送了她寫的第一本四川美食的提案。拒信一封一封寄來。每個人都說，一本地方性的中國菜譜對英國讀者來說太小眾了。扶霞垂頭喪氣。

現在扶霞回想起來，覺得出版社的猶豫是可以理解的。儘管中國在一九九二年就開始了社會主義市場經濟改革，但在大多數英國人看來，它仍然遙不可及。在英國，中國菜主要是指那些適應英國人口味的粵菜模式。菜單上偶爾提及「四川」或「北京」風味。很少有人用英語寫過關於四川菜的文章。當時英國的很多美食記者對川菜聞所未聞，甚至沒嘗過麻婆豆腐。

一年後，一九九七年，扶霞再次嘗試出版她的四川食譜。這一次，她成功了。在中國迅速崛起為世界文化和政治新力量的浪潮推動下，英國的中餐發生了一場革命。過去，中餐館只能靠迎合當時英國人的口味生存；現在，特別是在大學城，他們擁有大量來自中國的新移民市場，其中許多是年輕人，他們想吃自己在家喜歡的那種食物。新一波的中國旅居者和移民來到英國，自然而然地把水煮魚和火鍋等四川時尚帶到了身邊。同時，世界對中國的興趣與日俱增，西方人對中國最熱鬧、最刺激的川菜產生了興趣。

扶霞的「四川菜譜」最終在二〇〇一年出版，大約在新書出版的時候，扶霞開始注意到倫敦的小餐館供應正宗川菜。甚至粵菜館也開始在菜單中加入川菜。在「水月巴山」取得成功之後不久，倫敦的許多地方，以及曼徹斯特、諾丁漢、伯明罕、牛津等城市都有了川菜館。四川火鍋在中國廣受喜愛，現在開始出現在倫敦的餐廳中，餐桌被挖出一個洞，用來盛放沸騰冒泡的火鍋湯底。另一個愛吃辣椒的省分湖南和東北地區的美食緊隨四川的辣味之後出現。許多新餐廳一開始沒有英文宣傳，只是為了吸引中國顧客，他們的菜單更多地反映了中國而不是當地的烹飪時尚。

在她的第一本書版近二十年後，《衛報》將其評為有史以來最偉大的十本烹飪書之一。

●

倫敦。魏桂榮逐漸融入了這個帶給她諸多新鮮感的都市。她喜歡在工作之餘逛跳蚤市場和二手店，喜歡倫敦的老建築。尤其是哥德式的建築。初來乍到，她覺得最奇怪的事，是每年七、八月看到的同性戀遊行，現在她像英國人一樣學會了見怪不怪，在她工作的蘇活地區，充斥了形形色色的人。周末晚上下班出來，路過哈利波特劇場，她發現好多人在街邊撒尿，場面非常壯觀。

她笑著說，「很多人批評中國人隨地吐痰不文明，但是我看到的是老外們集體隨地撒尿。」

這些生活的細節，似乎只有敏銳於變化的人才能捕捉到。游走東西不同語境，魏桂榮開始意識到自己的文化所獨有的價值。

來英國滿五年，魏桂榮拿到了永居權。開始她想把丈夫也辦出來，簽證最終下來了，但是丈夫拒絕來英國，因為覺得英國工作太辛苦，在家裡有吃有喝不需要受累。魏桂榮已經鐵了心要在英國我發展，既然丈夫來不了英國，雙方走到了協議離婚的地步，孩子撫養權給男方。第一段婚姻在二〇一二年結束了。

二〇一三年她回國辦手續，跟以前的一個同行見面，對方也是離異，有個兒子，經人撮合，兩人走到了一起。這是她的第二段婚姻。如今兩人在英國又有了一個女兒。男方也是廚師，主做西北菜，魏桂榮做麵食，正好搭檔。

二〇一四年，兩人一起在「水月巴山」工作了一年。當時機成熟，魏桂榮決定自立門戶，在切爾西足球俱樂部的運動場主場開了第一家「西安小吃」，並且一炮走紅。魏桂榮的「西安小吃」開始受到美食評論家的注意，二〇一九年開始獲得了大大小小的獎項，英國最出名的美食作家去她的店用餐，她和丈夫兩人各有分工，她忙起來甚至沒有時間回家。女兒也需要借宿在別人家裡過夜。因為調料加工需要在非上班時間，有時候一個人在廚房弄到下半夜，就睡在地下室地板邊上，英國天氣潮，甚至因此患了關節炎。

二〇二二年三月八日國際婦女節，「Traveller」網站把魏桂榮的店譽為「倫敦最好的女性主導的餐廳之一」。烹飪在人類歷史上是一項女性主導活動，令人遺憾的是，由女性經營的知名餐廳仍是例外，而不是常態。這份基於性別的榜單激起強烈的意見。

扶霞特別喜歡魏桂榮和她的「西安小吃」。魏桂榮是老闆，還兼著廚師長。她做的東西不是很貴，品質很好。扶霞告訴我，「魏桂榮是很特別的人，非常能幹，更可貴的是，身為女性從事餐飲業真的很不容易。她是少數把真正的烹飪技術和愛國愛家鄉的情懷聯繫在一起的人。」

「妳覺得魏桂榮的店跟西安本地的小吃，有什麼區別嗎？」儘管我對魏桂榮的西安麵食的品質很信任，但是仍然對這樣一種街頭食品的意外走紅不以為然。

「陝西有很多好吃的，魏桂榮選了涼皮、肉夾饃等幾種，不是全部，可是很正宗。其實她沒有特別去創新，這不是她開店的目的。如果你在在中國開一家西安小吃會需要做一些創新，因為在中國競爭很激烈。在倫敦沒有，之前英國沒有陝西口味，現在也只有一兩家陝西風味餐廳。她做得很傳統，水準很穩定，已經很好了。」扶霞這樣回答我。

因為疫情，扶霞已經連續三年沒有去中國了。她最近一次去四川還是二〇一九年。九〇年代的時候，倫敦大部分都是粵菜。老一代華人、香港移民都只吃粵菜，現在很多中國留學生來英國，他們都要吃川菜、湘菜——不是以前適合西方人口味的「川菜」，而是中國人自己吃的真正的中餐。在這股力量的帶動下，現在川菜、湘菜、東北菜、陝西菜、上海小吃等等，在倫敦越來越多了。

「如果跟倫敦本地餐館比，目前中餐館的水準是什麼樣？」我問扶霞。

「以前英國人接觸的中餐都是比較便宜的，在中國人眼裡不是正宗的。英國人會吃，但是不會當成檔次很高的食物。現在正在轉變。」她說。

《衛報》的美食作家傑伊・雷納觀察到，大約十五年前，倫敦的唐人街還是一個悲傷的地方。中國的開放給英國人帶來了令人興奮的多樣性，從四川到上海，從湖南到新疆，一切都在發生。

他寫道，「我最近從伯明罕新街站走出來，驚異地看到曾經以粵語為主的唐人街已經從一個小集群發展成為一個顯然代表所有中國省分的廣闊地區。英國的中餐館比以往任何時候都更加多樣化和令人興奮。」

●

如今，具有中國背景的中餐館在英國已經遍地開花，蔚為大觀。

二〇一六年我搬到倫敦不久，一位馬來西亞華人朋友極力推薦一家新疆餐館，當時我的反應是「在倫敦也能吃到新疆菜」？太奇妙了！

我喜歡新疆飯菜，特別是烤羊肉串。因為早年春節晚會上陳佩斯的小品，新疆烤羊肉串火遍中國。我在濟南讀中學的時候，放學會經過人民商場，當時有一對維吾爾夫妻賣烤羊肉串，女人胖胖的，手上紋了一顆心。用炭火拷出來的羊肉味道別提多誘人了，做學生時囊中羞澀，每次也就是買上一串解饞，有一次忍不住買了六串，算是傾盡鉅資。那會兒的羊肉串大概一元一串，個頭也比現在的大多了。後來羊肉串逐漸成了一種街頭食品，體積也愈發袖珍，印象中我的最高紀錄是一次「擼」過八十多串。

我在北京的時候時常去新疆餐館解決吃飯問題，我喜歡饢、拉條子、丁丁炒麵、大盤雞。去新疆的時候，還喜歡上了手抓飯。新疆飯菜品種不多，但是味道扎實、扛餓。除了維吾爾人開的新疆餐廳，來自昌吉的回族人開的新疆餐廳也很多。

派克漢姆的這家新疆餐館大概就是昌吉人開的。嘗了一下，我略微失望：新疆菜喜歡用洋蔥和番茄作輔料、外觀鮮豔，多使用辣椒面和孜然，突出一種燒烤的味道，而這家的大盤雞湯湯水水、顏色暗淡，整體口感偏淡，甚至有股起司的味道，顯然為了適應英國食客的口味做了調整。不過這家新疆館子在倫敦人的口碑中評價不錯。尤其重要的是這家餐館非常便宜，以致被《衛報》評為二〇一四年最佳廉價食品。美食作家傑伊·雷納評價說，「絲綢之路」餐廳便宜得令人吃驚，但非常令人愉快——平均每人食品花費為十英鎊，只能以現金支付——已經取得了巨大的成功。[099]

倫敦的維吾爾人可能不到幾百人。新疆館子的始作俑者是一個叫 Mukkades Yadikar 的新疆女性。二〇一七年，Mukkades Yadikar 和丈夫 Ablikim Rahman 在沃爾瑟姆斯托開設了倫敦的第一家維吾爾餐廳「Etles」。

Mukkades 於一九九八年離開家鄉伊犁前往北京學習，之後在伊斯坦堡完成了語言學碩士學位，並來到英國定居。女主人從七歲起就開始在廚房幫媽媽做飯，到中學的時候，幾乎可以做任何東西。在新疆，伊犁婦女以廚藝聞名——每個維吾爾男人都想要一個伊犁老婆。

她的顧客中有80%是中國人，其中許多人穿過倫敦來這裡吃飯。現在她的丈夫負責炒菜、包餃子和做麵條，而她為後面的院子買一個泥爐，這樣她就可以用傳統的方式製作饢了。

「Etles」的菜單很短，但有一些維吾爾烹飪的熱門菜品，包括大盤雞和手工麵條。大多數食物的味道和新疆的一模一樣。

●

最近聽說倫敦又開了一家新疆餐館，這家店的老闆是來自新疆克拉瑪依的維吾爾族人尼亞孜。外表很酷、紋身、北京話很地道。他自我介紹說，「我是內高班的，在北京住了十年。」內高班是針對少數民族地區，諸如新疆和西藏的學生，在內地很多省市開設的班。內高班為新疆和西藏培養了精通普通話的少數民族人才，這些人對內地有較高的認同。

中央民大附中內高班畢業後，他又讀了中央民族大學。因為喜歡音樂，在北京組過樂隊。他家以前在烏魯木齊開餐館，妻子一家人也是來自新疆的維吾爾族人，來英國生活二十年了，居住在萊斯特。他和妻子在新疆認識，二〇一一年在新疆領證結婚，二〇一二年孩子出生，一家人一起來到英國生活。

「我們新疆人總是喜歡跑來跑去，新疆人就好像是溫州人一樣啊。」他說。

來到英國後，發現很難找到正宗的維吾爾餐廳，而妻子一家從小就開飯館，於是丈母娘說，「不如咱們自己開一個吧！」二〇一五年，在萊斯特中部，他們的家庭餐館開張了，取名就叫做「克拉瑪依」。餐館的位置不錯，附近就是萊斯特大學。二〇一五年十月十七日開業第一天，他們還擔心可能沒有多少生意，結果人不斷湧來，可見新疆菜在中國人心目中占據了特殊位置，到晚上七點半人就爆滿了，還有很多排隊的，但食材已經告罄，趕緊關門停止接客，就此一炮打響知名度。

「關鍵是地道！」他這樣總結自家餐廳的特色，他家的烤羊肉串用小羊羔肉，絕不用凍肉，跟流行於英國的土耳其烤肉不同，土耳其烤肉百分之九十要放黃油和優酪乳，他們就是按照新疆的方子，光放孜然和鹽，用炭火烤。

第一家餐廳的成功鼓舞了尼亞孜，二〇一九年他們又來到倫敦開店，從上海人手裡盤下了這家新店，新店在十一月二十號開業。像很多倫敦的小店一樣，空間緊湊，最多接納三十個人，裝修很有情調，餐館所在的東倫敦是藝術青年扎堆的地方，很多人趕潮流喜歡素食，他把手抓飯和丁丁炒飯做成素食，很受素食者歡迎。一開始手工麵沒人點，他就做了開放式廚房操作，師傅在裡面表演拉麵，結果很受老外歡迎。

尼亞孜準備大幹一場，沒想到轉過年來，因為疫情所致，新店剛經營三個半月就封城，只好回到萊斯特。二〇二〇年六月底局部解封，八月重新開門營業，期間重新裝修，生意也不知道什麼時候全面恢復。

他歎口氣，「說起來全都是淚啊。」

他的微信頭像是愛女和一個老人的合照。這是尼亞孜的爸爸，二〇一五年去世了，因為更換護照和簽證，他沒辦法回新疆見最後一面。女兒滿七歲還沒有跟爺爺真正見過面，覺得是個遺憾，於是把爸爸和女兒合成在一起做個紀念。

「想念新疆嗎？」我問他。

「哎呀，新疆人，能不喜歡新疆嗎？哎，現在我們再回克拉瑪依，感覺很誇張，物價太貴了，吃不起飯了。哎呀！還有就是外出不方便，最麻煩的是住酒店，查身分證，哎，很生氣。」

●

隨著中餐業趨向更為激烈的內卷和競爭，中餐業從業者緊缺問題凸顯起來。繼少數族裔餐飲聯盟（ECA）二〇一七年四月在特拉法特廣場組織示威抗議之後，為了解決餐飲行業資源短缺問題，二〇一七年六月十日下午，少數族裔餐飲聯盟的代表在唐寧街10號首相府與首相辦公室政策顧問烏娜·金（Oona King）女士進行了會談。華人移民關注委員會（CICC）主席廖業輝及林懷耀作為華人餐飲業的代表出席了這次會談。

據廖業輝介紹，會談主要圍繞幾個方面進行：首先是就移民當局在對餐飲行業進行黑工搜捕行動中不當使用武力的情況提出交涉；第二，探討打擊黑工運動對社區安全和團結帶來的威脅；第三，少數族裔餐飲行業存在的人手短缺問題；第四，少數族裔餐飲行業缺乏培訓當地勞工的機會和相關資源。

英國政府原定於六月底公布緊缺職位名單，由於未能達成一致，推遲於八月公布。華人餐飲業和移民當局的衝突在二〇一八年七月的一天達至高潮。在針對「喜洋洋中餐館」（Joy Luck）的一次突襲中，移民官員與抗議人群發生了衝突。當人群聚集時，一名婦女躺在一輛移民貨車前組織車輛前進。在社交媒體瘋傳的視頻中，車輛繼續向前移動，險些壓到婦女。內政部後來表示，作為「預防措施」，女子被送往醫院，但並沒有受傷。

為了表達對內政部這次搜捕的抗議，二〇一八年七月二十四日星期二，唐人街的餐館集體罷工並關閉五小時，倫敦市中心的餐館老闆指責政府為非法移民「釣魚」。服務員、廚師和店主與舉著標語牌的抗議者一起，上面寫著「為唐人街伸張正義」和「禁止不公平的移民襲擊」。他們遊行反對越來越多的對中國餐館的突襲，將其描述為內政部「捕撈」非法移民。業主們控訴，執法人員經常沒有搜查令就來了，而且態度惡劣。除了倫敦，英國其他中餐館也關門大吉，確切數量不詳，組織罷工的倫敦唐人街華人協會（LCCA）表示，有一千家中餐館參與了抗議活動以示團結。

「我們正在解決的主要問題是內政部的侵略性和不專業性，」倫敦唐人街華人協會發言人約瑟夫．吳說。「我們認為中國企業受到歧視，並被不公平地作為移民襲擊的目標。我們也擔心搜索系統的變化。現在內政部可以在沒有搜查令的情況下進入，這是非常具有侵略性和威脅性的。」

矛盾加劇的背後，是種餐館老闆普遍面臨的員工短缺問題，他們把癥結歸咎於日益收緊的移民規定。二〇一四年，英國推出了新的三級移民政策。規定那些想要在英國工作的非歐盟國家的廚師每年最低工資必須為三萬英鎊。政府希望從英國招聘中國廚師，但協會表示，教中國菜需要好幾年的時間，而且技能短缺。

一位業主說：「在唐人街做生意，租金高，人手短，已經夠難了。我們想要的是政府幫助我們為那些逾期居留的人發放簽證，這樣他們可以通過繳納收入和稅收以及幫助解決人員短缺問題來幫助建設社區。」

唐人街的非法移民人數未知，但內政部二〇一五年公布的資料顯示，在發現非法移民在那裡工作後，對中國餐館和外賣店處以近五十萬英鎊的罰款。[100]

在公益組織「民權」負責人陳運忠的記憶中，這是因為唐人街黑工問題而引發的第三次大規模衝突和華人的抗議。

坐在民權辦公室裡，陳運忠回憶，第一次是二〇〇七年十月，移民局帶領ＢＢＣ記者來唐人街拍攝抓捕黑工的畫面，抓了一百多人，「那完全是十九世紀的報導，好像華人人人一手拿煙槍，一手拿機槍。」唐人街業主抗議報導妖魔化，移民局的負責人來唐人街跟華人代表見面時，整條街都在吹哨子喇叭起哄，本來抓一個黑工要罰五千英鎊，但是這次抗議之後，人放了，錢也沒罰，據說移民局負責人還因為此事被迫提前退休；第二次是二〇一四年二月，移民局在一個禮拜內每天都來抓人，而且不遵守規則，不出示證件，粗口對待華人，過程中有個華人隨身帶的一千英鎊也離奇失蹤而引發眾怒，一路投訴，最後放人還錢。「這是英國人一貫的做法，知道錯了，但是不承認。」陳運忠說。第三次，就是二〇一八年這一次，因為抗議移民官員釣魚執法，整條唐人街都出動了。最後移民局放人息事寧人。

「每一次行動，都有一些正面的結果。如果什麼都不做，什麼結果都不會有。」陳運忠說。

在中餐從業人員的短缺和移民政策相互衝突的時候，不斷有散兵游勇殺進英國的中餐業市場，補充了新的血液。

二〇一九年初，山東人馬俊踏上了飛往英國的航班，過海關後，他消失在英國移民系統的監管之外。用此間中國人熟悉的一個詞兒就是「黑」了下來，也就是非法居留的意思。馬俊以旅遊者的身分，離開山東老家，希望在英國打工掙錢，衣錦還鄉。在山東老家，馬俊也是做廚師，一個月不過掙七千多元，在英國中餐館，一個月能掙二千英鎊，折合人民幣二萬元左右。在倫敦打黑工一年，相當於在家鄉工作兩年。這是很多人選擇滯留的主要原因。

誰也不知道，這部分中國人在英國的確切數字。改革開放的一個直接結果就是促進了中國人口的流動，開始是從貧窮的農村來到富裕的沿海城市打工，接著從中小城市來到北京上海工作，然後從中國向富裕的西方富裕國家流動。就像經濟學家羅納德·寇斯（Ronald Harry Coase）所說，中國改革開放的成功不是來自上而下的改革，更大的動力來自邊緣人群對於財富的渴望。

香港華人、台山人、福建人和溫州人，告別人多地少的家鄉，飄蕩至異國他鄉紮根發芽，從最早的雜碎做起，烹製出迎合西方人口味的「中餐」，這個過程長達一個世紀，而當中國改革開放的國門打開，猶如一台巨大的加速器，天南地北的中國人帶著夢想闖入嶄新的世界，這個過程僅僅不過三十年的光景，魏桂榮從陝西山村到西安、再到倫敦的旅程也是這個旅程的縮影。這三十年深刻地改變了世界，並且仍然在進行當中。

馬俊身材不高，眼睛不大，充滿真誠和樂觀，人很有想法。他最早出國的目標是去荷蘭，因為那裡有朋友。但是在比較了荷蘭和英國的工資之後，覺得英國的優勢較大，於是決定來英國闖蕩。

馬俊來自山東濟寧的農村，所在縣城是山東十大貧困縣之一，這些年，很多人通過勞務輸出仲介出國。但是資訊不對稱，對如何辦理簽證也不瞭解，需要交納一筆錢付給仲介，所以馬俊決定自己辦理旅遊簽來英國。

馬俊在山東做了十年廚師，一開始在曲阜的小餐館幹。大廚一個月可以掙到七千五百元，生活安逸。但是一家老小只有自己上班，養家壓力大，頂著家人的反對，下定了決心出國打黑工。出國前，他信任的一個朋友打氣：「你一定能勝任國外的工作，只要能夠忍受孤單和無聊！」

這嚇了馬俊一跳，他想像外國的生存環境一定很惡劣。忐忑不安的馬俊剛下飛機的時候，還沒倒過時差，就去查看招聘資訊，休息了兩天，第三天就去曼徹斯特找工作。不會英文，連坐火車都不會，幸好遇到一個中國留學生幫忙解決問題。人到車站，餐館老闆已經趕到車站接他。馬俊應聘大廚，但是試工時老闆很不滿意，因為他做的是中國式的中餐，而老闆要求的是符合英國人口味的中餐。

兩者有哪些不同呢？馬俊說，「英國的中餐的做法跟中國相差很遠。首先。中餐看上去好吃，色香味俱全。中國現在流行川菜，迎合年輕人口味，因為社會壓力大，年輕人追求刺激麻辣口味，其實是一種宣洩。但麻辣不適合中年人，因為油膩，中年人喜歡吃清淡一些、保養的飲食。英國做的中餐，食材不夠豐富。在英國中餐館做的廚師，帶來的手藝都是很多年前的。沒有新廚師，手藝比較陳舊。像魚香肉絲很早就傳到國外，中國的餐館已經不怎麼做了，我從業十年，只做過三次魚香肉絲。中國太大，同樣是魚香肉絲，北方和南方的口味差別很大。在英國，這道菜知名度高，還有，比如說老式的鍋包肉，中國已經淘汰了，英國還很火。宮保雞丁的味道和國內都不一樣，英國的中餐變化少。所以我做的並不符合老闆想要那種英國式的中餐。」

從馬俊的描述看，這仍是一家以傳統白人顧客為主的外賣店，做的是西式中餐。

「你知道嗎？」馬俊對我說，「中國的中餐這些年進步和變化很大，幾乎每時每刻都在變化。英國現在的中餐，相當於中國十五年前的樣子。」

我深表認同。中餐融合和創新的趨勢越來越明顯，如果不創新，很難在激烈的中國市場存活。而西方的社會形態已經趨於穩定數十年了，他們對外來事物的接受程度也很穩定。一旦接受了，就不再追求劇烈的變動。很多人還在以多年前的認知看待中國和中餐。一旦，今日原汁原味的中餐和新中餐來到面前，反而不易接受。

馬俊所應聘的那家中餐館就是專做英國本地人生意的中餐館，所以馬俊的手藝得不到認同，加上初來乍到，他不熟悉調味料和灶具，表現也不理想。馬俊央求留下當打雜當學徒，但老闆不同意，立刻幫馬俊買了火車票，請他走人。馬俊趕去火車站，正好遇上英國火車工人罷工。火車站的那次經歷留給他很深印象，工作人員罷工要脅政府，在中國不可想像，覺得英國是一個神奇的國家。

火車停了半小時還不開，他又給老闆打電話，說，「我不要工錢行嗎？免費打雜，讓我吃和住就行。」老闆終於勉強同意了，多收留了他一個禮拜。利用這個時間，馬俊又聯繫到諾丁漢的中餐館，第二周就去了新餐館。這次試工，老闆留下了他。兩年來，他一直在這家餐館工作，越做越順手，也對英國中餐的要求越來越熟悉了。

他所工作的這家中餐館是個外賣店，依舊主做外國人生意，中國客人只占不到三分之一。他說，「其實熟悉了就會發現，在英國做中餐挺簡單的。」

因為英國的中餐外賣店很多都屬於加工食品，都是放在冰箱加熱現成的食材，有點像工廠的流水線，做法都是固定的。關鍵就是醬汁。比如咕咾肉，肉切成塊、油炸，酸甜汁調一下。輔料也很簡單，就是青椒、洋蔥、胡蘿蔔，這老三樣爆炒一下，齊活。

馬俊對現在的收入還比較滿意，剛去的時候一天五十英鎊，還有大日子和紅日子——這是香港人發明的詞彙，大日子每四個月一次、雙薪；紅日子，指小雙薪，每月休一天。

馬俊本想在這裡幹下去，沒想到二〇二〇年來了疫情，生意受到影響。這家中餐館附近有兩所大學，其中的中國留學生逐漸成為很大的客源，但因為疫情，很多學生回國，導致中國人生意下降厲害。好在主做外賣，比起單純的堂食還是有點優勢。利用這段時間，馬俊一直在研究改良菜譜。他來的時候，餐館有道蒜泥白肉，就是肉煮一下，撒點蒜末，以前一個月只能賣兩、三份，現在他做了一些調整，每個月能賣幾十份，甚至還有個學生連續三天點這道菜。

隨著後期疫情的緩解，馬俊希望再次把這部分中餐業務做上去，也希望能和老闆換一種合作方式，以便有更好的收入。為了安全，馬俊不希望透露這家位於諾丁漢的中餐館的詳細情況，老闆也時常告誡他，少出門，一旦讓移民局給查住了，就說過來餐館玩的。這是一場貓和老鼠的遊戲，政府希望把廚師工作和收入納入正常的稅收體系，但是中餐業物美價廉的口碑，促使從業者們拼命壓低廚房成本，出灰色路線。

前段時間，馬俊患了口腔潰瘍。老闆帶去看醫生，掛號就花了五十英鎊。馬俊心疼不止。異國生活，需要面對許多未知數。馬俊以一種積極的生活態度來面對這不確定的異國生活。

●

走在熙熙攘攘的唐人街上，沒有人會想到，在中餐館每日重複的生活背後，華人社會為爭取更大的話語空間所付出的努力。如今，隨著各色人等的加入，倫敦成了中餐的夢幻之城。

「Rasa Sayang」的老闆艾倫．邱（Ellen Chew）在過去十年中觀察到了一種變化：「當我第一次到倫敦時，唐人街到處都是千篇一律的生意。你走到哪裡，每個人都在賣同樣的東西。點心、港式燒肉。中餐外賣的種類和唐人街差不多，經常光顧唐人街的主要是亞洲人和遊客。如今，唐人街的食物選擇種類繁多，以川菜、越南、臺灣、新加坡、馬來西亞和香港為特色，商業更加多樣化。人們認為唐人街只是一個旅遊勝地的觀念，其實已經發生了重大變化。」

作家卡爾文・特里林（Calvin Trillin）發表在二〇一六年四月四日《紐約客》（*The New Yorker*）上的一首詩，以一個美國美食愛好者的聲音，很好地描述了中餐的這種重大變化：

很久以前，這裡只有廣東菜。
但是之後來了四川菜，
廣東菜就過時了。
我們對四川菜大唱讚歌，
雖然麻婆豆腐可以把你的舌頭辣穿。
然後來的是上海菜，
我們咕嚕咕嚕地吃灌湯包。
隨後是毛澤東家鄉的湖南菜，

帶著自己的特色到來了。

我們還以為所有菜都已經吃過了，結果又有一個省分的菜來了：福建菜。

倫敦唐人街，既有「鴉片館」這樣有著炸裂名字和東方元素的雞尾酒酒吧，也有「梅花村」這種聘請西班牙設計師打造、顛覆中餐館非紅即黃的裝修習慣的新派餐館，還有來自浙江的文靜男生東尼．方（Tony Fang）所開設的「Bubblewrap Waffle」——二〇一七年成為了倫敦美食界的現象級詞彙，號稱東方世界的「華夫餅」，其實原型是香港的雞蛋仔——店主通過不斷改良最終做出了外脆內軟，香甜濃郁的雞蛋仔，再加上抹茶、紅豆、香草等多種口味的霜淇淋和草莓、香蕉、開心果等幾十種配料，讓雞蛋仔在顏值和味道上實現了雙重飛躍。各種膚色的人們簇擁在店門口，不惜排隊兩小時，然後拿出手機狂拍，最後風捲殘雲般消滅它。

二〇一一年四月，英國人又加入了追逐臺灣珍珠奶茶的潮流。另一家在倫敦打出了名聲的包子鋪「Bao」的幕後團隊包括臺灣人張爾宸、她的英籍華人丈夫及丈夫的姐姐。更不用提早就成名的大廚黃震球（Andrew Wong）了，他是第一位在亞洲以外獲得米其林二星的中餐主廚。

如果那些早期的船員工人，還有羅孝建和周英華，以及後來說粵語的莉莉，看到這些變化，都會感到自豪的。

●

「對於中國人來說，唐人街十分方便，見見朋友，吃個飯也不貴。」油光滿面的李建勳說。他來英國二十多年了，現於倫敦麗思酒店（The Ritz London）做銷售主管，對於倫敦的中餐業非常熟悉，曾經獲得過倫敦華人餐飲「金筷子」美食博主獎，自己也是手藝嫻熟的大廚，在自家經營上海風味的私廚生意，名字就叫「夢上海」——考慮到此間華人對於中餐的剛需，目前在英國活躍著相當一批經營私廚中餐的中國人，他們利用自己的廚藝經營私家菜，諸如餛飩、包子、地方菜等等，生意相當不錯。李建勳的「夢上海」也以上海口味為特色。

他說，「現在華人來得多了，國貨多了。以前購物都是香港的居多，現在各種原材料很豐富，廣東貨、上海、東北的食材，都有。這是唐人街進步的一面。脫歐以後，現在再去龍鳳行和泗河行，感覺東西普遍小貴了。漲價很隱蔽。」

他話鋒一轉，「不過我還是喜歡二十年前的唐人街，現在唐人街的中餐水準越來越差，粵菜和點心的味道越來越爛。」

他解釋說，華人廚師青黃不接，斷檔的危機迫在眉睫。二十年前的那一批香港廚師退休了。之前馬來西亞有打工度假簽證，很多馬來西亞華人來英國餐館，補上了一批優良廚師。因為很多人跳飛機，英國後來取消了這個簽證。現在這些中餐館的從業者，大部分是從大陸出來的，本來就是務工農民，短期培訓就做了廚師，廚師越來越差了。請的廚師可能來自福建，但是同時做川菜或者粵菜，東西不好吃。」

李建勳認為，中國人喜歡一窩蜂。本來是做川菜的，同時也做粵菜；看見火鍋生意好，就都上火鍋，或者都做燒烤，沒有形成自己獨到的特色。一窩蜂是個大弊病。唐人街一下子開了十幾家火鍋，有的就開在隔壁，然後自己壓自己。現在「海底撈」和「快樂小羊」（Happy Lamb）來了，一下子PK下去一大批。

「中餐館還有一個致命問題，就是衛生問題，很多做餐館的不是酒店管理級別，而是家庭作坊式的，很多人都是打工心態，廚師和客人混用衛生間，弄得衛生間很油膩，要知道廚師和客人的廁所應該是分開的。日本就很乾淨，中國人不講究，臺灣、香港的餐館對衛生和管理注重一些。再有就是偷工減料。上海餛飩要用白麵皮，有些餐館用的是用鹼水皮，很不地道。」

談及疫情衝擊。李說，「疫情唯一的好處，也就是唯一的反作用，就是把廚師的工資降下來了。以前中餐館廚師的工資高得不得了，現在跌了一些，因為很多廚師失業了，要找廚師很容易，高檔的廚師工資跌了20%左右。這是疫情唯一的好處。」

他感歎說，「唐人街換手很快，大家都想掙快錢。中餐館的問題在哪裡？每個人都想做老闆，中國人窮怕了。日本人就好，大廚永遠甘於做大廚。大廚不會去做管理，而是有專門的管理人才。現在很多中餐館的大廚，目的不是做個優秀的大廚，而是想當老闆。」

這場疫情也讓中餐從業者開始反思中餐的發展方向。總體來說，英國人喜歡中餐。但是他認為，中餐的促銷手段和宣傳手段需要進行一個人的改進。倫敦的中餐館大部分是外賣起家，再加上會做一些粵菜和川菜，起點普遍低。對餐飲的理解和品鑒，無法迎合高檔市場。

「很多中餐的製作還很老套。比如刻胡蘿蔔花、白蘿蔔花，黃瓜片等等，或者用龍蝦片做個裝飾，不可以吃，只是裝飾，像八〇年代人民大會堂的那種感覺，這個已經落伍了。」李說。

再有就是中餐從業者的短缺。「以前留學生還有去餐館做服務員的，現在富二代孩子也基本沒有興趣，華人家庭沒有人希望自己的子女繼續做餐館，他們那一代來英國很多人是在餐館做的，現在他們希望子女做銀行、做金融，掙大錢，認為廚師是下力的工作，不受尊重。這是一種華人的文化問題。」

李所在的酒店，曾經接待成龍、林鳳嬌、關之琳、呂方、鄭裕玲、黎明、甚至張國榮。「我工作的酒店，跟餐館傳統不一樣，這家酒店歷史悠久，有自己的企業文化，很多人想來我們這裡挖人，根本挖不走。唐人街缺少的恰恰是企業文化，很多人開餐館的目的是為了賺快錢，賺錢就把它賣掉。沒有企業文化。」

「中餐的問題是不夠堅持，剛開始不錯，很快水準就下降了，主要是管理和品牌。還有就是菜品，中國人希望掙快錢，眼光不夠長遠。另外就是菜品不會講故事，會講故事很重要。比如黃震球的餐館，走精緻路線，小籠包裡面有肉皮凍，碗碟都精緻，廚房半開放，細節很用心。他獲得了米其林二星，等於被英國人認可了。而中餐很多廚師的問題就是不用心。」

「外國人對中餐館的評價就是口味地道、對服務要求乾淨。」他強調，「吃中餐還是要吃地道。我個人比較喜歡『西安印象』。口味地道。雖然小了一點。」

「我看好小魏（魏桂榮）。為什麼？『西安印象』全是自己弄，東西好吃，原材料地道。她是在中餐業為數不多的女性，很有激情，一心做好廚師。小魏很擅長學習，善於接受新事物，瞭解潮流，所以她成功了。做廚師這行一定要去學習，學習新的方式。現在很多做餐飲的吃不了苦。很多大廚只想賺錢，不想幹好本行，誰都想收錢做老闆，英語都不會講，怎麼能在英國出頭？」

在他看來，「西安小吃」和魏桂榮如果想要跨入米其林還有一段路要走。「這是不同的系統。如果換一個更大的空間，重新設計裝修的話，可能會有戲。現在還不行。『西安小吃』賣不出好價錢，需要重新包裝。」

「要知道，好的餐廳都是錢砸出來的。像米其林餐廳很多都是錢砸出來的，沒有雄厚的資金和機構在後面推，想把中餐館做到米其林級別是很難的。」

從早期的偷渡客到後來富裕階層的大規模移民，現在的中餐館不再是僅僅滿足獵奇的西方食客，出手闊綽的中國年輕人引領了消費市場。資本和渴望通過冒險改變個人命運的個體，成為了英國中餐業的兩幅面孔。中國移民從一個孱弱的出於弱勢的移民群體，開始了雄心勃勃征服海外市場的漫長征程。

倫敦的中餐館是一個靜水深流的江湖，各色人等，來了又走，散了又聚，不亦樂乎。

倫敦唐人街已不像西方世界的刻板印象描述的那樣混亂、守舊，而是以更靈動、更有力量的姿態出現在多元文化的舞台上。各種背景的華人，在這裡創造、耕耘，拓展出一片嶄新的天空。

第五部——

險中求利

13、替罪羊

從飲食觀察中國的變化是一個戲劇性的視窗。在北京工作的那些年，我利用出差機會走遍了全國，遍尋各地美食。中國變得越來越富有，人們的胃口越來越大，有時候顯得有點兒貪婪。

我有過很多跟吃有關的採訪經歷。二〇〇七年，我去廣西採訪一個養老虎的老闆，他有一個龐大的老虎養殖基地。老闆並非是動物保護人士，而是瞅準了正在蓬勃興起的一個特殊消費市場：改革開放令一部分中國人迅速致富，有權有勢的人過著超現實的生活，衣食住行揮金如土，為權貴服務的食物供應鏈成為一門有利可圖的大生意。

中國傳統認知裡，諸如虎肉、虎鞭、虎骨之類，除了是山珍美味，還有奇妙的藥用價值，尤其在增強性功能方面具有特殊效果。這些都成了有錢人和貪腐官員追逐的消費品，支撐起龐大的市場。老闆的老虎生意是關起門來做的，歡迎有錢有勢的食客，賺了個盆滿鉢滿，也「成功」引起國際動物保護組織的注意。當時，中國政府迫於國際社會和環保組織壓力，承諾全面取締虎骨、象牙一類的商業開發行為。廣西老闆的生意遭到重創，但是暗中繼續在養殖場經營野味餐廳售賣老虎肉和虎製品。我假扮成食客，在這家野味餐廳點了一盤價格不菲的老虎肉，自以為得計，取證在即，結果餐廳開始懷疑我的身分，拒絕上菜。好在之前我已經做了暗訪調查，採訪了曾經在這家餐廳享用過虎肉的食客的證詞，拿到了老虎肉佐餐的確切證據。報導見報後，據說老闆的虎肉生意徹底取締了。

中國人在餐桌上過於生猛，缺乏敬畏心。也是廣西，玉林市每年都會大張旗鼓搞一個狗肉節，吃狗肉在韓國、朝鮮、非洲、南美等一些國家都習以為常，非中國獨有。在西方文化裡，狗是作為家庭成員對待的。對於狗肉消費的大肆宣揚，觸犯了西方人的禁忌。每年狗肉節，西方媒體都會雲集玉林報導，借助強大的媒體影響力，玉林狗肉節臭名遠揚。在西方人眼裡，中國不光缺人權，動物權益保護也是如此糟糕。玉林狗肉節就是一個失敗的地方經濟推廣案例，對於想要融入世界秩序的中國來說，如何用世界可以接受的文明方式進行推廣，從來是一大課題。

中國進入一個金錢萬能的消費時代，有時候索取無度，最終給自身招來麻煩。二〇〇三年的SARS疫情，緣起就是廣東人當成野味享用的果子狸。二〇二〇年的新冠肺炎，最早發現於武漢一個野味市場，科學家普遍相信，新冠病毒從蝙蝠身上跳到某一種野生動物身上，再傳染給了人類。人類原本和野生動物應該保持距離，對其他物種的不敬，終使人遭其反噬。之後不久，中國頒布了禁止食用野生動物的法令。

與此同時，我也見識過底層中國人的飲食是如何簡樸和一成不變。一次我去河北偏遠山區採訪一位農民工兄弟，他的經歷很有戲劇性。他在城裡打工，兒子得了白血病，沒錢治療準備放棄回家等死，結果在火車站偶遇時任總理溫家寶視察。溫家寶對他的遭遇進行了禮節性過問，並責成基層官員解決。於是這名農民工的境遇發生了逆轉，本來他求爺爺告奶奶都沒人管，地方官僚拒絕施以援手，現在隨著高官的意外介入，基層官員紛紛行動起來，以示相應領導指示。他的兒子得到了及時治療，轉危為安，農民工也得到了救濟。我去他家採訪，想通過這個故事講述中國社會的無常，一個家庭的命運的改觀，並不是來自制度的保護，而是來自領導的臨時關懷。這怎麼說都是一個悲劇。改革開放的成果如何惠及每一個中國人？

那天我走了很遠的山路，到了午後才找到主人家，一天沒吃飯，我的低血糖犯了，幾乎暈厥。農民工的老媽媽從黑黑的蒸鍋裡拿給我一碗蒸紅薯，這是他們沒有來得及吃的午飯。那碗紅薯救了我，我吃得很香，內心充滿感動。歷史上，中國戰亂和災害頻發，中國人的飲食是非常節制的，從不予取予求，對食物保持著敬畏心。就像那碗紅薯，簡樸、毫不抱怨，最低限度的攝取、即便身處逆境也要熬下去。但是現在，紅薯成了底層人和貧窮的代名詞，傳統的生活價值遭到唾棄。追逐奇珍異獸以滿足口腹之欲成為了時尚。這真讓人悲哀。

●

二〇二〇年，新冠疫情突如其來，對華人社區和英國中餐業產生了巨大影響。華人已經成為英國第三大少數民族，中國留學生是英國最大的海外學生來源國，每年來自中國的遊客擠滿英國的旅遊景點和奢侈品商店，大倫敦甚至有一個專門為中國遊客量身定做的比斯特購物村，中國和華人社區的影響力越來越大。同時，中國威脅論也從未銷聲匿跡。「黃禍」時期，中國人是低端人口的代名詞，對白人社會和道德秩序構成衝擊；現在，中國則成了試圖摧毀國際秩序的「邪惡力量」。世界動盪不安，民粹主義抬頭，英國脫歐，中美貿易戰，東西方摩擦不斷。新冠疫情猶如一把加速器，在已經打開的潘朵拉的盒子裡，又揚起了一把塵土。華人社區深刻地感受到了外部急劇放大的壓力及敵意。

春節前，我在天空電視台的新聞直播中突然聽到武漢封城的消息，腦海中浮現出二〇〇三年SARS爆發時極為相似的一幕：那天，我和同事正在食堂排隊打飯，看到電視直播宣布北京為疫區、全城封鎖，食堂裡面的人面面相覷，不知事態會如何發展。旋即，大街上和地鐵裡不見人影，整個北京城猶如空城，空氣中瀰漫著恐慌。這一幕如今又在武漢重演，武漢人口密度超過北京，採取嚴厲的封城措施，一定是病毒出現了擴散。當時並沒料到，疫情很快在全球範圍傳播，演變成持續三年之久的大流行。

疫情尚未波及歐洲的時候，英國華人就開始搶購口罩和防護服，寄回國支援武漢抗疫，同時也做些儲備。我後知後覺，去買口罩時發現幾乎全倫敦的藥店和商場都斷貨了，大部分被中國同胞買光了。我在一家建材商場的網上商店高價訂購了僅剩的幾隻防塵口罩，半年後還沒收到，據說是被出高價者「截胡」了。英國人看上去倒不緊張，他們好奇地注視著中國人的舉動，覺得不可思議，似乎認為這種怪病只是中國人的專屬——英國社會很快就為這種疏忽付出了代價。

大年初一，我們三口人外出吃飯，巴士裡為數不多的兩個乘客，看到我們的長相，受到驚嚇般刻意避開。氣氛尷尬。回家路上，我拐個彎去超市採購，一個黑人青年看到我和女兒，「熱心」提醒一個白人顧客，「小心，這裡來了個中國人。」

晚上我們外出去吃飯，司機看到我們的中國人面孔，有些擔心的問，「你們來自哪裡？」

「中國。」

「聽說中國疫情很嚴重了。」司機透過後視鏡仔細觀察著我們，聲音很緊張。

「是啊，新聞說已經封了十座城市。」我用誇張的語氣故意逗他，又問他，「你來自哪裡？」

「阿富汗。跟中國隔得很近。」他憂傷地歎了一口氣。

聽他的語氣，似乎病毒正踩著登山靴，從中國一側一路小跑奔向阿富汗。

我轉向窗外，倫敦陷入了黃昏。一天之內，接連數次「特殊待遇」，我意識到一場風暴正在迫近。

恐慌已經開始。社交媒體上流傳著中國人吃了蝙蝠而染上一種奇怪病毒的說法。唐人街麵包店「Kova Patisserie」被黑漆破壞，有人在煎餅攤「Pleasant Lady」門上潦草地寫著「蝙蝠湯」。

來倫敦的頭幾年春節，我都去唐人街湊熱鬧。人們把唐人街擠得水泄不通，舞龍和花車隊伍穿越特拉法加廣場、查令十字路街等倫敦的中心地帶，蔚為壯觀。而這一年春節，慶祝活動只是草草走了個過場，活動主辦方不得不善意提醒：現場觀眾需要用洗手液定時洗手。華人社區人心惶惶，籠罩著山雨欲來的緊張氣氛。

春節過後沒幾天，消息傳來，兩名中國遊客成為英國發現的首例新冠病毒感染者。患者是約克大學的一名留學生，春節後帶著媽媽從武漢來英國旅遊，結果母子二人同時在約克一家賓館發病。

「這是一段艱難的時期。」唐人街的錦里餐廳（Jinli Restaurant）的總經理馬丁（Martin Ma）說，英國確認了第一例病例後，該餐廳四家分店的預訂量下降了50%，唐人街的旗艦餐廳一個周末就損失了一萬五千英鎊。

在倫敦華埠商會會長鄧柱廷看來，從中國報導武漢疫情到二〇二〇年三月，這段時間是最困難的，「顧客都不進店了，一個禮拜做不了一萬英鎊的生意，但是員工工資一個禮拜就需要一萬英鎊，地租又需要一萬英鎊，這段時間差不多虧了75%！」

BBC報導說，跟往年同期比較，唐人街餐館在春節期間的業務量下降了一半。走在唐人街街道上，可以看到一些西方遊客把臉深埋在圍巾裡，步履匆匆。而華人則戴著醫用口罩，成為倫敦的獨特景觀。英國一些當地居民向ＢＢＣ表示，一看到戴口罩的人，一些人就會產生恐懼，認為戴口罩的人就是「感染者」。來自湖南的遊客艾米（Amy）說，東亞人因空氣汙染戴口罩並不少見，但她承認，戴口罩會嚇到西方人。倫敦唐人街的一位餐廳經理稱，一些中餐館不得不做出規定：拒絕戴著口罩的人進入，以免影響其他顧客的食欲。

比斯特購物村是繼白金漢宮後中國遊客前往英國的第二大旅遊景點。《衛報》的走訪發現，比斯特村似乎沒有員工戴口罩，但一名不願透露姓名的店員說，他們已經得到經理的保證，可以隨時離崗洗手。她說：「我儘量不去想新冠疫情，因為當我去想的時候，我開始恐慌。」她還說，她對顧客的態度稍顯謹慎，在「專業」的同時保持一定的距離。

社交媒體上針對華人的謠言繼續發酵。「中國人喜歡吃蝙蝠，所以感染了新冠」、「中國人除了吃狗肉，還喜歡吃不潔的食物，所以，世事輪迴」，諸如此類的言論氾濫。華人商鋪外的中文招牌產生了令人不安的聯想，傳滿洲的幽靈彷彿再次遊蕩在倫敦上空，正在用留著長指甲的手播撒著某種生化武器粉末，食客紛紛在餐館外止步，外界對於東方面孔唯恐避之不及。

在《衛報》發表的一篇文章中，自由記者和曼徹斯特大學研究生山姆．潘（Sam Phan）說，最近爆發的新冠疫情引起了人們針對東亞人的種族主義。這位二十三歲的年輕人說，冠狀病毒揭示了對中國人的刻板印象。他告訴ＢＢＣ，冠狀病毒被視為「一種中國病毒，然後造成了對東亞和中國人的恐懼」，他說，「作為一個東亞英國人，人們看待你就像你很噁心一樣，這並不好。」當他的文章上線時，他收到了種族主義評論，建議他應該「停止吃狗肉」。他反駁說，「沒有英國華人吃狗肉。我們吃魚和薯條，跟其他人吃的一樣。」

住在倫敦西部布蘭特福德（Brentford）的陳女士告訴ＢＢＣ記者，疫情「讓所有關於人們骯髒或吃的東西很隨意的種族主義浮出水面」，新病毒被歸咎於「落伍」的中國文化。陳女士說，「我認為這與根深蒂固的種族主義和對社區的恐懼有關，但它也與中國的崛起有關。西方人認為這是一種神祕的文化。」

二〇〇二年發表在《每日郵報》的一篇臭名昭著的文章中，作者譴責中國食品是由一個吃蝙蝠、蛇、猴子、熊掌、鳥窩（燕窩）、魚翅、鴨子、雞腳的國家創造的。中國人的飲食習慣歷來為西方社會「詬病」，「吃貓」、「吃狗」首當其衝，「吃一切奇怪和腐朽的食物」，甚至連帶吃雞爪、吃臭豆腐、吃皮蛋，都當成了異域奇觀和未開化的證明，深植於西方社會的刻板印象中。

中國人的飲食習慣是歷史和環境造就的。歷史上的大部分時間，中國戰亂不休，糧食短缺，直到清朝人口才高速增長。為了在亂世生存，中國人對於大自然的饋贈十分珍惜。這種生存策略並非中國獨有。即便今日，非洲、美洲、亞洲的很多國家和地區，就地取材萬物皆食的現象並不鮮見。中東食譜中有羊眼和羊舌頭，一些南美人和南亞人食山地或雨林老鼠，有些非洲人也視老鼠為美味。這跟法國人吃青蛙和蝸牛、蘇格蘭人和德國人吃下水和豬血腸，並沒有高低之分，都是為了攝取身體需要的蛋白質和脂肪。至於臭豆腐和松花蛋這類氣味和形象都很特別的食品，也是過去食物儲存不便所研製的替補食物，就好像西方人喜歡的乳酪，也是為了儲存方便，有特殊的發酵氣味，很多中國人也吃不慣。這只是文化和習慣不同。

中國人能過上溫飽生活，始於四十年前的改革開放。人們有了更多的食物選擇，不再吃了上頓沒下頓，飲食觀念也在與時俱進，「吃貓吃狗」本來在中國就不常見，現在更是在很多地方被視為陋習，特別是二〇〇三年SARS疫情期間，科學家認為是因為食用果子狸引起，在中國社會引起了震動，一些地方喜食野生動物的風氣頗有改觀。這些年中國對野生動物的保護力度加大，比如禁止虎骨、犀牛角入藥、交易等，宣傳深入人心。但是要徹底改變千百年的一些陋習，並非一朝一夕之功。

●

在貿易、人權等議題上，西方和中國已經進行了長時間紛爭。在新冠疫情的起源上，中國和西方又陷入了口水戰。新加坡管理大學的人類學家夏洛特．塞蒂賈迪（Charlotte Setijadi）表示，這種病毒將反中國情緒從政治和意識形態層面帶入了人們對自身健康和社區擔憂的新層面。「政治偏見和種族偏見的混合，同時，對中國人的習慣性偏見，形成了一個相當強大的組合。」

時任英國首相是大智若愚的鮑里斯．強生，他之前的兩任保守黨首相都和中國政府保持了良好互動關係，開啟了「中英黃金時代」。強生是一個有政治手腕的人，看似愚笨的外表下面，隱藏著精於計算和野心。他上任後快刀斬亂麻解決了令前兩任首相焦頭爛額的脫歐議題，他又是一個務實政客，一度力排眾議準備採用部分中國華為5G設備，並引起了美國的不滿，媒體披露美國總統川普在電話裡對他大吼，強生最後不得不做出讓步，維護與美國的盟友關係。此一時彼一時，現在強生政府決定調轉船頭，與中國保持距離。

特別是二〇一九年三月十五日開始，香港爆發了修例風波，英國的這塊前殖民地陷入了持續動盪，香港抗議者反對《逃犯條例》修訂草案。根據這項草案，將容許把香港的犯罪嫌疑人引渡至中國內地受審。反對者不信任中國大陸的司法制度，指責這項草案損害了「一國兩制」及《基本法》規定的香港司法獨立的地位。抗議活動持續了一年，直到二〇二〇年疫情爆發開始減弱。到了二〇二〇年六月，《港區國安法》在公眾未得悉條文內容下，由全國人大常委會通過並刊憲生效，引起抗議和國際社會關注，促使美國宣布取消對香港特殊待遇地位的承認及通過《香港自治法》。這次運動被視為自香港開埠以來，以及九七主權移交後最嚴峻的政治危機。之後，香港政府開始引用國安法逮捕民主人士和學生。「一國兩制」名存實亡。

作為香港的前宗主國，英國政府採取了前所未有的反制措施。首相強生在二〇二〇年六月三日《泰晤士報》和《南華早報》發表文章，指中國全國人大通過港區國安法，將限制香港自由及削弱自治，強生形容英國別無選擇，只能維護與香港人的深厚歷史聯繫和友誼。文章提到，香港目前有三十五萬人在一九九七年回歸前持有ＢＮＯ海外公民護照，也有二百五十萬人符合申請資格。強生稱，英國將修改移民政策，應對中國，將BNO免簽入境六個月延長至一年，持有BNO護照的香港人可以最終獲得英國公民。中國對此強烈抗議，外交部奉勸英國懸崖勒馬，摒棄冷戰思維及殖民心態，認清香港已回歸中國的事實，停止干預香港事務及中國內政。雙方關係迅速由熱轉冷。

疫情引發的風暴對魏桂榮造成了影響，她注意到了空氣中流動著的焦躁不安。英國人的眼神中似乎多了幾分擔憂，甚至還有一種不易察覺的厭惡。這種奇怪的感覺在她來到英國的十幾年間頭一次遇到。登陸倫敦以來，除了初期的短暫不適，她面對更多的還是善意和成功的喜悅——那多少有一種征服的感覺，中國日益成為世界舞台上不容忽視的角色，成功者的形象深入人心。突如其來的疫情令魏桂榮意識到，那些成功的喜悅只是瞬間，有一種額外的力量，在賦予華人新的標記。這一切來得似乎太快，疫情將溫情脈脈的面紗一把撕去，暴露出外界對於今日中國的真實反應和態度。

●

新冠病毒的蔓延速度十分驚人。二月，封城的傳聞讓英國人陷入了恐慌，紛紛跑去超市囤貨。洗手液、肥皂，甚至廁紙被一搶而空。一個下了夜班的護士去超市買麵包，卻發現貨架空空如也，她在車裡哭訴要餓一天肚子，視頻在網上傳播，令人動容。我所知道的英國人大部分屬於樂天派，今天掙錢今天花，不會為明天擔憂。相反，中國人是具有憂患意識的民族，歷史上長期的動盪培育了中國人防患於未然的集體心理，和平年代也未雨綢繆為可能發生的不測做好準備，早在疫情尚未在英國蔓延，華人就籌集防護物資和生活用品。這直接導致華人社區和英國社會應對疫情的效果天差地別。

猶如亞馬遜河上的蝴蝶扇動翅膀，新冠疫情和東西方新冷戰煽動起了人性最醜陋的角落。隨著世界衛生組織將此次中國的新型冠狀病毒疫情定位「全球緊急衛生事件」，世界各國都開始行動：撤僑、停飛、隔離，以應對可能造成的疫情蔓延。加之媒體和社交媒體的放大，在民眾心中引發了恐慌。針對中國人和亞洲人的歧視在英國、在世界都迅速抬頭，頻頻發生。不斷有恐疫和排華的事件發生。華人社區陷入了艱難處境。

二〇二〇年二月二十四日，一名二十三歲的新加坡男子在倫敦繁華的牛津街遭到襲擊。襲擊他的人當時大喊，「我不想讓你的冠狀病毒進入我的國家」。

三月一日，英國病例已經達到了三十六例，其中兩例無法確定感染源頭，預示著大爆發的來臨。當天，英國內閣召開「眼鏡蛇」最高國家安全會議，警告未來幾天英國可能大爆發。隨著葡萄牙宣布發現了兩例感染者，現在整個西歐全部染紅，都出現了感染病例。

三月的第一周是艱難的一周，英國各地頻繁報導了華人遭遇歧視和虐待的案例。「My London」網站採訪了英國帝國理工大學的學生，該學院以高比例的中國和歐洲留學生聞名。一名不願透露姓名的一年級化學專業學生說：「中國和亞洲學生比歐洲學生更擔心冠狀病毒。」「在戴口罩這件事上也存在分歧。我個人認為每個人都應該戴，可是有些中國學生不敢戴，因為他們怕引起種族主義虐待。」

BBC報導，德文郡和康沃爾郡警方接到至少六起與新冠疫情相關的襲擊報告，遇襲者都是華人或亞裔背景。在受害者中，有三個是學生，遭到暴徒拳打腳踢及吐口水，被對方叫嚷「回你自己的國家去，你一定帶冠狀病毒」。三起襲擊發生在二十四小時以內，由於這類事件激增，警方擬對伯明罕華人社區中心的員工進行培訓，幫助處理仇恨犯罪的上報工作。該中心一位員工稱，自疫情爆發以來，針對所有華裔長相的人的言語霸凌和暴力行為正在增加，但很多都沒有向警方匯報。

英國Inews報導，四十五歲的英國華裔周女士和丈夫、孩子在倫敦坐地鐵。當他們剛走上一節車廂時，一名男子就騰出了座位。周女士說：「一開始我們覺得這個男人很好，我們以為他站起來是想給我們讓座」。但這名男子立即下了地鐵，上了下一節車廂。

「然後一個女人也離開了。這樣的事本周已經經歷了幾次。」周女士無奈地歎了口氣。

同樣有類似遭遇的還有露西・李（Lucy Li）。三十五歲的露西是倫敦的一名兒科護士。她十一歲的女兒告訴她，學校裡的同學相互轉告說：「別接近中國人，因為他們有病毒，生病了。」BBC稱，露西的父母上世紀六〇年代移民英國，露西已經是第二代移民。但當她去看家庭醫生咳嗽兩聲後，注意到旁邊的人馬上自動走開了。

「今天的氣氛已經從合作變成了對抗。人們開始指責受害者，認為他們是一種威脅。」英國華人社區的活動家林懷耀表示，新冠疫情爆發以來，成員們向他們報告了多起種族主義和仇外事件。

一位來自布里斯托的華人小學生愛德華（Edward）給英國首相強生寫了一封信，希望引起他對華社種族歧視行為日漸增多的關注。他在信中寫道：

「親愛的首相先生，我的名字叫愛德華，來自布里斯托，是一名英國華人，一名驕傲的英國公民。我寫這封信的目的，是引起你對英國華人社區由於新冠疫情造成的不斷增多的種族歧視行為的注意。BBC專門對此進行了報導。不幸的是，我的家人在周末購物的時候就經歷這樣的事情。另外，我在Facebook上閱讀了在英華人受到歧視的故事，其中一些事件甚至發生在我們當地的學校，華人孩子被欺負，並被貼上『狂犬病和病毒傳播者』的標籤。」

「Resonate」網站報導，伯明罕發生了一起暴力種族歧視事件。當天，一名華人女子和英國朋友正在伯明罕珠寶區酒吧為朋友慶生。一群男子衝她們大喊，「dirty chink」（骯髒的中國佬），並說道，「take your corona virus back home」（把你那該死的冠狀病毒帶回家去！）。衝突中，英國女子為維護朋友被打傷送至急診。

杜倫大學（Durham University）的蓋瑞．克萊格教授（Gary Craig）的研究認為，英國華人遭遇種族主義暴力或騷擾或許高於其他任何少數族裔，但是華人受害者和案件的真實情況卻往往被忽視，這其中很重要的一個原因就是來自華人的低報案率。

在伯明罕發生了一起暴力傷害華裔的種族歧視事件之後，當時我所服務的《英中時報》採訪了華人議員葉穩堅（Alex Yip），他表示，伯明罕華人社區的成員一直在與伯明罕市議會、西密德蘭郡（West Midlands）員警舉行會議，以真正鼓勵、支援關於仇恨犯罪的報導，並確保報導的內容和該組織發出的資訊正確有效。此次發生在伯明罕的事件是一種仇恨犯罪，「我們正在確保他們受到應有的懲罰，我本人將確保執行定罪的過程嚴格公正」。

葉議員說：「在此，我想鼓勵那些遭受仇恨犯罪的人積極報案。只有當案件被報告時，警方才會使用更多的資源來幫助大家，甚至是匿名報案。如果新冠疫情在英國蔓延，導致英國經濟廣泛下滑、商品供應困難或造成人們的恐慌，受影響的人們可能開始責怪我們，因此我們必須時刻為人們服務。如果有人受到影響，可以通過當地警局、一〇一非緊急員警熱線或直接向我報告，我會告知警方。」

上述案例皆為第一波新冠疫情爆發之後，二〇二〇年上半年的部分英國媒體報導，根據天空新聞從英國警方獲得的資訊，二〇二〇年前三個月針對華裔的仇恨犯罪率是前兩年的近三倍。《金融時報》報導則稱，大都會警察局在二〇二〇年二月和二〇二〇年三月記錄了一六六起口頭、網路和身體攻擊。根據《衛報》獲得的資料，到二〇二〇年四月，倫敦共有二六一起仇恨犯罪。五月，記錄了三二三起事件。六月，倫敦就有三九五起。

實際數字被認為要高得多。根據公益組織「終結種族主義病毒」（End the Virus of Racism）的一份報告，自疫情流行開始以來，針對東亞人與新冠相關的仇恨犯罪增加了300％。但是，有員警將受害者的種族外貌記錄為「東方人」（oriental），這是一個現在已經過時的術語、且被廣泛認為具有攻擊性。

《每日郵報》二月三日報導，英國衛生部大臣馬特・漢考克（Matt Hancock）當天在下議院發言時表示，防治新冠肺炎可能是一個漫長的過程，但反對一切種族歧視的行為發生。他在發言中指出：「英國議會反對任何針對華人社區以及中國遊客的種族歧視和麻木不仁的行為，因為這無助於我們應對疫情。我們將竭盡全力應對疫情，但種族歧視無助於任何人。」

二〇二〇年三月，英國下議院舉行了「有史以來第一次」辯論，專門討論東亞人民在大流行期間所經歷的種族主義。代表北盧頓的工黨議員莎拉・歐文（Sarah Owen）發言稱，大流行期間針對華人的仇恨犯罪數量增加了三倍。歐文稱，研究表明，英國媒體中在報導大流行時，三分之一的報導配上中國人或者東亞人的圖片，強化了人們對「中國病毒」的刻板印象。這一資料來自一個名為「終結種族主義病毒」的運動組織，該組織對二〇二〇年一月至八月間，十五家主要新聞提供商發布的一萬四千張圖片得出了上述分析。

歐文告訴天空新聞說：「新型冠狀病毒被賦予了一張臉，這是一個戴著口罩的東亞人的臉。」

經常在網上遭遇種族虐待的英國華裔喜劇演員鄭肯（Ken Cheng）說，他對病毒如何暴露出更深層次的偏見並不感到驚訝。他說乘坐公共交通工具「有點緊張」，但他更擔心反華情緒如何正常化。「在華人周圍，總有這樣一件事，人們認為可以用一種不在乎其他種族的方式說想說的話，所以你現在看到的這些東西都是關於所有中國文化和人們骯髒野蠻的，好像這是公平的遊戲。」

鄭肯指出，「也許是因為我們的文化緣故，我們比較順從，不太好鬥，也不打架。」

毫無疑問，這是艱難時期。自疫情流行開始以來，西方國家的反亞洲仇恨犯罪激增。不光美國和英國，還來自澳大利亞、加拿大、法國、德國。這股針對中國人和亞裔的種族虐待持續了差不多一年之久才緩緩降溫，包括華人社區在內的亞裔人越來越意識到長期被歧視、忽視和邊緣化的嚴重性。

●

在唐人街，原本欣欣向榮的中餐業陷入了死寂之中。根據二〇二〇年二月對中餐館老闆的調查，約57.6%的受訪者表示，他們在第一波疫情爆發期間被迫關閉堂食和送餐服務。只有11.1%的受訪者表示在此期間他們可以照常營業。

二〇二〇年三月第一次封鎖持續了三個月之久，到了六月有限解封，學校部分恢復、允許小範圍聚會、餐飲業恢復堂食，為鼓勵消費，提振經濟；同年八月，時任英國財相的蘇納克（Rishi Sunak）宣布了一項「外出就餐」餐廳計畫，外出就餐，政府補貼一半，相當於半價就餐。政府一次性支付高達九萬英鎊的現金用於支持陷入困境的餐館、酒館、咖啡館和酒吧。此舉吸引了大量的食客重新餐館。

英國疫情的發展一波三折。英國倉促解封，進入冬季後，疫情反彈很快，疫情感染者急劇增多，加上冬季流感患者，國民健保再度不堪重負。英國的醫療體制跟中國非常不同。它的醫院的床位都是按照正常年分情況設置的，甚至醫護人員的設置也是最低配置，英國人工很貴，絕不浪費一槍一彈。不像在中國，哪怕是一個縣級醫院的病床床位的數量，都有可能超過倫敦的大醫院。遇到疫情這樣的特殊情況，英國的病床數和醫護人數就捉襟見肘。英國在疫情期間的三次封鎖，與其說是疫情所迫，更準確說是因為醫療資源的擠兌。到聖誕前夕，眼見疫情無法控制，首相強生不得不二度宣布全國封鎖。剛剛恢復的餐飲業再度取消堂食，只允許保留外賣。倫敦餐飲市場陷入一片哀鴻。

此後的一年，英國因為疫情多次反覆，防控不力，接連封鎖。BBC分析說，除了政府決策不利之外，英國社會存在一些導致疫情惡化的深層原因。比如，作為全球商貿和金融樞紐都市的倫敦，對外部世界的依賴甚重，斬斷與世界的實體聯繫談何容易。僅僅是從歐洲近鄰法國、西班牙、義大利等國輸入的病例，截止到二〇二〇年三月就至少有一千三百例。倫敦、曼徹斯特等人口眾多、居住密集的大城市，疫情一旦爆發很難控制。另外，人口老齡化嚴重，肥胖症普及等很多現代富裕社會的痼疾也導致疫情「殺傷力」擴大。

在這艱難的時光，英國的中餐業普遍遭遇了雙重打擊。第一波打擊是疫情開始階段引發對於華人社區的種族偏見、騷擾、歧視，以及對中餐的妖魔化。第二波打擊則更為現實，跟英國其他企業一樣，中餐業因為接二連三的封鎖陷入了生存危機。

「二〇一九年十二月到二〇二〇年三月這段時間最慘，沒有生意。」倫敦華埠商會主席鄧柱廷說，「反倒是三月封鎖關門之後沒這麼慘了。因為有政府補助，員工工資由政府付一半。另外，地稅不用付，有的只交一半地稅。」

二〇二一年，我見到魏桂榮時，她向我抱怨第三次封鎖對餐館的生意造成的傷害最大。她說，二〇二〇年三月英國第一次封鎖時，店裡有外賣支撐，她二〇一五年開在阿森納主場北二區的第一家餐廳，疫情前已經積累了一批粉絲有了影響力，五月第一次解禁之後，人們又出來吃飯，故生意受影響程度不大。二〇二〇年耶誕節後的第二次封鎖也是如此。但是二〇二一年初的第三次封鎖，對她的生意打擊挺大。

「現在很多中餐館的客人主要是留學生和華人，疫情讓很多華人不願出來吃飯，在國內的沒法來英國，生意受到很大影響。」她說。

本來魏桂榮打算在二〇二二年發展一家新店，正準備簽租房合同，隨著疫情反覆，她乾脆不敢簽合同了。疫情期間，她很多時候都是待在家裡，不知道下一步怎麼走，心中充滿了焦慮。萬幸的是，家人和店裡員工都做了很好的防護，一直十分平安。

疫情期間，她只保留了一名四川姑娘做廚師，一位本地出生的華人做前台接待，加上她只三個人，第一次解封後，三個人就再度把店開了起來。魏桂榮則是廚師、經理、跑堂一肩挑。

在大規模疫苗接種計畫讓倫敦街頭恢復正常之前，唐人街陷入衰退和不確定的狀態。中餐業在這個多事之秋風聲鶴唳。從魏桂榮的「西安小吃」到老字號的「周先生」，普遍都遭遇重擊，一些廣受歡迎的中餐館被迫關閉。往日在唐人街呈現出的喧鬧、無與倫比的氣氛已成為遙遠的記憶。

這場大流行極大地改變了幾乎每個人的日常生活。直到二〇二一年疫苗推出，才扭轉了態勢。

現在外界把目光投向了不同時期遷徙海外的華人移民群體，他們勤奮沉默，在政治上缺乏聲音，每有風吹草動，首當其衝成為受衝擊的群體。每一次動盪，都會引申到華人的身分認同問題上，這些為了生活漂洋過海的人們，在異國他鄉擔驚受怕，經歷巨大的心理動盪。海外華人一方面為有強大祖國作為後盾而驕傲，一方面也會因為中國模式在世界遭遇的抵抗而受到牽連，一榮俱榮，一損俱損。中國崛起和海外華人的形象如此曖昧地糾纏在一起，帶給他們光榮，還有更為複雜的況味。

一場針對中國和華人的風暴正在醞釀，並且很快來臨。中餐第一次進入英國公眾以來，已經走過了一百一十四個年頭，來自不同區域的華人，此刻成為了命運的共同體，保護他們珍視的文化財產，對抗即將襲來的風暴。

14、不再沉默

針對因為疫情引發的歧視和霸凌中國人及亞裔的浪潮，二〇二一年，一系列「停止亞裔仇恨」的抗議集會席捲了美國、加拿大、英國等西方國家。華人擁有悠久的移民史，現在到了不得不站出來為自己的權利和安全發聲的時刻。

二〇二一年五月二十日下午，「反華種族主義的劇增：建立對種族仇恨恐懼的抵抗力」的線上論壇舉行，該論壇討論如何應對疫情下英國針對華人種族歧視帶來的挑戰。出席論壇的人士有國會議員、前影子大臣約翰·麥克唐納（John McDonnell），倫敦市長辦公室「獨立受害者委員會」專員克萊兒·韋斯曼（Claire Waxman），《隱藏於公眾視野之外：針對英國華人的種族主義》合著者班克爾·科爾（Bankole Cole）教授等人。

論壇主持人是民權法律中心的陳志明（Chi Chan）和英國監督組小組成員多蘿西·

瓊斯（Dorothea Jones）。論壇組織者之一的華萍博士表示：「針對華人社區的種族主義在英國社會並不是新現象。我在英國生活了三十多年，每當英國發生重大災難時，華人社區就很有可能成為替罪羊。例如，在二〇〇一年口蹄疫爆發期間，我們就目睹了針對華人社區的種族主義暴力事件的激增。一些人只是聽信了毫無根據的謠言，就稱這種疾病的傳播是由一家使用非法進口肉類的中餐館帶來的。」[101]

二〇二一年七月十日下午，我參加了一場在倫敦議會廣場舉行的反亞洲仇恨集會。我來到現場的時候，很多華人（東亞人）已經聚集到了廣場一側的甘地銅像前，幾個年輕的華人正站在主席台上，分別講述個人在疫情期間所遭遇的不公待遇，引發了現場觀眾的共鳴。來英國五年，我見識過各色種族的抗議示威活動，這麼多東亞面孔參與的大規模抗議活動，這是第一次見。

工黨國會議員的莎拉·歐文也來助陣，顯示出此次活動的政治傾向。歐文有一半馬來西亞華人血統，母親是早年來英國當護士的馬來西亞華人，父親是英格蘭人。歐文以前在國民健保系統（ＮＨＳ）工作，後來為上議院議員做政治顧問，二〇一一年當選為黑斯廷斯和萊爾（Hastings and Rye）區的工黨國會議員競選人，二〇一九年成功當選為國會議員。當選之後，歐文的華人血統受到了華人社區的重視，她也很聰明地啟用了中文名字「陳美麗」，並且成為了「工黨華人之友」的負責人。

歐文慷慨激昂，批評英國政府對疫情以來華人所遭受的歧視和虐待無動於衷，引發了支持者的共鳴。現場瀰漫著一種氣氛：華人已經受夠了，不能再繼續沉默了。

二〇二一年十月，為紀念全國仇恨犯罪宣傳周，唐人街中國站（China Exchange）發布了「沒有仇恨的地方：倫敦唐人街的大流行後行動」報告，報告了唐人街的復甦，特別強調新冠病毒種族主義，以此因應對東亞和東南亞仇恨增加的檢討。

該報告分析說，自二〇二〇年一月起，唐人街的客流量急劇下降，這意味著企業在國家封鎖開始之前，收入就已大幅減少。國家媒體一直使用東亞裔面孔戴口罩的圖像來說明大流行的故事，以及政治領導人和輿論使用「中國病毒」等術語助長了反華情緒、仇恨和可能導致種族主義盛行的環境。

根據二〇二一年英國人口普查，儘管華人是第三大少數族裔群體，但在許多公共領域，包括政治、體育和媒體，都很少見到具有東亞血統的人。「缺乏可見性」意味著華人是一塊空白的畫布，可以投射任何偏見——冠狀病毒出現並證明了這一點。

這一幕對於哈克尼（Hackney）的華人社區協會負責人林懷耀來說是如此熟悉。他向我回憶起：二〇〇一年，英國政客曾經導演了相似的醜聞。那一年英國爆發了口蹄疫，而之前口蹄疫在英國已經消失了六十年。疫情突如其來，被迫宰殺二百萬頭牛，農場損失慘重，畜產品價格一度低於成本價格，歐盟針對口蹄疫又頒布新禁令，英國農民的日子很難過，工黨政府面臨很大壓力。

二〇〇一年三月二十七日，英國《泰晤士報》聲稱，英國爆發的口蹄疫是由位於英國東北部紐卡斯爾地區的一家中餐館引起的。報導還說，最初發生口蹄疫的農場常用從一家華人餐館收來的餿水餵豬，由於這家中餐館使用了帶有口蹄疫病毒的走私豬肉，從而引發了席捲全英、蔓延歐洲、危及世界的口蹄疫。該報還無端猜測，這家中餐館的走私豬肉來自中國內地或香港。接著，一個「動物衛生專家」說，從感染的豬牛羊身上檢查出的口蹄疫病毒，在中國、東南亞一帶相當普遍，從而推斷「病毒」來自上述地區。

這讓急於轉嫁責任的英國政府如獲至寶，時任農業大臣尼克·布朗（Nick Brown）在向英國議會提交的一份報告裡也聲稱，一家不知名的中餐館非法進口了來自遠東地區的感染口蹄疫病毒的肉類，之後將沒有賣出的或剩下的食物賣給了豬場，於是豬染上了口蹄疫。媒體在缺乏證據的情況下繼續傳播謠言。例如《每日鏡報》將此事發布在頭條，標題定為「羊和母豬醬料」，嚴重加深了公眾對中國人飲食習慣的刻板偏見。

消息一出，整個英國乃至國際社會一片譁然。英國的中餐館受到沉重打擊。當時的英國街頭，對中國餐館和外賣店的言語和身體虐待不斷上升，有大量的刑事案件出現，人們在商店門口砸玻璃，塗鴉中餐館。這個傳聞使全國的中國餐館生意量下降了40%，在謠言傳開後，一些餐館就再沒有一個顧客。儘管缺乏證據，政府卻遲遲未正式確認或否認這一說法，流言蜚語持續發酵。[102]

事後林懷耀得知，唐寧街10號在每周固定的媒體吹風會上，農業、漁業和食品部（MAFF）官員故意向《泰晤士報》農村版編輯薇樂莉・艾略特（Valerie Elliott）暗示和放風，為當時正在進行的大選轉移公眾視線，華人因此無辜地成為了替罪羊。

隨著口蹄疫情的持續，農民因失去生計而自殺，憤怒開始從政府轉移到華人社區身上。大報和小報都刊登了聳人聽聞的標題，指責中國人為罪魁禍首。林懷耀收到大量的案例報告，很多店主說人們衝進他們的店裡，他們並不消費，而是一邊踢著足球，一邊發表種族主義的言論。當時發生了大量的針對中國店鋪的犯罪行為，例如在店門口扔玻璃，肆意進行塗鴉。遭到襲擊，有人嚴重受傷或死亡只是時間問題。

三月三十日，全英華人外賣公會、倫敦華埠街坊會、華人社區中心等近二十個團體向英國首相東尼·布萊爾（Tony Blair）遞交了一封信，抗議英國媒體對華人的無端汙蔑。他們指出，中國餐館一向堅持為客戶提供高品質的食物，並一直採用本地肉類。農場所收取的泔水來源非常廣泛，政府和媒體不調查清楚就立即指向中國餐館，希望首相先生查清口蹄疫的禍源，還華人以清白。

餐館老闆和外賣店老闆表示，自上周聲稱非法進口給一家中餐館的肉類是此次疫情爆發的原因以來，他們的生意已經下降了多達40%。英國當時大約有一萬二千家中餐外賣店和三千家中餐館。他們雇傭了高達80%的中國勞動力，業務下滑可能導致人們被解雇。華人業主呼籲政府澄清情況，稱他們認為最初的指控來自農業部。但在接受BBC新聞線上採訪時，農業、漁業和食品部的發言人斷然否認他們是新聞報導的來源。[103]

華人社區決心採取行動。他們要求種族平等委員會調查是否存在煽動種族仇恨的指控，還就媒體報導向新聞投訴委員會提出投訴。唐人街的企業主決定採取進一步措施，十幾個老闆找到了擅長社會運動的林懷耀，「要做就做大的，罷工、遊行！」林懷耀的回答斬釘截鐵。老闆們有些猶豫，會不會惹來員警打？罷工要損失多少錢？但是似乎也別無他法。

林懷耀開始行動起來，動員更多力量參與。他聯繫唐人街的雜誌《新界線》，還找了無線電視工作的華人記者，採訪了受損失的中餐館老闆，很快一批報導出來了。他們又準備了標語、公開信、派傳單。傳單送到每個餐館，但是老闆們都放在一邊，也不派發，擔心影響生意。這個時候已經定下來四月一日周一舉行罷工，去唐人街抗議。「為什麼最後選在周一？因為老闆認為周一餐館客人少，不影響生意！」林懷耀回憶。

但是不巧的是，周一那天地鐵宣布罷工，很多人去不了。怎麼辦？林懷耀有些著急。那時候，有個網路雜誌叫「點心網」（Dimsum），登了唐人街準備罷工抗議的消息。編輯傑克．譚（Jack Tan）說，「華人社區在英國社會的刻板印象中，是一個像敵人一樣生活的外國人社區。事實上，華人社區已經在這個國家生活了將近二百年，從那時起，我們一直在為英國公眾提供食物，為他們洗衣服，我們一直在創造就業機會。但這些都無關緊要，相關的只是刻板印象。」譚先生說，他們已經聯繫了報紙，以努力傳達華社的觀點，並鼓勵他們網站的訪問者寫投訴信並聯繫各自的國會議員。

不光是華人，很多英國年輕人看到點心網的報導而打電話來要求參與，結果一下子扭轉了形勢。英國華人專門成立了全英維護華人權益臨時行動委員會。隔周，四月八日，示威展開。全英中餐館同時罷工停業兩小時以示抗議。來自全英一百六十多家華人社團組織的一千五百多名代表在農業、漁業和食品部的門前舉行大規模抗議活動，要求英國政府查清媒體不實報導的消息來源，譴責不負責任的報導，並依據《種族關係法》懲治有關責任人。

這一天，農業大臣布朗要求與華人社團組織領袖見面，之後發表講話，承認沒有證據表明英國爆發的口蹄疫與中餐館有關，並對英國媒體不真實報導所造成的不良後果表示歉意。《光明日報》評論，這說明團結起來的英國華人通過鬥爭，終於洗掉了憑空潑在自己身上的髒水。

林懷耀說，華人來英國這麼久，這是英國政府第一次向華人社區做出道歉。撫今追昔，林懷耀認為，沉默是金的文化傳統，影響到了外界對華人移民的認知，在某些時候不可避免成為了政治的犧牲品和替罪羊，唯有行動起來，才有出路。

●

二〇一七年，我來英國尚不足一年，BBC的一檔節目給我留下深刻印象，促使我開始關注到英國華人社區的「獨特性」——這個專題叫「寧願受苦也沉默」，討論了流行於華人社區的孤立主義傾向。英國社會已經意識到，華人是一個優缺點都十分鮮明的社區。他們勤奮，重視教育、高收入，但對於公共事務的參與程度不高，政治上採取了一種圍觀的態度，在社會活動中缺乏引領的熱情和動力，主流社會因而缺乏屬於華人群體的聲音。

這部專題以華人社區的健康問題開篇，採訪了一個患有四期癌症的香港移民，這位女士跟很多早期來英國的多數華人一樣，也在餐館工作，辛苦操勞，忽略了健康。查出癌症之後，她完全不能接受，說「一些華人看癌症就像是惡魔，甚至不願意告訴家人」。受訪的腫瘤科醫生李立（Lip Lee）認為：「華人有一種傾向，不願意承認自己的疾病，包括腫瘤，其實早期正確治療沒有問題，可以不需要受苦。但是很多人否認，認為痛是正常的，那是命，或者選擇去看中醫。」他說：「很難說服他們和癌症抗戰。」

我為這個節目所選取的角度感到驚訝和佩服。這個開篇是富有寓意的。何止病痛，華人社區普遍存在這樣的封閉傾向：以保持沉默來對抗痛苦和壓力，外界普遍關注不到華人的需求，造成了政策制定上的盲區——英國的社會政治制度是相對開放的，各路政客、組織一旦找到機會，一定在各種場合把話說透，甚至不乏鼓噪，力爭把小事誇大、無孔不入，最後形成一股輿論，影響政策的制定和改變。

而華人普遍採取了一種明哲保身的處世哲學，不問政治，悶聲發財。英國媒體報導，華人已經成為英國時薪最高的族裔。在華人後面，印度裔排第二位，英國白人排第三。一個公認的事實是，英國華人整體受教育程度高，工作好掙錢多，整體處在社會上游。但是，在英國主流社會中，華人代表性仍然嚴重不足。

政治影響力上，英國華人無法跟印巴裔等量齊觀，甚至跟一些小族裔也沒法比。二〇一八年英國評選最有影響力亞裔，賈偉德和時任倫敦市長薩迪克・汗（Sadiq Khan）均入選，前十名全是印巴裔，沒有華人。印巴人比華人在政壇上活躍，有一定歷史背景。印巴裔長期在大英帝國殖民地生活，瞭解英國政治和社會制度，接受英語教育，幾乎不存在融入問題，或者問題較小。而英國的華人社區，老一代廣東、香港華人有很強的鄉土觀念，融入英國社會不夠，很多老華人至今不講英語只會粵語，而如果子女在英國出生接受教育，則融入相對好一些。

飲食很能反映融合問題。中餐已經成為最受英國人歡迎的外賣，但是很多華人抗拒英式餐飲，把自我歸於「他者」。幾乎每個國家都有唐人街，某種意義上說，這是華人社區自願採取的一種隔離措施，因為語言和習慣不同，華人建立一個保守封閉的安全社區，在這裡，生老病死，不依靠跟外界交流就可以完成。

華人的處世哲學偏內斂，不具備對抗性和擴張性。學者同時分析指出，移民和移民後代身分意識的覺醒通常是延時的、片面的。更年輕的華裔在面臨歧視時，呼籲「應該受到同等對待」的時候，也會想起父母告誡他們作為移民要謹小慎微，不做出讓人針對的行為。[104]

華人傾向認為政治是「麻煩」而遠避。很多華人是商界、醫界、工程界、教育界的專業人才，唯獨對政治不感興趣，不太關心公共事物。《南華早報》曾經引用中國議題研究專家、自由民主黨議員克萊門特・瓊斯（Clement Jones）的話說：「在英華人更傾向於以儒家態度對待政治，他們更傾向於循序漸進地改變，而不是通過煽風點火來遊說。」

英少數族裔組織「黑人投票行動」（Operation Black Vote）在英格蘭和威爾斯進行選區調查後發布的一份報告指出，在下議院全部六百五十個席位的三十六個，華裔是選區內最大的少數族裔，而對其中十七個沒有哪一黨占有絕對優勢的邊際席位（marginal seats），華人的選票可能會起到決定性作用。三十五萬華人選民中，來自中國的移民增長迅速，二〇一三年和二〇一四年，中國成為英國移民的最大輸出國。由出生在香港的律師李貞駒（Christine Lee）創辦的無黨派、志願性組織「英國華人參政計畫」（British

Chinese Project）二〇一四年統計，在三十五萬有資格投票的華人中，有30%從不進行選民登記，「是少數族裔中選民登記率最低的」。[105]

華人在英國經濟商業領域做出了突出貢獻，在學業上名列前茅，唯獨在政壇上成為了隱形人，幾乎毫無影響力，這個現象不光英國獨有，在很多國家都存在，因此應考慮為族群習俗和文化因素。數千年的帝制文化和儒家文化的影響下，講究等級秩序，個人權利並未得到有力的保障和重視，或許是一個更為深層的原因。

●

前幾年，華人社區破天荒出現了一波參政熱潮，曾經引發媒體的集中關注。二〇一五年五月五日，《紐約時報中文網》曾經以「英國大選中的中國軍團」為題，介紹了一個衝擊國會議員選舉的中國移民王鑫剛的故事。

王鑫剛二〇〇一年帶著家人和親戚籌集的十幾萬塊來帝國理工大學讀交通規畫碩士。一年課程結束時，其他同學開始找工作或準備回國，他則簽下了第一份工作合同。工作之餘，他在牛津大學繼續深造，取得了數學碩士。他已婚，有三個女兒，二〇〇八年入籍英國。他一邊在金融城一家銀行擔任高級經理，一邊在哈佛商學院修ＥＭＢＡ專業，每年飛兩次波士頓。

二〇一四年底他通過了保守黨兩輪面試獲得議員候選人資格，選擇了離家幾個小時車程、英國華人人口占比最高的曼徹斯特中心（Manchester Central）選區。當地七萬七千名合格選民中，有約八千名華人。另一名二十九歲、來自重慶的何易（Edward Yi He）也成為保守黨議員候選人，何的選區在威爾斯南一個僅有五萬多人口的小城。二〇一五年王鑫剛和何易同時競選議員，開了中國大陸新移民在英國參政的先河。

華人候選人的出現，一定程度上反映出卡麥隆政府對中英經貿關係與招商引資的高度熱情。在這一波由兩國經貿關係主導的熱潮中，從二〇〇〇年只有一位華裔候選人競選下議院議席，到二〇一〇年參加下議院大選的華裔候選人達到八位，而到二〇一五年包括王鑫剛和何易在內共有十一位華裔參加選舉。

「所有的華裔需要有一個聲音告訴英國的政界，我們還有這麼一批人。」王鑫剛表示。

王鑫剛和何易在二〇一五年大選沒能成功。二〇一七年五月，王鑫剛又一次競選，依舊功敗垂成。從二〇一四年到二〇一九年，他還每年競選英國地方議員，並在二〇一六年當選薩里地區議員。地方議員選舉，不同於英國全國大選（General Election），英國的地方選舉更像是選地方的父母官，地方議員主要負責當地事務，大到選民登記、政府公屋、地方規畫、交通、教育、環境衛生和道路等，小到公共設施的建立和垃圾回收等。目前，全英國的地方議員數量一萬四千多人，各黨派加起來，華人地方議員有十人左右，當選人數跟華人的龐大基數仍然不成比例。

不過一個積極變化是，過去不多的華人參政者多為香港移民背景，最近一、二十年的趨勢則是，來自中國的新移民越來越活躍：王鑫剛來自東北，倫敦的保守黨候選人奚建軍來自江蘇，曼徹斯特的保守黨候選人智升科來自瀋陽等。

二〇一九年英國大選，王鑫剛再次衝擊國會議員競選。十二月十日，我參加了他的一次助選活動，那天傍晚，倫敦下雨，我趕到肯辛頓地鐵門口，那裡已經集合了一批保守黨的志願者，當晚，志願者到選民家敲門，鼓勵投票。一會兒，個子不高的王鑫剛從街道對面走來，跟英國人一樣，他也沒有拿傘，任雨水澆透了頭髮和肩膀。他當晚的工作有兩項，一是需要徵得沿途商家的配合，在牆上張貼保守黨候選人的傳單；另一個就是根據上次街頭民調的資訊，到有可能給保守黨候選人投票的住戶家做進一步的鼓動工作。

我們沿著伯爵府路（Earl's Court Road）走，王鑫剛一邊給我介紹情況。他前兩次參選都在曼徹斯特，第一次是二〇一五年，第二次是二〇一七年，二〇一九年選舉是他第三次出馬。他所在的漢默史密斯選區投票當天剛結束，上一個禮拜發放了三萬五千張傳單。「我的區有七萬選民。這次對手很強，工黨已經控制這個區二十多年了。對方候選人曾經做過地方議會議長，政治資本很強。」

他當天來肯辛頓是幫助另一名保守黨候選人助選。「這個選區有十萬選民，競爭激烈，二〇一七年上一次選舉保守黨只輸了二十票，現在當地屬於工黨選區，保守黨希望在周四晚上翻盤。」王鑫剛說。

我們經過肯辛頓區的大街，王鑫剛說，這個區什麼人都有，有中產家庭、也有廉租房住戶，前幾年肯辛頓有很多歐洲移民過來，當地人口結構發生了很大變化。他拍拍手裡一疊登記名錄說，四個星期前，黨派民意調查，這些都是上次註冊的可能投票給保守黨的選民，這次他挨家回訪，希望能鞏固選票。

二〇一九年這一次，包括王鑫剛共有九名華人候選人參加角逐，兩人當選。哈文特選區的保守黨艾倫．麥成功連任，工黨英華混血候選人陳美麗成功在北盧頓（Luton North）選區當選，而雄心勃勃的王鑫剛這次仍然未能如願當選。

陳美麗的當選也不是一次成功。她從薩塞克斯大學（Sussex University）畢業後投身公眾服務，熱心政治參與，先後於上議院任職政治顧問、工會組織者等。二〇一五年大選她曾首次代表工黨挑戰黑斯廷斯和萊爾選區，但遺憾落敗。這次重振旗鼓捲土重來，她說參選最重要的原因是「渴望做出積極的改變」。在被問及作為華人參與大選感覺如何時，她說：「以華人身分參加大選我感到十分榮幸，而且這是我們翹首以盼的機會。在英國，有一百五十萬華裔和東亞裔人口，但是我們的聲音卻微乎其微。」106

「英國華人參政計畫」的創立者李貞駒說：「我們正在鼓勵更多人走上政治舞台，比如成為一位國會議員。因為一旦在每一個場合都能看到一張華人面孔，我們就不會被孤立得這麼厲害。」「英國華人參政計畫」是一個非營利組織，旨在促進華人社區與英國社會之間的互動及理解。

二〇一九年，我還採訪了曼徹斯特的保守黨華人候選人智升科。他出生於中國東北，是一名自行車愛好者，熱衷慈善，已經完成了一系列以籌款為目的的公路自行車挑戰賽事。他二〇〇三年來英國讀書工作，曾是曼徹斯特大學學生活動的活躍分子。曼徹斯特有二百六十萬人口，現有十萬華人，還有十萬留學生，華人面孔很常見。不過華人喜歡住在房價比較高、優質教育資源集中的地方，比較分散。特別是大量華人不參與投票，對政治缺乏熱情。智升科注意到，印巴人來到英國之後習慣聚集居住，這樣會比較容易選出本族裔的代言人，「其他族裔再優秀可能也被親情關係排除掉了」。

智升科是中國人少見的比較熱心參與公共事務的類型。二〇一六年，在英國生活了十三年之後，智升科決心成為華人社區的代言人。至今他已經連續參加了數次地方議員競選。其中一次，他被分到了保守黨和工黨勢均力敵的選區，該選區五千七百戶選民，智升科拜票走訪了五千五百戶。因為受累於脫歐，保守黨整體選情看跌，最終沒能如願競選。

值得關注的是，王鑫剛、智升科決定投身英國政壇的時候，正逢中英兩國黃金時代開啟，華人社區可見度很高，這也是推動華人參政議政的一個重要因素。所謂黃金時代，是時任英國首相卡麥隆和中國國家主席習近平共同策動的。習近平出訪英國，卡麥隆邀請習近平在契克斯首相莊園附近的酒吧「卡茲頓之犁」（The Plough at Cadsden）共同品嘗了英國傳統食物炸魚薯條，一人喝了一大杯黑啤酒（後來，這間鄉村酒吧被中資企業買走，據說還要在中國開分店。中富集團宣布戰略投資這家鄉村酒吧）。這次出訪結束之後，兩國定調為中英兩國的黃金時代。然而這一切在二〇二〇年急轉直下，因為疫情起源、貿易戰、新疆勞改營、香港國安法等一系列風波，導致中國和西方國家關係遇冷。海外華人身處夾縫中間，不可避免深受其害，華人參政的熱潮也逐漸消褪了。

●

二〇二一年春天，因為疫情導致仇恨犯罪增加，我又一次採訪了王鑫剛。

王鑫剛認為，目前疫情對各個族裔的影響都一樣，「我本身做金融行業，去年三月至今，在家工作一年。出行減少，沒辦法去辦公室溝通，生活也發生很大變化，不能出門。」

「下一步是適應變化。適應生活和工作方式的變化。好處是通過網路和電話溝通，比之前跟朋友溝通反而還多了。以前每天開車或者火車上下班，現在這部分時間省下來了。」

他話鋒一轉，「現在大家比較關心疫情對於華人的影響。關於針對華人、亞裔、少數族裔的歧視。在疫情之初，還沒有進入封鎖狀態的時候，我看到了很多媒體的報導。針對東亞裔的犯罪明顯增加。特別是由於病毒起源於武漢的說法，導致針對東亞裔人口的歧視明顯增加。種族歧視犯罪，首先是一種犯罪。針對犯罪，當然需要零容忍。沒有一個國家允許犯罪增加。」

王鑫剛最近參加了英國保守黨政府的活動，詢問了很多部長、國會議員，瞭解他們關於種族歧視的看法。觀點非常一致：攻擊英國華人社區，就是攻擊整個英國社會，華人社區是英國重要組成部分。針對歧視和攻擊不能容忍，而是舉報犯罪。

前幾天「保守黨華人之友」組織邀請英國外交大臣拉布講話，拉布身兼副首相，他表示，願意和華人面對面溝通。現場觀眾問的第一個問題，就是因為疫情導致的種族歧視，拉布態度很堅決：零容忍。

「保守黨華人之友」成立的目的，主要是加強黨派和華人社區的溝通。每一年都要請內閣成員參加活動，外交大臣、財相都曾是座上嘉賓。二〇一三年還邀請了當時任倫敦市長的鮑里斯．強生參加活動。

王鑫剛說，有統計顯示，英國針對非華人的種族歧視一年有幾十萬起。二〇二〇年一年針對華人的數量為幾百起。這個資料反差很大。現在華人社區是英國第三大少數族裔，所以要確保政府從上到下聽到來自華人社區的聲音。

疫情對華人社區造成很大衝擊，很多人因為封城生意做不了，「保守黨華人之友」也在調研，大家的需求是什麼？這股風潮背後，有沒有中國崛起的因素？王鑫剛認為，病毒和中英關係沒有關聯。英國文化是言論自由，任何人都可以發表觀點。「不歡迎中英友好的大有人在，很久以前就有。只不過媒體由於疫情，針對中國的負面報導更多了。」他說。

王鑫剛認為，呈現在媒體上的報導和真實民間情況還是有距離的。他舉了一個例子，中美貿易戰正酣，但是過去一年，美國企業在中國拿到執照的數量遠超英國和歐洲總和。政治上交戰、經濟上越來越緊密。這似乎是一個有意思的現象。

他還分析了上次參選失敗的原因，並沒有氣餒，而是計畫繼續參選。「如果一次失敗就不參加了，意味著不會走遠，這次疫情再次敲響了警鐘，華人一定要參政議政。我呼籲華人社區站出來，為自己社區發聲。不讓別人掌控話語權。」他說。

王鑫剛和智升科一直都在努力踐行在英國參政的信念。經過數年的衝擊，智升科在二〇二二年五月八日的地方議會選舉中成功當選為地方議員。欣喜不已的智升科發了一條朋友圈，「今後，請叫我智升科議員。」這一年，來自重慶的何易也成功在威爾斯當選為地方議員。

因為疫情，世界各地的華人都遭受了一次心理的衝擊。風波背後，融合了地緣政治、東西方對抗、治理模式、文化差異等各種因素。遭受打擊過後，華人社區仍然在廢墟上頑強站起。富有忍耐和進取精神的華人社區更加堅韌，並將不斷豐富現代華人（中國人）概念，為此做出新的貢獻。

15、你的外賣到了

疫情肆虐了兩年多還沒有終止，完全打亂和改變了正常生活。疫情開始階段，倫敦爆發了恐慌性搶購。某天我去了一趟超市，發現貨架上的雞蛋、香蕉、洗手液、肥皂，甚至衛生紙，都被搶購一空。我百思不得其解：為什麼人們連廁紙也搶購？後來讀到一份研究報告，解開了困惑，該研究稱，廁紙體積大，在超市貨架上占據空間大，位置顯眼，所以當超市沒及時補貨，就加強了廁紙被搶購的印象——這算是疫情期間的一個插曲。

二〇二〇年三月，英國第一次封城前，我在多個超市網購囤了一批食品。這些貨物幫助我們度過了四月、五月的難關。英國在五月恢復了超市的階段性營業，在保持社交距離的前提下控制入場人數，隊伍排到了大馬路。那個場景讓我想起了電影裡國統區通貨膨脹市民搶購的畫面，購物變得很艱難。那段時間網購已經很難預約，超市每周放出有限的送貨檔期，很快告罄，我再也沒能搶到過網購機會。到了五月中下旬，家裡開始面臨彈盡糧絕的情況。

危急時刻，一夜之間，倫敦街頭突然出現中國送貨車的身影。大概意識到此間華人的需求，一些專門為華人服務的食品配送公司在這個階段出現了。這些配送公司出現得略顯倉促，很多時候依靠口耳相傳，一般通過微信朋友圈傳播，在某一個地區拼團湊人數，定好日期統一發貨。我們使用了幾次，開始階段有一些不愉快的磨合，之後愈發順暢，不光買到了急需的生活物資，甚至連麵包蟹、海魚、粉條、豆腐乳，這些中國人喜歡的食材都可以買到。不得不佩服中國人的商業才能，以及在吃這個問題上所投入的熱情，買的賣的都樂此不疲。當時大家仍對病毒抱有恐慌心理，避免跟陌生人接觸。這些中國配貨公司挨家挨戶發貨，也需要一定的勇氣和冒險精神。

二〇一六年我們剛來英國的時候，英國的送餐業幾乎為零。我們嘗試過在家叫餐，首先要拿到特定餐館的電話，然後打電話去訂，餐館做好之後通知你去取，而不會送貨上門。然而此次的封城期間，餐館關門，只允許外賣，叫餐業務意外得到了發展。回憶在北京的時候，叫餐十分普及和方便，因為競爭激烈，價格親民，服務水準得到快速提升。在中國城市的大街小巷，經常看到送餐員爭分奪秒騎著電動車狂奔的景象。中國之所以發展了無孔不入的送餐業務，跟人力成本低廉有很大關係。

疫情意外催熟了英國最大的外賣平台「戶戶送」（Deliveroo），其標誌是一個綠色袋鼠，創始人是一名在英國工作的美國華人許子祥（William Shu）。許子祥一九七九年生於美國康涅狄格州，父母來自臺灣。許子祥於二〇〇一年獲得西北大學的學士學位，第一份工作是二〇〇一年在紐約摩根士丹利擔任投資銀行分析師。許子祥創立 Deliveroo 的想法緣於二〇〇四年他在摩根士丹利的倫敦辦公室工作的經歷，他每周工作一百個小時，時常加班，雖然公司每天都有大約二十五美元的晚餐費，但是沒多少選擇。他不得不每天晚上去特易購（Tesco）採購速成食品，生活中需要一個送出去的美味食物的想法由此而生。

二〇一三年，許子祥與兒時友人、身為軟體工程師的格雷格．奧爾洛夫斯基（Greg Orlowski）創立了 Deliveroo。許子祥是 Deliveroo 公司的第一批外賣運送員，在公司成立頭八個月中每天都會送貨以瞭解客戶體驗。業務通過口耳相傳而增長，在最初的兩年，公司是自負盈虧的。他們在倫敦以外的布萊頓、曼徹斯特相繼啟動業務，然後二〇一五年四月在巴黎、柏林和都柏林陸續上線。短短三年，籌集了超過 4.75 億美元的風險投資，業務遍及英國的三十五個城市和國際四十個城市。尤其是疫情期間，封鎖要求減少人際接觸、堂食遇冷，線上市場借勢起飛。借助這股東風，Deliveroo 當仁不讓成為英國線上點餐業的第一大品牌。二〇二一年，Deliveroo 獲得亞馬遜公司投資的情況下成功上市。

也是在疫情期間，英國另一家針對華人的線上服務商「熊貓外賣」（Hungry Panda）也開始活躍起來，其藍色的送貨標示為此間華人所熟識，創始人是來自中國的劉科路。

劉科路出生於一九九五，二〇一六年畢業於諾丁漢大學電腦專業，同年創立 Hungry Panda。他在接受我當時服務的《英中時報》採訪時說，自己來英國留學的時候點餐還不方便，英國雖然有了 Deliveroo 和 Just Eat，但沒有覆蓋到華人市場，也很難找到地道的中餐，他認定這是一個龐大的市場缺口，因此在畢業前夕決定創業專案時選擇了送餐業。

二〇二一年六月，我採訪了「熊貓外賣」的英國區負責人柯林．高（Colin Gao）。他介紹說，「我是二〇一一年來英國交流，二〇一二年在伯明罕讀博士。剛來英國的時候，留學生點餐需要打電話，商家主要通過找學生散發傳單做宣傳，到了二〇一五、二〇一六這兩年，才出現了幾家外賣公司。」

但是當時的外賣公司大部分很初級，「二〇一六年有家中國人做的公司，局限在某個城市，自己弄個小網站，學生線上點餐，網站再給商家打電話預定，相當於接線員。但那會兒沒配送、沒 App，也不能線上支付。商家還得養一個司機，司機的使用高峰只是中午和晚上，平時閒著，但是都算商家的支出。這家公司做了一年多就停了，這些早期的點餐公司現在都消失在歷史的長河中了。」

等到他們想做送餐業的時候，已經看到這種模式的弊病：需要專門司機、使用者沒有保障，不知道餐到哪裡了，以及能不能送到。「我們想明白了：需要解決配送問題，讓用戶第一時間知道商家是否接單，商戶也知道商戶是否付帳。那會兒國內送餐業也開始做起來，體系流程比較成熟，做了調研之後，二〇一六年，『熊貓外賣』啟動。」

作為學校的創業項目，諾丁漢大學贊助了一些辦公室，籌備階段，除了參考國內送餐業，還制定了英國公司的思路：優先服務華人，更具體一點當初的定位是服務華人留學生。

柯林．高以親身經歷說，「二〇一六、二〇一七年出來的留學生，大部分都不會做飯。吃飯點外賣的幾率更高一些。因此，中餐外賣的主要客戶年齡就是二十至三十五歲的學生和工作的白領，還沒有孩子的，不擅長做飯的，他們點外賣比較多。」而且他們發現英國學生還有一個特點，圍繞學校活動相對比較集中，配送優化體系比較簡單，不用處理過於複雜的問題。中國學生相對比較抱團，一般都會加入微信群，有組織，比較好接觸到這個市場。

開始英國中餐業老闆對這個軟體的接受度很低，很多人覺得自己的客戶都是固定的，現在平台訂餐還要抽成是不是不划算啊？更關鍵的是，中餐館以前的營業利潤率普遍很低，過渡到技術交付將使這一點利潤變得更薄。

柯林．高舉了一個例子。考文垂（Coventry）當地的餐館都是下午六點開始送外賣，而且訂餐五十英鎊以上起送。因此個人很難點餐，用戶需求不強烈。「熊貓外賣」啟動考文垂之後，用戶起點金額可以點，餐單可以看到，點餐量一下子起來了，中後期客戶需求暴增。可以說，新手段改變了考文垂的中餐生態。

「熊貓外賣」成立於二〇一七年，鋪開的第一個城市是諾丁漢，然後是萊斯特和伯明罕，考文垂是第四個，做了大概十七、十八個英國城市，後來在法國、義大利、澳大利亞、紐西蘭、美國、加拿大、韓國、日本、新加坡都開展了業務，基本涵蓋了主要的海外華人市場。

「熊貓外賣」二〇一八和二〇一九年主要做留學生市場，但是這個目標群體並不穩定，英國學制短，很多留學生在英國讀碩士只需一年，次年五、六月分就離開了，所以市場培育出來的價值只有一年時間，為了拓展市場，開始把中餐拓展到亞洲餐，比如越南餐、韓日餐。現在又把品類從餐廳拓展到了超市，針對的主要是在英國時間比較久的華人移民，他們平時喜歡自己做飯，訂外賣的需求相對較少。目前在他們的App上，基本上英國的中國超市的所有貨品都能買到。

儘管新冠疫情給多家企業帶來了很多問題，然而，隨著人們在家工作，一些行業經歷了前所未有的增長，食品送貨上門就是這樣一種服務，在這次疫情流行期間獲得了發展勢頭。「熊貓外賣」在二〇二〇年籌集了五千八百四十七萬歐元的巨額資金，據該公司稱，它將投資擴大其在美國、加拿大和澳大利亞的市場份額，以鞏固其市場領導地位，同時探索新的商機並擴大其市場供應，計畫將團隊人數翻倍至一千人。

107

柯林·高認為，企業從英國開始起步，有一定優勢。英國監管嚴，勞動成本比較高，算是做送餐行業比較難的一個地區。相對來說，紐西蘭勞動成本低，華人多，整體市場穩定成熟，難度就比較低。在最難的地方做好之後，在其他英聯邦國家做起來都會比較簡單了。英國成了是一個很好的實驗場地。

「畢竟吃是一個剛性需求，誰能逃得了吃呢？市場推廣其實很簡單，定位人群很容易，但是顧客用過之後會不會再回來就是服務品質決定的了。所以我覺得服務品質和配送效率是最關鍵的。」他告訴我。

英國的中餐正在經歷消費升級。以前，在國內隨便一個廚師來英國就能開一家餐館，還可以很火，現在不一樣了。這兩年來從國內來英國的品牌越來越多，比如「海底撈」、「快樂檸檬」這些中國本土品牌在很多城市開了店，知名的餐飲品牌開始進入英國市場，整個行業在進步，在標準化。

柯林．高觀察到，每個國家的華人消費者具有不同的點餐特點：英國華人最喜歡川菜，點口水雞的最多；法國喜歡燒烤，配奶茶和啤酒單量特別高；加拿大點麻辣香鍋火鍋特別多；美國餐廳距離消費者遠，喜歡點火鍋類這些不會涼的菜品。總體看，美國和澳洲的點餐花樣最多，澳洲早餐可以點早茶、包子，麻辣燙種類比國內都專業。

●

送餐業依賴騎手來完成配送，在中國，雇傭騎手可能不會有太多的法律障礙，還解決了社會就業問題。但是在英國，騎手送餐員成為高度不確定因素。歐洲的送餐公司的基本商業模式都是一樣的，作為食品平台，無論是送餐工人或者顧客去點餐，每個人都使用應用程式App，這些員工是非正式的雇傭工人。早在疫情前，二〇一六年夏天，倫敦Deliveroo送餐工人就進行了一次罷工。罷工從Deliveroo蔓延到了另一網上訂閱平台UberEats，然後傳遍英國。一年後，這場鬥爭甚至跨越國境，送餐工人們已在英國、義大利、法國、西班牙和德國等超過十個城市舉行罷工。罷工是源於送餐酬金制度的改變。當倫敦的Deliveroo工人被告知，他們的合同將從時薪制（每小時7英鎊）外加每單的獎勵（1英鎊）轉成計件制（每送一單3.75英鎊）時，罷工運動便開始了。七個不同區域的外賣工人通過非正式聯絡網迅速被動員起來，數以百計的騎手進行了為期一周的罷工。

在又一次罷工中，一名參與罷工的工人記錄到：「我們在Deliveroo的雷德希爾街辦公室門口從上午十一點堵到了下午一點四十五分，照例只見到緊鎖的大門和保安的阻攔。Deliveroo對勞資關係的處理方式讓我想起了，就像你十三歲的時候，你知道你的女朋友要和你分手，所以你儘量躲著她。」

為了應對這場罷工，Deliveroo公司在特定地方區域做出了顯著的讓步，上漲了平均工資，允許罷工的騎手自由選擇報酬方式。但是工會人士認為，公司的讓步措施都是通過 App 的演算法來實現，並沒有體現在真正的合同上。罷工組織者「大不列顛獨立工人工會」（IWGB）轉而尋求使用法律管道，來挑戰 Deliveroo 公司規避其對工人的法律義務的行為。這場鬥爭還在上演，而且已經得到英國工黨的左翼領導層支持。

Deliveroo 表示，外賣騎手是獨立的自雇承包商，因此無權享受法定最低工資以及帶薪假期、病假。大不列顛獨立工人工會表示，騎手應該被承認為受雇工人，這種身分包括大部分的勞動者基本權利。多名投資者表示，Deliveroo 拒絕將騎手認定為受雇員工，這使該公司容易受到監管行動的影響。Uber 最近被迫向平台司機做出讓步，將司機認定為工人。Deliveroo 一名發言人表示：「這個小規模、自封的工會並不代表絕大多數騎手。大部分騎手告訴我們，他們看重的是在 Deliveroo 工作時享受的充分靈活性，以及每小時超過十三英鎊的收入。我們感到自豪的是，騎手的滿意度達到歷史最高水準，每周都有成千上萬的人申請成為 Deliveroo 騎手。」

不論歐洲哪裡的送餐公司，它們都基於相同的基本商業模式：使用一個平台作為食物提供者、送餐工人和顧客的媒介；每一方都使用一個 App 與另外兩方互動，而勞動過程則被「演算法」管理控制。這意味著，他們大多數時候收到的都是來自一個自動化的系統產生的消息，這個自動化的系統被勞工學者特雷波・肖爾茲（Trebor Scholz）叫做「黑箱」（black box）。平台本身擁有的固定資產很少，它把所有的送餐成本外包給騎手，即騎手需要提供他們自己的單車、資料等等。

不論怎麼看，這些工人已經擁有了送餐過程所需的所有生產資料——除了重要的協調平台及其它的演算法，而這些資料則完全被老闆掌握。雖然不同的國家對非正式工人有著不同的確切定義，然而這些非正式用工普遍都有一個相同點：你是一名工人，但可以付你不到一個工人的工資。這是為了降低勞工成本。同時，非正式用工基本上成功破壞了此前工人運動的和社會民主主義運動的勝利果實。非正式用工是現有資本——國家關係的產物，而這種資本——國家關係也使得勞動力市場結構進一步改革，更加嚴重地壓榨勞工。像一些大平台經常使用從風投獲得的資金去大力遊說，以此改變法律和監管框架，並在這個過程中創造這種商業模式得以繁榮的條件。

「熊貓外賣」的司機雖然身著統一的藍色外套、騎電動車，但是他們也不屬於公司合同員工，而是合作方。英國區的負責人柯林．高說，這一點目前跟 Deliveroo 騎手沒有不同，「雙方合作，司機自助，隨時上線下線，不會對時間硬性要求，不然就成了員工。各個公司給出的薪資會影響到司機優先做誰。兼職還是按最低工資。」他表示，「司機和公司的關係下一步如何發展，我們的公司法務一直在關注。」

在英國的中餐業遭受疫情衝擊，不斷「反覆運算」發展的時候，二〇二一年年底，倫敦唐人街爆發了一場發生在香港新移民和支持中國大陸的華人移民間的直接衝突，引發了外界的關注。

十一月二十七日是個星期六，英國幾個華人團體舉辦了一場集會，主題是反歧視。集會進行當中，一批在英國的香港人到場抗議「砸場」，這引起了活動方的不滿，雙方爆發肢體衝突，有人受傷，至少一人被警方逮捕。這場名為「停止反亞裔種族主義，拒絕新冷戰」的集會由「倫敦民權法律中心」（Min Quan Legal Centre）、「英國監督組」（The Monitoring Group）以及「英國福建華僑華人聯合總會」（The Federation of UK Fujian Chinese）合辦，並有多個在英華人團體支持。活動的宣傳材料說，集會目的是為了反對「部分國家的政要及領導人在新冠疫情期間發表反華言論」，反對「全球範圍內」「針對華人和亞洲社群的仇恨犯罪」。

不過，香港新移民質疑活動組織者明顯的親中共立場，認為他們打著反種族歧視的名號替中共外宣站台。據「自由亞洲」報導，活動的發言嘉賓之一、倫敦民權法律中心前董事長及創始人陳運忠（Bobby Chan）曾在二〇一九年手持五星紅旗與香港示威者對峙。並稱，「英國福建華僑華人聯合總會」、「倫敦華埠商會」等曾在親北京的報章刊登廣告，公開支持北京制訂香港國安法、支持北京在港落實「愛國者治港」方針。

香港「立場新聞」報導說，陳運忠在發言時批評美國將自身的政治和經濟問題歸咎於中國，同時批評西方國家「持續提出我們國家內政的問題」；英國南安普敦大學的學者華萍在發言時讚揚中國「和平發展」，指稱美國「遏制中國」，「捏造」中國人權問題，「煽動香港顛覆」、「鼓勵臺灣獨立」。

在英香港人組織質疑集會的親中共色彩，於是組織號召在同一時間同一地點，舉行反對中共外宣海外滲透的「和你 lunch」活動。活動介紹說，所謂的反歧視集會是由中共大外宣和親中團體發起的。澳大利亞戰略政策研究所研究員周安瀾（Alex Joske）在推特上說：「我希望這些反種族主義團體明白，他們在這裡的許多夥伴都是統戰團體，與其說他們是社區代表，他們更應該被理解為中國共產黨的延伸。」

據報導，十多名來自主辦方的人士在集會後突然衝向數名到場抗議的在英香港人，對他們拳打腳踢，並把金屬物藏在衣服裡作為武器，有港人被打至頭破血流，送醫治療。

這場打鬥鬧劇為在英華人之間埋下了對立的陰影。特別是英國宣布允許數百萬持有

BNO護照的香港人可以在英國定居，引發了新一波的香港移民潮，這也改變了華人社區的構成和力量對比，將對英國華人社區產生重大影響。未來兩個陣營的華人對立也許將會愈演愈烈。

歷史上，香港有過幾次大的移民潮。第一次是第二次世界大戰結束後，香港經濟開始向工商業轉型，農業式微並對新界農村的傳統經濟活動造成沉重打擊，不少新界原居民因生計斷絕而向港英當局申請入籍，並循當時「英國及殖民地公民」（CUKC）身分獲賦予的權利移民英國，來英國後主要從事餐飲行業，一直到一九七〇年代仍不斷有新界原居民透過親屬關係移民英國。

第二次大潮發生在一九九七年香港回歸之前，一些香港人對前境感到不明朗，開始大量移民，一九八〇年代中後期平均每年約有兩萬多個港人移居海外，而一九九〇年至一九九四年共計約三十萬香港人移居海外，占當時香港人口的5%。由於加拿大的移民條件在發達國家中相對寬鬆，一九八〇年代中至一九九〇年代末的移民人士超過一半選擇移民到加拿大。

這中間也有反覆。二〇〇三年SARS疫情和亞洲金融危機，香港陷入危機。北京政府出手，注入鉅資救市，挽救了香港作為金融中心城市的地位，同時又放開香港自由行，利用內地豐富的遊客資源，啟動了香港的消費市場，一時間中央政府贏得了香港市民的普遍好感。二〇〇五年我第一次去到香港，體會到了香港東西文明交匯的特質。一方面繁華高效，同時還保有中華傳統，香港人對遊客也十分友好。至二〇〇八年北京舉辦奧運會前，香港人對中央的信任達到了一個高點。

然而最近幾年香港陷入了深刻的變化，隨著內地和香港的進一步融合，特別是中國成為世界第二大經濟體，香港在中國經濟中的比重落後於上海、深圳、杭州。香港的經濟發展缺乏創新，過於守成，社會各層面產生了新的矛盾。另一方面，香港回歸前，中央政府承諾，香港制度有別於中國制度，但是習近平擔心香港成為不馴服的飛地，因此採取了強硬措施。此後形勢急轉直下。二〇二〇年《香港國安法》強力通過，香港過去的治理模式已經宣告終結。中國當初承諾香港回歸中國之後，社會制度保持五十年不變，現在僅僅二十三年就發生了巨變。一些西方國家宣布接收香港移民，英國動作最大，宣布為英國國籍（海外）護照持有人提供途徑申請，多達三百萬香港人符合申請資格。

二〇二二年四月英國的復活節假期，我去臨近倫敦的吉爾福德（Guildford）做了一趟短途旅行，這個城市屬薩里郡治下，離倫敦不遠，屬於英國富人喜歡居住的地方。目之所及，高街繁華熱鬧，又兼有倫敦所不具備的鄉村般的寧靜。

晚上我走到一間酒吧門前，被一個帶著醉意的當地英國人搭訕，他看到我的亞洲人長相，直接問我，「你是香港人嗎？」

我回答：「不，我來自中國大陸。」

對方問我：「我們這裡在過去一年來了太多香港人，甚至偏遠的鄉村都有，他們都帶著孩子，學習鋼琴，讀私校，你知道為什麼這麼多香港人來到這裡？」

我從對方帶有幽怨的語氣裡讀到了當地人和新移民之間的一種緊張關係。後來我瞭解到，當地有幾所不錯的私校，距離倫敦近，環境也不錯，吸引了大量挑剔的香港新移民來定居。香港人富裕，注重教育，更有意願選擇這種高品質的社區生活。

二〇一九年六月三十日，中國針對香港頒布《香港國安法》，英國、澳大利亞、加拿大和臺灣先後宣布面向香港居民提供特殊移民簽證管道，或放寬既有簽證政策。其中，英國國民（海外）簽證（BNO）從二〇二一年一月三十一日開始接受申請。至二〇二一年底，英國內政部已經在冊的香港新移民達到了九萬人之多。而到了二〇二二年底，英國官方宣稱，這一年已有十六萬香港人持BNO護照來到英國生活。

香港華人的到來改變了華人社區的形態，這一部分香港人很多接收西式教育，會英語，推崇西方的社會制度。香港新移民對於具有中國背景的移民或者支持中國政府的老移民普遍採取了懷疑的態度，他們更願意選擇和來自香港的移民交往。我意識到，一場文化和心理的衝突將不可避免在新老移民之間發生。

倫敦華埠商會的主席鄧柱廷說，如他這一輩的香港移民，當初雖然沒有政治思想，但是骨子裡是「愛國的」，支持中國，也出於愛國心，為華人做事。說起華人和中國的關係，他坦言「一開始華人對共產黨有點恐懼」，但是隨著中國的崛起，海外華人感覺有了靠山，早年坐巴士遭人吐口水的經歷就很少發生了。他說：「中國崛起對華人肯定有幫助，起碼外國人不敢歧視了。因為華人有個靠山在後面。」

倫敦。「民權」辦公室，陳運忠的手機鈴聲響了，是中國國歌《義勇軍進行曲》。這個曾經在英國踐行香港左派思想運動的老將、中國批評者，已經成為一個堅定的中國擁護者，「香港沒變，五十年不變只是口頭承諾」。

談及中國在英國的形象的沉浮，陳運忠發出了和鄧柱廷同樣的感慨，「以前華人很受歧視，現在中國強大了，都是帶著錢來的，英國人沒辦法，過去看低你，但是現在不敢了。華人地位也提高了，英國大商場到處是中文。這跟中國國力有關，人家對你的態度也改變了，弱國無外交！」

倫敦哈克尼華人協會負責人林懷耀已經注意到，移英港人因政治立場，並不信任當地一些華人團體。「當英國二百多個華人團體發表連署聲明支持香港《國安法》立法，香港人找誰去支持他們的融入呢？」他說。

林懷耀說，現時英國有慈善團體有意向港人提供短暫房屋，但不知從何入手去把資訊傳達給有需要的人。他認為長遠支持港人來說，港人成立組織才是唯一出路。

英國華人社區當下這種粵語香港移民和普通話大陸移民不相往來的現象出路何在？英國杜倫大學杜會工作學系助理教授江瑞婷對ＢＢＣ表示，由地緣政治角力作祟的某些蓄意煽動會繼續，英國華人社區減少隔閡能做到的，就是讓不同語言群體能更多地相互理解，讓更多人理解到華人社群的政治、階級和文化多元，以及再認清其中存在的灰色地帶。

她說：「我們才可從這裡出發，在這相對自由的社會，嘗試覓得共同點，通往一個尊重人性和自由的未來」。

●

樹欲靜而風不止。中英關係出現了明顯的挫折。英國政府開始採取反制措施，制約中國影響力，其中鬧得沸沸揚揚的就是「間諜門事件」。

二〇二二年初，軍情五處向國會議員發出安全警告，稱華人律師李貞駒是替中共服務的間諜。該調查稱，李律師向工黨議員巴里．加德納（Barry Gardiner）和他的選區捐款，她的兒子還被任命為辦公室的政策研究員。加德納曾是英中專案（BCP）的親密盟友，後來在威斯敏斯特成立了一個全黨議會小組（APPG）。選舉委員會的記錄顯示，李律師的事務所已向加德納的辦公室捐贈了五十八萬多元英鎊，並在二〇一三年四月向現在自由民主黨領袖艾德．戴維（Ed Davey）的組織捐贈了五千英鎊。

李貞駒聲稱她參與議會是為了「代表英國華人並增加多樣性」，但軍情五處表示，該活動「是在與（中共）統戰部祕密協調下進行的，資金由位於中國和香港的外國人提供」。並稱，中國政府正在尋求與「有影響力的人物」、「培養關係」，以確保英國的政治格局有利於中共，並挑戰那些對北京提出擔憂的人，包括對人權的擔憂。安全部門表示，李律師「與英國政界人士進行了廣泛接觸」。他們警告，李律師「可能渴望建立議會團體以推進中共的議程」。[108]

李貞駒的公司未向媒體做出任何評論，也沒有回應評論請求。李貞駒的公司網站上顯示，她在英國與中國間建立了強而有力的聯繫，並擔任中國駐倫敦大使館的法律顧問。美聯社稱，該公司在英國和中國都有辦公室，從事移民、公司法和商法業務的服務。

BBC安全事務記者戈登・科雷拉（Gordon Corera）在二〇二二年七月十九日的分析文章中寫道，英國軍情五處公開點名李貞駒，並在最近前所未有地與美國聯邦調查局舉行一場聯合記者會，標誌著針對中國安全威脅所採取的做法發生了轉變。

李貞駒被指控的罪名不是特務，而是某種更模糊的東西——一個「影響力間諜」，進行「代表中國共產黨的政治影響力活動」。問題是，李貞駒的捐款最早在五年前被媒體聚集，軍情五處為什麼忽然間要這樣公開發出警告？該記者認為，軍情五處已經取得一些新的資訊，顯示流入英國政治體系的錢在中國的真正源頭被掩蓋了。具體來說，他們相信這些錢是與中共統戰部有關。

李貞駒的父母一九七四年從香港搬到了北愛爾蘭，當年她只有十一歲。她說自己在貝爾法斯特的學校是班裡唯一的中國學生，曾經受到過言語霸凌。「那個時候我就明白，不管我的英語多麼流利，不管我是什麼國籍，我的皮膚永遠都是黃皮膚，黑眼睛，炎黃子孫的血液永遠流淌在我的身上。」

正是這段經歷也讓她走上了成為律師的道路。李貞駒在一九九〇年創建了自己的律師事務所，位於北倫敦的一個狹小辦公室，專攻移民問題，包括與中國有關的庇護申請和工作簽證。這讓她與中國大使館取得聯繫，從而使她在二〇〇八年成為大使館的法律顧問。她之後成為北京的國務院僑務辦公室法律顧問，該辦公室在二〇一八年成為統戰部的一部分。她又曾在其他組織推廣中國與海外華人社區之間的聯繫，並最終將重點轉向鼓勵和協助英籍華人參與政治。[109]

李貞駒主要的工具是二〇〇六年成立的「英國華人參政計畫」，參與者中有一些後來會成為議會和地方政府候選人的人士。二〇一九年，李貞駒因促進中英合作而受到時任英國首相德蕾莎・梅伊（Theresa May）的嘉獎和祝賀。中國官方媒體二〇一九年的一篇報導稱，她是應邀參加中華人民共和國成立七十周年的海外華人社區代表之一。報導稱李貞駒為「英國知名華人律師」，並引述她的話說，中國的發展「給海外華人帶來尊嚴和自信」。針對英國軍情五處的有關調查，中國外交部回應稱，中方希望英方有關官員不要發表沒有事實根據的言論，更不應借炒作「中國威脅論」，來達到不可告人的政治目的。[110]

軍情五處的調查正值中英兩國關係緊張之際，英國對北京採取了越來越強硬的立場，吊銷了一家隸屬於中國政府的電視網廣播執照，暫停了與香港簽訂的引渡條約，並在中國政府頒布安全法後，向十幾萬香港居民發放了簽證。二〇二〇年，首相強生還做出決定禁止中國電信公司華為向英國的 5G 網路提供設備。作為回應，中國制裁了幾名英國議員和數個團體，因為他們公開批評中國政府，包括指責中國政府對穆斯林民族維吾爾人進行鎮壓。高層官員曾表示中國的政治影響力令人擔憂。英國對外情報機構軍情六處的負責人理查・摩爾（Richard Moore）在一次講話中表示，中國情報機構正尋求對英國及其盟友進行「大規模間諜活動」，該機構的「最大優先事項」是適應一個中國正在崛起的世界。

「中共代理人間諜門事件」標誌著英國政府對華人社區採取了更加嚴苛的審視態度，英國政府無疑在暗示或者說逼迫在英華人群體選邊站隊。無論李貞駒本身的目的是什麼，有一些人可能是真誠地想要推進華人群體和英國其他社區的溝通。李律師的所謂間諜案，嚴重打擊了華人社區的這種努力。

第六部——

尾聲

16、四海為家

二〇二二年春天，美國、英國等國家陸續宣布，結束新冠防疫措施，進入與病毒共存的時代。英國疫情幾經反覆，付出巨大代價，一路跌跌撞撞，對外重新恢復了交往；持續兩年多的疫情就像根本沒有存在過一樣，倫敦又開始了正常生活。

社會完全解除防疫措施後的某天，我去超市買東西，聽到兩個英國人在打招呼。女的對男的說，「你好啊，過得好嗎？」這就是英國人見面的一句客套話，沒想到觸動了男人的感情，他的回答也妙，「好？你是說兩年前嗎？」

——每個人都知道，再也回不到兩年前沒有疫情的時候了，一切都改變了。

中英兩國的黃金時代，因為政治因素急轉直下。生活在英國的中國人倍感沮喪。在中餐業，過去兩年也發生了巨大變化。因為疫情和封鎖的雙重打擊，很多曾經欣欣向榮的中餐館永久關閉了。這份名單包括：

・茶園（Tea Garden）。位於薩里碼頭的由一對熱情的福建夫婦經營的點心鋪子。特色是小籠包和芝士漢堡春捲。二〇二一年初關門。原因不明。

・洪氏（Hung's）。原位於華都街上，以粵式烤肉和熱氣騰騰的碗麵聞名。二〇二〇年十月關門。原因是這家店嚴重依賴深夜交易、經濟低迷和疫情期間的宵禁重創了業務。

・凱姆的店（Kym's）。著名華人廚師黃震球（Andrew Wong）在金融城彭博拱廊開設的粵式烤肉餐廳。二〇二〇年九月二十五日關門。「我們懷著沉重的心情決定不重新開放Kym's。該決定是在與合作夥伴和員工仔細協商後做出的。」該餐廳在推特上寫道。

・泡泡狗（Bubbledogs）。桑蒂亞・張（Sandia Chang）在菲茨羅維亞（Fitzrovia）的香檳和熱狗吧。關門時間：二〇二〇年八月。

災難不獨華人社區和中餐館獨有。這份名單還包括大量其他知名的餐飲企業。

・Bar Boulud。文華東方酒店的義大利風味的 Boulud 酒吧，一九七一年就開始營業，二〇二〇年十月關門。其十年租約到期，業務受到疫情的影響，關門大吉。

・議會廣場的魯（Roux at Parliament Square）。名廚 Michel Roux Jr. 和 Steve Groves 經營的餐廳。二〇二〇年十二月七日因為「極其困難的一年」和「持續的不確定性」而永久關閉。

・紅公雞（Red Rooster）。紐約名廚馬庫斯・薩繆爾森（Marcus Samuelsson）在倫敦的首次亮相，二〇二〇年十月因為疫情而關閉。

・跑道和記錄（Tracks and Records）。利物浦街的一家餐廳，老闆是世界著名運動員和奧運選手尤塞恩・博爾特（Usain St Leo Bolt）。二〇二〇年十一月關門。博爾特的合作夥伴公司表示：「鑒於新冠疫情大流行，在新的貿易限制到位的情況下繼續運營 Tracks & Records 已不可行。」

隻言片語或者語焉不詳的背後，都隱藏著大廚們壯志未酬的一聲歎息！疫情也讓人意識到華人在海外的根基尚淺，征途尚遠，一有風吹草動就陷入萬劫不復之境；同時，也更加珍惜先人在海外拼搏所掙下的這份無形資產，把中餐業繼續發揚光大。

二〇二二年四月的一天，我去唐人街參加泗河行老闆謝貴全先生的追思會。

我剛來英國的時候，就聽說了泗河行是倫敦乃至英國都赫赫有名的華人超市，在這裡可以買到幾乎所有的中國食材和中國食品，這些家鄉味道就像是紐帶，將華人和中國緊緊聯繫在一起。

謝貴全是泗河行的創始人，他是香港移民，從在餐館「洗大餅」到創立泗河行，歷經數十載，並成為僑界領袖。追思會場設在唐人街的中國站。人們陸續趕來，現場擺放著逝者的生平介紹，供人憑弔。照片上，這個客家人展露著標誌性的燦爛笑容，他有一副誠實的面相。

謝貴全的人生濃縮了華人在異鄉打拼的艱辛。謝貴全是客家人，一九四三年生於香港新界元朗，父親早逝，他在三兄弟中排行第二；大哥謝生全一九五八年先來英國，謝貴全於一九六一年抵英時還不滿十八歲，小弟謝漢榮則是在一九六五年到達。謝貴全來英國後，除了到學校讀書，就是在餐館「洗大餅」洗碗打雜。

一九六九年，他和兄弟朋友們一起開設了中餐館「樂星」，成為北倫敦最受歡迎的中餐館之一。當時，給中餐館和華人提供食品的基本是印度人的公司，為了將更多東方食品引入英國，一九七五年謝氏三兄弟在倫敦唐人街的儷人街創建了首家泗和行華人零售超市，專供東方食品和商品。「泗和」是他的祖堂，所以泗和行開張後，客家和新界鄉親都前來捧場。泗和行貨物齊全，薄利多銷，三兄弟同力親為，一時門庭如市。

謝貴全每天辛苦打拼，四十年前不間斷努力。一九九三年謝氏三兄弟開始擴大唐人街業務，並且在倫敦格林威治開設了大型超市，滿足其他亞裔社區日益增長的需求。二〇〇六年泗和行又在格拉斯哥（Glasgow）開設大型超市，服務版圖向蘇格蘭和北愛爾蘭延伸。格拉斯哥分店頗受歡迎，成為蘇格蘭最大的生猛海鮮超市之一。泗和集團總部位於倫敦西北部的皇家公園（Park Royal）地區，公司占地面積十萬平方英尺，包括辦公、現代化倉儲基地等，擁有四百多名不同業務領域的員工，經銷網路遍布英國及部分歐洲地區。泗和超過一半雇員都是英國當地人，這有利於企業在英拓展業務、進入主流社會。

謝貴全曾被問及管理之道，他答：「泗和集團的口號是『員工要企業，企業靠員工』。」他始終和員工在公司食堂吃同一鍋飯、親自進貨、甚至整理貨架，他的親力親為和對員工的慷慨福利，使很多雇員為泗和工作年數超過了十年。

泗和行超市見證了唐人街近半個世紀的風雲際會，在這間深受華人喜愛的中國超市背後，則是來自香港的謝氏兄弟數十年如一日的辛勤經營。在泗和行超市裡，八千種來自亞洲各地的食材、原料琳琅滿目，無論是在英國很難看到的當季中國時蔬（蓮藕、山藥、木耳、芥蘭、菜心、竹筍等），還是廣東人熱衷的生猛海鮮（生蠔、鱔鰻、青口、東風螺等），無論是亞洲新鮮水果（荔枝、蜜柚、杳芒、枇杷、甘蔗等），還是適合亞洲胃口的湯粥麵點（紅豆、黑芝麻、蓮子、手擀麵、粉條等），都能在泗和行超市裡找到。

謝貴全幫助一些東方食品打開了歐洲市場，比如珠江橋牌，出前一丁速食麵等，他對中國白酒情有獨鍾，把國酒茅台、水井坊和五糧液引入英國市場。他與合作者一起建廠，出品魚丸、牛丸、腸粉、港式點心、辣椒醬、XO干貝醬等中式食品，深受華人歡迎。謝貴全親自回中國挑選優質食材和食品，一次受訪時說：「全國各地都會去，煙台蘋果好，我就去山東；番禺的藕好，我就去廣東訂購，保證泗和行的食品新鮮好吃。」泗和行成了中餐業蓬勃發展的一個縮影和助力器，也見證了華人社區的壯大。

現場來賓列席而坐，華人社區有影響的頭面人物紛紛致辭追思，包括中國駐英國使館的官員也發言致敬，對謝貴全的人品大加溢美。謝貴全與一名英國女性結婚，生下一對混血子女。這個家庭是典型的中外交融，他的混血子女在發言中採用了英式的幽默態度，沒有過多的淚水，而是帶著些許調侃，回憶父親過往的生活點滴。現場來賓也紛紛展示了英國幽默文化的薰陶，發言中除了對謝先生的讚美，也不乏詼諧溫馨。在親友來賓的講述中，謝貴全好心腸，經商成功的同時，心繫社會，樂善好施，身為倫敦華埠會長，為倫敦華社的發展、促進中英經貿交流令貢獻力量。這些回憶中，一個具有慈善精神和企業家精神的華人移民的形象鮮活豐滿起來，這跟我之前參加的一個全程悲切的中國移民的葬禮形成了鮮明對比。

中國文化講究逝者為大，親人離世要悲痛，要哭泣，才能表達哀思。而謝貴全的告別儀式，充滿了感恩和喜樂。一位在英國生活了三十多年的華人告訴我，這是英國文化，慶祝逝者的生命，所以要帶著笑！

謝貴全來自香港，他是老一代華人移民的代表，愛中國，也愛英國。政治風波撕裂了英國華人社會，然而無法割裂華人共有的傳統和文化，以及，相似口味的飲食。謝貴全在英國推廣中國食材，把東方文化推廣到英國社會。他積極地融入英國社會，這尤其令人敬仰。海外華人需要去接納異質文明，突破自身局限。這是中國人社區不斷超越發展的必由道路。

●

現在，英國社會恢復正常，魏桂榮的「西安小吃」也重回正軌。

二〇二三年二月我見到她，她們一家四口人和朋友剛從摩洛哥度假回來。她說，疫情第一年生意淡一些，但是政府對小額企業有補助，雖然不能堂食，但是沒有賠錢。二〇二一年就基本有盈利了。二〇二二年的生意比起疫情以前還好，在這一年，她的餐館還入圍了英國版《Time Out》英國版的TOP 50最佳餐廳。

她原本要開的第三家餐館因為疫情推遲，現在重新推進。這家位於漢默史密斯（Hammersmith）的新店正在裝修，過幾個月開業。位於塔橋的第四家店也會在年內開業。

新店可能會改變風格，在西安菜的基礎上研發一些新菜。在英國做餐館，成本高，最難的是不好找人、專業人士太難請。所以她運用了在英國很流行的管理方式：找團隊合作，把廚房工作、樓面工作包給某個團隊，按照她的統一管理運營，雙方是合作分紅，而不是單一的雇傭關係，這樣既能保證菜品和服務的品質，也能激發團隊的參與意識。公司生意好，大家都賺得多。

中餐館的競爭很激烈，投資者還在不斷拿店擴張。她預計有特色的地方菜會成為下一個熱點，比如朝鮮族餐和新疆餐，其共同的特點是烹飪製作簡單，比如手抓飯、大盤雞、烤肉、大冷麵等，都會有不錯的前景。

她個人最想把陝西的餄餎麵推廣到英國，餄餎麵用蕎麥製作，是流行在陝北地區的雜糧。但是目前國內生產商沒有申請出口，從海關過來受到了限制。目前英國物價飛漲，很多人勸她使用便宜一些的麵粉，被她拒絕了，即使自己用的麵粉價錢是別家的三倍，也要保持傳統，「不能看短時間利益，哪怕利潤少。」

坐在店門外，她看著來來往往的行人說，「我喜歡倫敦的這種小街道，很有生活氣息。」

「我也不挑大的店，最多五十個人。太大的話，一下子進來二百人，向我這種靠手工的店，品質就會有影響。我當然也想做到米其林那種程度，但是米其林要求很高，甚至不以賺錢為目的，需要請專業設計師，服務和菜品都要提升，操心也多。目前還不到那個階段。」

客人叫了一份 Biang Biang 麵，魏桂榮紮好圍裙，來到後廚，在案板上薄薄地撒了一層麵粉，從保鮮盒裡取出用油浸著的已經發酵處理好的兩條麵團，左手按得扁平，右手拿了擀麵杖開始一下一下擀成薄麵片，兩手一抻，只一下，麵片就變成了小臂長兩指寬的麵條，再在案板上摔打幾下，發出清脆的「biang biang」聲音，轉身扔到沸騰的湯鍋裡，等待煮開的功夫，又到旁邊的案板上調起了醬汁，把鹽、味精、辣油，輕巧地混合在碗底。鋪上燙好的兩棵油菜葉，最後把煮開的麵條放到碗中，再澆上熱油，用筷子擺好造型。動作一氣呵成，看得出早年的基礎功夫並沒有因為繁重的管理工作而荒廢。

午後忙碌的間隙，她坐在餐桌旁，回憶起了自己的成長歲月，往事慢慢浮現。

位於秦嶺腹地的陝南商洛山區，就是魏桂榮的故鄉。中國著名作家賈平凹也是出生在商洛，描寫過具有地方特色的鄉土風情。

香河鄉是一個貧窮山區，魏桂榮所生活的山村其實是個山溝，叫魏家油坊溝，因為村裡很多人家製作小磨香油而出名。魏桂榮記憶裡，老家的味道就是小磨香油的味道，濃稠，深沉。這也是貧窮的味道。

魏桂榮的伯父就是製作香油的好手，他熟練地用龍井草、芝麻、花生，編製成草大餅，排好，用石頭壓榨，油慢慢流進用竹子編製的木桶裡。那些富有活力的生命被緊緊擠壓在一起，無情地施以碾壓，最終化作了一滴滴油脂。魏桂榮的記憶裡，勞作無休無止，生命就像是被石頭無休止的反覆壓榨，才能榨出可憐的口糧，榨出生命裡的寶貴能量。

魏桂榮家庭條件不好。爺爺是地主，解放後被鎮壓槍斃了，爸爸是長子，因為爺爺的緣故，在文革中被造反派打壞了腦子，留下了病根，脾氣很壞，動不動就打孩子。媽媽十多歲的時候得過腦膜炎，耳朵聾了，還得了一種怪病，要是聽到開心事，會笑暈過去。爸媽兩人都被外人視為「智障」。爸媽生育了三個女兒，還想要兒子，結果一個流產另一個被計畫生育，媽媽心理受到嚴重影響，有點瘋了。

魏桂榮是一九八二年生，此前，轟轟烈烈的改革開放剛剛在中國啟幕不過四年光景，中國農民擺脫了土地的束縛，開始迸發出生命力。魏桂榮是男孩子的性格，一刻也靜不下來，她喜歡爬山，幻想翻過大山。站在蒼茫的秦嶺山巔上，她幻想著山那邊的世界是什麼？

「我們家的房子就是那種泥巴牆，上面是青瓦，我家就三間瓦房，家裡沒收入，賣中草藥，黃薑，我記得賣一元多一斤。家裡就是產小麥、豆子、雜糧。糧食不夠吃。很少吃白麵。」她如數家珍。

「我媽生我妹妹的時候坐月子，親戚給了兩升（十二斤）白麵，我印象很深。」平日裡，一家人就吃些灰灰菜，水芹菜，餐桌上的肉總是不多，家裡人把瘦肉醃起來，大肉掛房頂，煉豬油，裝瓶子裡，肉和油都是計畫著吃，一個勺子攦多少，這麼算計著吃。油渣對於魏家是個好東西，可以做包子，粉條也是自己做。

魏桂榮是老大，作為家裡最倚重的勞力，承受了不該承受的壓力。她喜歡讀書，但是一個學期三十元學費家裡出不起，上完二年級就輟學了，她無奈去山上採中藥賣錢養家，很小就學會分辨不同中藥的味道：連翹、柴胡、五味子、黃連。生活太苦，採了一年藥不夠交學費的。曬乾了草藥，攢了一年去賣，才又繼續讀了三年級。「老師對我很好，不交學費，讓我多讀了一年，但是沒辦法，妹妹大了也要上學，家裡吃不飽，於是不上了。」

魏桂榮小時候屬於散養。山裡生活簡單、原始，家裡窮，魏桂榮一年只有兩雙布鞋可以穿，爸爸一年給她買一雙解放鞋，經常走著山路的時候，鞋底就破了。她們住的這個村子叫兩場河村，村人很少出來，兩河場村的交通還算好點的，至少通大巴，可以去縣城。三年級的時候，上晚自習，需要帶著燈上學。她沒有燈，都是摸黑走山路。帶去學校的吃食，除了包穀飯，就是玉米糊糊。她最常帶的菜：拿紅薯葉裝在糖水罐頭瓶裡，用油和鹽拌起來，一瓶可以吃一星期。

二妹比魏桂榮小四歲，魏桂榮輟學後，二妹也步她後塵不讀書了。小妹妹是一九八九年生的，是塊讀書的料，從鄉里考到了四十九公里外的縣一中，還考了第二名；小妹很爭氣，一路考到知名軍醫大學，可是卻被人頂了下來，後來去了湖南湘雅醫院醫學部，再後來又去了重慶第三軍醫大學讀研究生。因為家裡窮，小妹上大學本科主要靠貸款，還有獎學金。

爺爺咽氣的時候，把三個兒子都叫到跟前，特意交代兩個小兒子要照顧大兒子，還要照顧魏桂榮姐妹三個。外人都覺得，身為長子的爸爸養活不了自己家人。魏桂榮很不服氣。她不接受命運的安排，別人認為順理成章的事情，她卻覺得並不是一定要這樣的。

一九九四年正月十五，魏桂榮走出了貧瘠的看不到希望的家，她瘦小的身影出現在縣城一個牛羊肉泡饃店，作為打雜，她的日常工作包括洗碗、燒爐子、燒炭。頭一個月，她掙到了七十元。這是她的第一筆工資收入。

改革開放解放了被束縛在土地上的農民，推動他們走出了封閉的家鄉，向著大城市和沿海地區流動。這場驚心動魄的遷徙，改變了包括魏桂榮在內的無數中國人的命運，也改變了中國。

很快，縣城已經不能容納魏桂榮的野心。她不僅滿足於簡單重複的苦力，而是渴望成為灶台的主人。她來到西安，不久又告別了在退休大校家的短暫保姆工作，在專業學校學習廚師技能，在省城闖蕩，在市場中錘煉技能，發展成富有韌性的經營者。這是生機勃勃的市場經濟的一個縮影。持續數十年的偉大實驗，讓無數中國人具有了生存能力，提高了生活品質，有了更多掌控自身命運的能力。那個在鄉村掙扎度日的小姑娘，已經遠遠甩到了身後。現在，她又飄到了英國，在異國他鄉把西安美食發揚光大。從最初的船員和異鄉人的無奈漂泊，直至今日全球化背景下的新移民，日益開放合作的背景，塑造了魏桂榮嶄新的生活。

魏桂榮這一路走得很遠。她一路遇到了不同的人，看到了不同的風景。中餐在海外也走過了同樣豐富多彩的路。如果最早的中國船員看到現在的中國人在異國開設的餐館，他們一定會發出驚歎：憑藉中國人與生俱來的韌性和智慧，一個個難關終將度過，無數可能在眼前展現。

◆

097 〈女偷渡客林愛欽滿腹辛酸，出演華人拾貝慘案電影〉
https://www.chinanews.com.cn/hr/hrgs/news/2007/01-24/860301.shtml
098 〈廚師進入短缺職位，英國中餐業「萬里長征」始上路〉
https://www.chinanews.com.cn/hr/ozhrxw/news/2008/09-20/1388311.shtml
099 "OFM awards 2014 best cheap eats: Silk Road"
https://www.theguardian.com/lifeandstyle/2014/oct/19/-sp-ofm-awards-2014-best-cheap-eats-silk-road-camberwell
100 "Chinatown businesses shut in protest against Home Office raids"
https://www.theguardian.com/uk-news/2018/jul/24/chinatown-businesses-london-shut-protest-home-office-immigration-raids
101 〈反對針對華人的種族歧視！英國將舉行在線論壇，國會議員參與〉
https://ihuawen.com/article/index/id/56445/cid/45
102 〈今天華人受到的歧視使人想起了2001年的英國，歷史總是一面鏡子〉
https://kknews.cc/world/x4mxzbg.html
103 "Chinese fight foot-and-mouth claims"
http://news.bbc.co.uk/1/hi/uk/1260861.stm
104 〈911事件20周年：「被遺忘」的紐約中國城和華人社區的「身分認同」覺醒〉
https://www.bbc.com/zhongwen/trad/world-58500447
105 〈英國大選中的中國軍團〉
https://cn.nytimes.com/culture/20150505/tc05ukelection/zh-hant/
106 〈英國誕生首位華裔女議員：我們不參政是英國的損失〉
https://ppfocus.com/0/cu9fbe886.html
107 "UK-based Asian food delivery platform HungryPanda raises €58.47M to expand globally; will remain UK-focused in Europe"
https://siliconcanals.com/news/startups/hungrypanda-funding-hire-uk/
108 "MI5 warning over 'Chinese agent' in Parliament"
https://www.bbc.co.uk/news/uk-politics-59984380
109 "Profile: Christine Lee, the woman at centre of MI5 security warning"
https://www.theguardian.com/politics/2022/jan/13/profile-christine-lee-the-woman-at-centre-of-mi5-security-warning
110 〈英國情報機構警告：中共統戰部滲透國會〉
https://www.dw.com/zh/a-60420245

https://www.bbc.com/ukchina/simp/uk_life/2011/01/110110_life_tang_story

082 《Sweet Mandarin》第八節「Mabel's Claypot Chicken」

083 《Sweet Mandarin》第九節「Chips, Chips, Chips」

084 《雙山回憶錄》P312

085 〈倫敦中國城的前世今生〉
https://chinatown.co.uk/zh/about-us-zh/

086 《Sweet Mandarin》第十一節「Sweet Mandarin」

087 "Town mourns as 'The Boss' dies"
https://www.manchestereveningnews.co.uk/news/local-news/town-mourns-as-the-boss-dies-1014762

088 "Master Wei, London WC1: 'An assertive culinary hug' — restaurant review"
https://www.theguardian.com/food/2019/may/31/master-wei-london-wc1-restaurant-review-grace-dent

089 〈2000 年多佛慘案 58 名遇難偷渡者遺體歸國紀實〉
https://kknews.cc/zh-hk/news/bzkvky6.html

090 〈檢方指控貨車司機關上通風管導致多佛慘案〉
http://www.chinanews.com.cn/2001-03-01/26/74691.html

091 〈多佛爾港慘案死者身分核實〉
http://news.bbc.co.uk/hi/chinese/news/newsid_931000/9315471.stm

092 "Why so many residents of one Chinese province put their lives in the hands of 'snakehead' smugglers"
https://www.telegraph.co.uk/news/2019/10/26/many-residents-one-chinese-province-put-lives-hands-snakehead/

093 〈多佛人蛇慘案致死 58 人，8 名中國蛇頭鹿特丹受審〉
https://www.chinanews.com.cn/n/2003-05-26/26/306958.html

094 〈英開庭審理華人拾貝慘案五名被告〉
https://www.voachinese.com/a/a-21-w2005-09-20-voa38-58426117/1084853.html

095 〈拾貝慘案 10 周年，記憶猶新影響深〉
https://www.bbc.com/zhongwen/simp/uk/2014/02/140203_uk_morecambebay_10years

096 "Man guilty of 21 cockling deaths"
http://news.bbc.co.uk/1/hi/england/lancashire/4832454.stm

065 〈周英華與屹立不倒的中餐館傳奇〉
https://cn.nytimes.com/style/20160914/mr-chow-restaurants/zh-hant/
066 〈光餅情結〉
https://www.fqxww.cn/Wonderful/AEW/2019-05-17/97125.html
067 〈探索自我認同的中國文化根源一訪英國醫學史學家、倫敦大學學院教授羅維前〉
《中國社會科學報》2022 年 1 月 27 日，第 2 版
068 "Chinese Food Philosophy: A recipe for life"
https://oxfordculturalcollective.com/chinese-food-philosophy-a-recipe-for-life/
069 "How restaurateur Mr Chow became the unlikely hero of the art world"
https://www.dazeddigital.com/art-photography/article/39014/1/how-mr-chow-became-the-unlikely-hero-of-the-art-world
070 〈周英華，以畫筆向父親周信芳致敬〉
https://cn.nytimes.com/culture/20150205/t05chow/zh-hant/
071 《Sweet Mandarin》第三節「Bitter Melon」
072 《Sweet Mandarin》第四節「Jade and Ebony」
073 《Sweet Mandarin》第七節「Lung Fung」
074 〈香港 BNO 移民潮：戰後港人歷次「走出去」的因由〉
https://www.bbc.com/zhongwen/simp/world-55874253
075 《回緬歲月一甲子：坑口風物志》葉德平著，初文出版社有限公司，P66-68
076 〈香港 BNO 移民潮：戰後港人歷次「走出去」的因由〉
https://www.bbc.com/zhongwen/simp/world-55874253
077 〈荔枝窩的故事：英國回流移民和新居民如何傳承香港傳統文化〉
https://www.bbc.com/zhongwen/simp/chinese-news-61489056
078 〈香港 BNO 移民潮：戰後港人歷次「走出去」的因由〉
https://www.bbc.com/zhongwen/simp/world-55874253
079 〈復興鹽田梓，英國回流保衛家園。村長陳忠賢：做人最緊要識發夢〉
https://www.hk01.com/article/847526?utm_source=01articlecopy&utm_medium=referral
080 《飲食西遊記》P96
081 〈鄧柱廷：新界移民的成功故事〉

timeline.htm

040 "London's Chinese Restaurant Scene in the 1930s"
http://www.chinarhyming.com/2012/12/28/londons-chinese-restaurant-scene-in-the-1930s-one-of-three-posts/

041 《飲食西遊記》P95

042 《海之龍：利物浦和她的中國海員》P101

043 〈央視：中國海員的傳奇經歷〉
https://www.xindemarinenews.com/m/view.php?aid=3263

044 《海之龍：利物浦和她的中國海員》P123、127

045 《海之龍：利物浦和她的中國海員》P23

046 《海之龍：利物浦和她的中國海員》P181

047 〈浦之龍，尋找中國水手父親〉
http://news.sohu.com/20060208/n241731214.shtml

048 羅孝建自傳《The Feast of My Life》P173

049 《嶺南饕餮》

050 〈香港戰後第一波移民潮：1948 年英國國籍法〉
https://www.cup.com.hk/2021/11/02/british-nationality-act-1948-and-hong-kong-immigrants/

051 羅孝建自傳《The Feast of My Life》P65

052 《上海的女兒》P36

053 《上海的女兒》p37

054 《上海的女兒》P110

055 〈二戰前後華人移民英國的歷程〉
http://www.ems86.com/lunwen/html/?66047.html

056 《上海的女兒》P119

057 《上海的女兒》P121

058 《上海的女兒》P127

059 《上海的女兒》P127

060 《上海的女兒》P130

061 《上海的女兒》P129

062 《羅孝建：試論傳播中國烹飪文化的使者》

063 《上海的女兒》P172

064 《上海的女兒》P224

文書局
019 《飲食西遊記》P15
020 〈書評：一場排擠、禁止華人移民的全球運動〉
https://cn.nytimes.com/culture/20210825/the-chinese-question-mae-ngai/zh-hant/
021 《海之龍：利物浦和她的中國海員》P29
022 "London's Chinese Restaurant Scene in the 1930s"
http://www.chinarhyming.com/2012/12/28/londons-chinese-restaurant-scene-in-the-1930s-one-of-three-posts/
023 羅孝建自傳《The Feast of My Life》P17
024 《飲食西遊記》P67
025 《飲食西遊記》P175
026 《飲食西遊記》P126
027 《飲食西遊記》P68
028 《飲食西遊記》p62
029 《嶺南飲食文化》香港開明書店，P234
030 《飲食西遊記》P146
031 《飲食西遊記》P68
032 《飲食西遊記》P69
033 《飲食西遊記》P70P71
034 《移民、現代性和跨國主義》P118
035 《飲食西遊記》P65
036 〈書評：一場排擠、禁止華人移民的全球運動〉
https://cn.nytimes.com/culture/20210825/the-chinese-question-mae-ngai/zh-hant/
037 "How Long Have Londoners Been Eating Chinese Food For?"
https://londonist.com/london/how-london-got-a-taste-for-chinese-food
038 "London's Shanghai Emporium － where to pick up your hoisin sauce in 1934"
http://www.chinarhyming.com/2013/01/13/londons-shanghai-emporium-where-to-pick-up-your-hoisin-sauce-in-1934/
039 "Chinese in Britain: History Timeline"
http://www.zakkeith.com/articles,blogs,forums/chinese-in-britain-history-

注釋

001 "China Food Updates"
http://www.krazykioti.com/uncategorized/china-food-updates/
002 《羅孝建：試論傳播中國烹飪文化的使者》
003 "Golden dreams and waking realities; being the adventures of a gold-seeker in California and the Pacific islands."
https://www.loc.gov/item/a15001634/
004 "As All-American as Egg Foo Yong"
http://agentofchaos.com/ic/nyt040922.html
005 〈一個夏天讓一百多萬英國普通人認識中餐，他比「李鴻章雜碎」厲害〉
https://kknews.cc/history/4p63a6v.html
006 《海之龍：利物浦和她的中國海員》P27
007 "How Long Have Londoners Been Eating Chinese Food For?"
https://londonist.com/london/how-london-got-a-taste-for-chinese-food
008 《新大陸遊記》商務印書館，1916 年，P71
009 《新大陸遊記》商務印書館，1916 年，P71
010 〈李鴻章引進的美味中國菜〉
https://www.storm.mg/article/1921297
011 《飲食西遊記》P13-14
012 《飲食西遊記》P60
013 《創造歷史的菜單》
014 〈晚清的中國海關為何是一個著名的廉潔機構？〉
http://culture.taiwan.cn/lawhsx/201611/t20161117_11626580.htm
015 《這些從秦國來：中國問題論集》， 赫德著，天津古籍出版社
016 "Robert Hart: Customs man helped modernise China"
https://www.bbc.co.uk/news/uk-northern-ireland-45955262
017 "Li Hongzhang and China's Terrible, No Good, Very Bad Year"
https://www.sixthtone.com/news/1006870
018 《來份雜碎：中餐在美國的文化史》，安德魯．科伊著，北京時代華

〔harvest〕002

唐人街飄香

廚神、美食筆記與海外中餐簡史

作者　楊猛
副總編輯　洪源鴻
責任編輯　洪源鴻
行銷企劃　二十張出版
封面設計　虎稿・薛偉成
內文排版　宸遠彩藝

出版　二十張出版／左岸文化事業有限公司
發行　左岸文化事業有限公司（讀書共和國出版集團）
地址　新北市新店區民權路 108-3 號 3 樓
電話　02・2218・1417
傳真　02・2218・8057
客服專線　0800・221029
信箱　akker2022@gmail.com
Facebook　facebook.com/akker.fans
法律顧問　華洋法律事務所／蘇文生律師
製版　成陽印刷股份有限公司
印刷　成陽印刷股份有限公司
裝訂　韋成裝訂股份有限公司
出版　二〇二四年二月——初版一刷
定價　四八〇元

ISBN｜9786269821853（平裝）、9786269821846（ePub）、9786269821839（PDF）

唐人街飄香：廚神、美食筆記與海外中餐簡史
楊猛著／初版／新北市／二十張出版／左岸文化事業有限公司／ 2024.02 ／ 400 面／ 14.8x21 公分
ISBN：978-626-98218-5-3（平裝）

1. 飲食風俗　2. 中國文化

538.782　　112022856